MINERVA
人文・社会科学叢書
146

ニューディール労働政策と従業員代表制
―現代アメリカ労使関係の歴史的前提―

伊藤健市/関口定一 編著

ミネルヴァ書房

はしがき

　財政赤字と貿易赤字という「双子の赤字」に苦しむ1980年代のアメリカは，製造業における優位性を日本などとの競争の中で喪失した。この時期，アメリカの競争力強化策として2つの提言が発表された。そのうちの1つがレーガン政権下の1983年6月に設置された産業競争力委員会（President's Committee on Industrial Competitiveness）の報告書，『世界的競争：新しい現実（*Global Competition : The New Reality*)』（通称ヤング・レポート，1985年）である。

　ヤング・レポートは，「わが国民の福祉を持続するためには，競争力を強化しなければならない(1)」という観点から，新技術の創造・実用化・保護，資本コストの低減，人的資源開発，通商政策の重視，を打ち出した。この内，人的資源開発の基盤に関して，以下の4つの任務に取り組むことを提言する。つまり，(1)世界市場で，アメリカが直面する課題と対応策について共通の理解に達すること，(2)労使関係を改善し，従業員へのインセンティブを高めること，(3)技術と市場の変化に対応して労働力を迅速かつ効果的に活用するよう図ること，(4)教育訓練により人的資源の質を強化すること，である(2)。

　特に，(2)の具体策としては，生産性の向上や製品の品質向上に向けた労使の協力（労使の敵対的関係から協調的関係へ）を挙げ，生産性の向上には労使の協力が必要であり，「伝統的な敵対関係は労使および公衆の利益にならない(3)」点を指摘している。

　もう1つの提言は，マサチューセッツ工科大学（MIT）の産業生産性調査委員会（Commission on Industrial Productivity）が，1989年に出版した*Made in America*である。これは，アメリカ企業が主要産業分野の多くで海外の競合企業に敗退しつつあるとの現状認識のもと，その原因の探究を目的としていた。

　同委員会は，現代のアメリカが抱える問題として，(1)アメリカの生産性の伸びがかつてほど大きくなく，(2)革新的技術が実用化される速度や技術革新と発

i

明・発見の速度が遅くなっていること，つまり，全般的な生産性の低下と生産性優位の条件喪失を指摘した。その背景には，アメリカが直面する①時代遅れの経営戦略（Outdated Strategies），②短期的視野（Short Time Horizons），③開発と生産における技術的な弱さ（Technological Weaknesses in Development and Production），④人的資源の軽視（Neglect of Human Resource），⑤協調体制の欠如（Failures of Cooperation），⑥政府と産業界の足並みの乱れ（Government and Industry at Cross-Purposes），があるとする。

特に⑤に関し，生産性や品質の低下を招く敵対的労使関係に代わって，協調的労使関係の必要性を指摘し，その基盤として「生産現場の問題解決や，昔からの細々した職務規定書を廃止するフレキシブルなチームへの従業員の参加（participation）」を指摘している。さらに，「現場での長期にわたる相互信頼と協調の関係は，労働組合のリーダーと広範な問題にわたる協議を行うことによって強化される。その協議内容は，新工場の設計，新技術への大型投資，既存設備の大型更新などを含む戦略的な経営意思決定」とされていた。そして，この協調関係を機能させるためには，「組合のリーダーがこの新しい方式を受け入れる必要があり，より協調的でフレキシブルな労使関係への支援を約束しなければならない」と指摘されていたのである。

これら2つの報告書が，アメリカの競争力衰退の原因としてともに指摘したのが「敵対的労使関係」であった。その源流が，世界大恐慌後のアメリカ産業再生策であるニューディール政策，特に全国労働関係法（Ntional Labor Relations Act, NLRA）の下で誕生した，いわゆる「ニューディール型労使関係」にあることはいうまでもない。ニューディール期の産業再生策が，半世紀後に競争力再生の障害として非難の対象となったのである。

このニューディール型労使関係が登場する背景の1つは，第1次世界大戦後から1920年代にかけて，安定的な労使関係を構築すべく多くのアメリカ企業に導入された従業員代表制（Employee Representation Plan, ERP）にあった。ニューディール型労使関係は，それまでのERPを中核とした労使関係に対し，労働組合運動を再生・強化させることで，結果として労使の力関係のバランスをとり，労働者の購買力の強化によって世界大恐慌後の不況からアメリカ経済

を再生させることに主眼の1つを置いたニューディール政策の下で誕生した。そのため，ニューディール型労使関係の理解にはERPの実態把握が必要なのである。本書がニューディール期のERPの変遷を取り上げているのはこうした理由からである。

だが，ニューディール型労使関係の批判は，NLRAが違法としたERPを競争力再生の手段として復活させるという短絡的な結論につながってはならない。なぜなら，ERPは経営側にとってのみ非常に有効な制度であったからである。それは，本書が対象とする1930年代に，ERP導入企業の多くがERPを改組するなどしてその継承・存続を図った点に如実に示されている。この点を理解するためにも，ERPの継承・存続を1930年代に模索した企業の実態把握が必要であり，本書はそれに応えようとするものである。

本書は，1930年代，特に1935年に制定されたNLRAが合憲判決を得た1937年前後の特別協議委員会（Special Conference Committee, SCC）参加企業のERPがどういった動きをみせたのか，それがニューディール労使関係の構築にどう影響を与え，ひいては第2次世界大戦中から戦後のアメリカ労使関係をどう規定したのかを明らかにすることを目的としている。1920年代のERPに関しては，本書執筆者のほとんどが参加した『アメリカ大企業と労働者』（北海道大学図書刊行会，1998年）をすでに上梓している。本書は，『アメリカ大企業と労働者』で明らかにされたERPのその後の展開を一次資料を中心に跡づけたものである。ただし，企業によっては十分な一次資料を入手できなかったものもある。その際は，やむを得ず一次資料を中心に議論を展開している欧米各国ならびにわが国研究者の業績を参照した。

最後に，本書執筆者のほとんどが参加しているアメリカ労務管理史研究会について若干触れておきたい。同研究会は，元札幌大学経営学部教授故平尾武久氏の呼びかけの下，アメリカ労務管理・労使関係分野の研究者を中心に1991年に発足した。その問題意識は，現代のアメリカ労務管理・労使関係の理解には，1920・30年代のそれを理解する必要がある，ということに尽きる。別の言い方をすれば「特異」な時代，「逸脱」した時代，「例外」の時代，「異相」の時代と評価される1920年代に誕生したアメリカの労務管理・労使関係は，

果たしてそうした時代背景の下で一過性のものであったのかどうか，その批判の上に構築されたニューディール期の労務管理・労使関係についてはどうなのか，これもまた一過性のものであったのか，ということである。こうした疑問に答えるには，それぞれの時代のアメリカ労務管理・労使関係の実態把握を抜きにはできない。本書はこうした問題意識の下，1930年代に対象を絞った1つの成果である。なお，本書はアメリカ労務管理史研究会のメンバーが賜った日本学術振興会の科研費（基盤研究(B)一般課題番号13430037）の成果の一部である。ここに記して関係各位に御礼申し上げたい。

　末尾ながら，その論文の一部を本書に所収することを快諾してくださったカリフォルニア大学ロサンゼルス分校のジャコービィ教授（Sanford M. Jacoby）の我々に対する友情に感謝したい。この点に関しては，版権の取得に尽力してくださった Industrial Relations 誌のオルネイ（Margaret Olney）さんとワイリー・ブラックウェル社のマザーソール（Laura Mothersole）さん，そしてワイリー社のジェシカ・ウォータース（Jessica Waters）さんにも感謝したい。さらに，ミネルヴァ書房社長杉田啓三氏には，出版事情が困難な折にもかかわらず，本書の出版を快くお引き受けいただいたことに厚く御礼申し上げたい。同書房編集部の梶谷　修氏には企画の段階から編集・校正に至るまで，お世話になった。感謝の意を表するとともに，本書の出版事業にご尽力いただいた多くの方々にも併せて御礼申し上げる次第である。

　2008年　初秋

執筆者一同

（1）工業技術院技術調査課訳「米・産業競争力委員会報告　世界一の座　譲り渡すな」『エコノミスト』1985年，6月3日号，123ページ。
（2）同上訳，137ページ。
（3）同上訳，138ページ。
（4）M. L. Dertouzos et al., *Made in America : Regaining the Productive Edge*, MIT Press, 1989, p. 26. 依田直也訳『Made in America：アメリカ再生のための米日欧産業比較』草思社，1990年，58ページ。
（5）*Ibid.*, p. 44. 同上邦訳書，81ページ。
（6）*Ibid.*, p. 99. 同上邦訳書，148ページ。
（7）（8）*Ibid.*, p. 99. 同上邦訳書，149ページ。

<凡　例>

1. 頻出する企業名の略記法は以下の通りである。
    AT&T   American Telephon & Telegraph Co.
    ベスレヘム・スティール   Bethlehem Steel Corporation
    デュポン   E. I. du Pont de Nemours & Co.
    GE   General Electric Co.
    GM   General Motors Corporation
    グッドイヤー   Goodyear Tire & Rubber Co.
    ハーヴェスター   International Harvester Co.
    NJ スタンダード   Standard Oil Co.(New Jersey)
    ウェスティングハウス   Westinghouse Electric & Manufacturing Co.
    US ラバー   United States Rubber Co.
    US スティール   United States Steel Corporation
    WE   Western Electric Co.
    （SCC 参加企業の英文名はラフォレット市民的自由擁護委員会の報告書の表記に準じた。現社名が変わっていたり，なくなっている企業もあるが，1920～30 年代の社名で統一した。）

2. 頻出する組織・団体・法律の略記法は以下の通りである。
    AAIST   Amalgamated Association of Iron, Steel, and Tin Workers
              （合同鉄鋼錫労働組合）
    AFL   American Federation of Labor（アメリカ労働総同盟）
    AISI   American Iron & Steel Institute（アメリカ鉄鋼協会）
    AMA   American Management Association（アメリカ経営者協
              会）
    CIO   Committee for Industrial Organization（産業別労働組合
              委員会）→名称変更 Congress of Industrial Organiza-

	tions（産業別労働組合会議）
CWA	Communications Workers of America（アメリカ通信労働組合）
IBEW	International Brotherhood of Electrical Workers（国際電気工友愛組合）
NAM	National Association of Manufactures（全国製造業者協会）
NFTW	National Federation of Telephone Workers（全国電話労働者連合）
NICB	National Industrial Conference Board（全国産業協議会）
NIRA	National Industrial Recovery Act（全国産業復興法）
NLRA	National Labor Relations Act（全国労働関係法，ワグナー法）
NLRB	National Labor Relations Board（全国労働関係局）
NRA	National Recovery Administration（全国復興局）
SCC	Special Conference Committee（特別協議委員会）
SWOC	Steel Workers Organizing Committee（鉄鋼労働者組織委員会）
UE	United Electrical, Radio, and Machine Workers of America（統一電機・ラジオ・機械労働組合）
UAW	United Automobile Workers of America（全米自動車労組）
URW	United Rubber Workers of America（全米ゴム労組）

ニューディール労働政策と従業員代表制
　　——現代アメリカ労使関係の歴史的前提——

目　次

はしがき
凡　　例

序　章　従業員代表制と「ニューディール型労使関係」………… 1
　第1節　ウェルフェア・キャピタリズムと「ニューディール型労使関係」……… 1
　第2節　従業員代表制と「ニューディール型労使関係」………………… 5
　第3節　従業員代表制研究の到達点と課題………………………… 8

第1章　ニューディール労働法改革と従業員代表制………… 17
　　　　――全国産業復興法と労働争議法案を中心に――
　第1節　全国産業復興法と従業員代表制……………………… 17
　第2節　全国復興局と従業員代表制…………………………… 21
　第3節　労働争議法案と従業員代表制………………………… 26

第2章　全国労働関係法と特別協議委員会…………………… 37
　第1節　全国労働関係法と産業界の抵抗・不服従……………… 37
　第2節　上院への法案上程までの動き………………………… 39
　第3節　上院上程から大統領調印までの動き………………… 40
　第4節　大統領調印から合憲判決までの動き………………… 47

第3章　グッドイヤーにおける労使関係の転換と継承………… 59
　第1節　ウェルフェア・キャピタリズムとニューディール型労使関係…… 59
　第2節　1930年代における労務管理と労使関係の展開………… 60
　第3節　ニューディール型労使関係への影響…………………… 62
　第4節　現代におけるウェルフェア・キャピタリズムの評価…… 75

第4章　ハーヴェスターにおける従業員代表制の展開………… 81
　第1節　トラクター工場での組合運動の再生…………………… 81
　第2節　全国労働関係法合憲判決と独立組合の結成…………… 84

第3節　全国労働関係局代表選挙と農機具労働者組織委員会の勝利………91

第5章　GEにおける従業員代表制の再編と廃棄…………………101
　　　――労働者評議会と産業別組合――
　　　第1節　前史:スケネクタディ事業所における従業員代表制の形成と定着‥101
　　　第2節　大不況下のGE……………………………………………102
　　　第3節　スケネクタディ事業所における労働組合組織の再生………107
　　　第4節　全国産業復興法と労働者評議会の形成……………………108
　　　第5節　労働者評議会の活動と従業員………………………………117
　　　第6節　労働者評議会と労働組合……………………………………121
　　　第7節　労働者評議会解体の原因……………………………………127

第6章　USスティールにおける従業員代表制の展開……………135
　　　第1節　従業員代表制導入の背景と経緯……………………………135
　　　第2節　従業員代表制の内容と特徴…………………………………138
　　　第3節　従業員代表制の変容…………………………………………143
　　　第4節　鉄鋼労働者組織委員会の戦略と従業員代表制の崩壊………147

第7章　AT&Tの従業員代表制の変容と労使関係の展開…………153
　　　第1節　大恐慌期の雇用政策とウェルフェア・キャピタリズム……153
　　　第2節　全国産業復興法下の従業員代表制の変更と拡大……………158
　　　第3節　全国労働関係法下における従業員代表制の変容と労使関係…166
　　　第4節　全国電話労働者連合結成と労使関係の転換…………………173

第8章　デュポンにおける従業員代表制の展開……………………179
　　　第1節　労使関係の内在的分析の必要性……………………………179
　　　第2節　従業員代表制の全社的導入…………………………………180
　　　第3節　従業員代表制の制度的修正…………………………………183
　　　第4節　従業員代表制の1935年における全社的状況………………185

第5節　全国労働関係法合憲判決の衝撃………………………………190
第6節　全国労働関係法対策…………………………………………191
第7節　「基本方針」策定後の労使関係………………………………195

第9章　独立組合の盛衰……………………………………………201
第1節　労働法改革……………………………………………………201
第2節　独立組合の特徴………………………………………………204
第3節　労働側と経営側の態度………………………………………208
第4節　独立組合に代わる組織………………………………………217

第10章　ウェスタン・エレクトリックにおける従業員代表制の展開…223
第1節　沿革ならびに特別協議委員会との関係……………………223
第2節　従業員代表制導入に至るまでの経緯と人事管理の展開…225
第3節　従業員代表制の展開…………………………………………229
第4節　従業員代表制廃止後の労使関係……………………………231
第5節　従業員代表制廃止後の人事管理……………………………233

終　章　閉ざされた道………………………………………………243
　　　　──従業員代表制とアメリカ産業民主主義の可能性──
第1節　企業内労使関係の時代とアメリカの従業員代表制………243
第2節　従業員代表制の再編と終焉…………………………………245
第3節　従業員代表制の多様性………………………………………246
第4節　従業員代表制の機能と安定性………………………………248
第5節　アメリカ企業経営者と従業員代表制………………………254

参考文献　259
索　　引　人名…275／事項…276／企業…279

序　章

従業員代表制と「ニューディール型労使関係」

第1節　ウェルフェア・キャピタリズムと「ニューディール型労使関係」
　　　　──変化と連続性──

　本書は，1930年代のアメリカ企業における従業員代表制（ERP）の展開と終焉に関する実証的な研究の成果をとりまとめたものであり，「はしがき」で触れたように，第1次世界大戦から1920年代にかけてアメリカの大企業においてERPが生成し，定着する過程を対象とした『アメリカ大企業と労働者』（1998年）の，実質的な続編を成している。

　第1次世界大戦期から1920年代初頭に相次いで導入された，極めてアメリカ的な制度であるERPが，1929年秋に始まる未曾有の経済危機と社会変動，政府の労働政策の大転換の中で，どのような変貌を遂げ，その生涯を終えたのか，そして，その結果がその後のアメリカ労使関係にいかなる影響を与えたのか，これらを明らかにすることが，本書の中心的な課題である。

　本書にとりまとめられた研究が対象とした時代，アメリカ労使関係は大きな変動の時期を迎えていた。それまでほぼ労働組合組織化の埒外にあった半・不熟練労働者を主要メンバーとする産業別組合の生成と成長，旧来の職業別組合も含む総体としての労働組合組織の急速な拡大と労働組合組織率の上昇，労働組合と団体交渉に関する包括的で決定的な立法措置，組合のほとんど存在しなかった産業における団体交渉体制の成立と労働協約の締結，そして職場における公式の苦情処理制度や詳細なワークルールの形成，これらの変化が10年余りの間に一挙に進行したのである。アメリカ産業における労働にかかわるほとんどすべてが転換したとさえ思えるほどスケールの大きな，急激な変化であっ

た。

　本書の主な対象である新興の大量生産型製造業の主要企業おいては，この同じ期間が，「ウェルフェア・キャピタリズム」から「ニューディール型労使関係」への移行の時期であった。ウェルフェア・キャピタリズムの下では，企業によって程度の差こそあれ，経営者のイニシアティブによって，従業員の全般的経済的条件の改善，半・不熟練労働者の企業組織内での地位の見直しや従業員集団としての発言権の承認などが進められた。その結果，1920年代末には第1次世界大戦時の労働組合組織の急成長と労働争議の蔓延という騒然とした状況からは想像できないほどの，平穏な労使の関係が形成されていた。この転換の鍵となったのが，第1次世界大戦を契機に急速に普及した各種のERPであった。その意味では，本書の対象とする企業における労使関係の転換は，端的に言えば，ERP体制による半ば集団的な労使関係から，産業別組合を一方の当事者とする集団的労使関係への移行と把握することができる。これもまた極めて大きな転換であったということができる。

　大恐慌，ニューディール，そして第2次世界大戦という時期に生じたこれらの転換については，CIOなどの全国組織レベル，主要産業レベルの組合史や労使関係史などを中心に，多くの研究結果が公表され，ある意味では，すでに語りつくされた観があった。その転換の結果成立した集団的労使関係についても，容易にフォローしきれないほどの研究成果が生み出され，大きな論点はすでにほぼ固められたともいえる状況になっていたのである。すでに1960年代には，研究者の関心は，労使関係の基本的な枠組みの外に広がり，労働組合や団体交渉という現象を相対化するいわゆる「新しい労働史（New Labor History）」が生まれ，研究は産業と労働と社会に関する多様な領域の多彩な課題を追求する方向へと拡散していったのである[1]。

　こうした研究状況が変化し，再び労使関係の枠組みに注目が集まり，新たな研究成果が生み出され始めたのは，1980年代に入ってからであった。この頃から，1930～40年代の転換の結果生まれた労使関係が大きな危機に直面しているのではないか，あるいは再度の転換を兆しているのではないかという認識が研究者の間に広がり始めたのである。この新たな研究動向の中で，1930～40

序　章　従業員代表制と「ニューディール型労使関係」

年代の転換の結果生まれたアメリカ労使関係は,「ニューディール型労使関係」という名称を与えられることよって相対化され，この「ニューディール型労使関係」への移行,そこから別のシステムへの再度の移行の可能性，そして「ニューディール型労使関係」の歴史的な意味などが改めて問われることとなった。[2]こうした文脈の中で，1930～40年代の断絶的とも思える「大転換」の内実も再び，新たな観点で検証されることとなったのである。

　このような労使関係研究における変化の一環として，ニューディールの労働・社会立法と産業別組合とによって終焉を宣告されたウェルフェア・キャピタリズムにも再度新たな光が当てられ，その再評価や戦後アメリカ産業社会への継続的な強いインパクトを検証する仕事も生み出された。[3]このウェルフェア・キャピタリズムの再評価は，企業の労務政策の側からのアメリカ労使関係研究に大きな刺激をもたらすこととなった。本書は，こうした研究史の流れを受け止め，1920～30年代の大企業の労務政策と1930～40年代の労使関係の転換の関連を，ニューディール期における労働立法の影響を視野に入れつつ，個別企業のケース・スタディを軸とする研究によって改めて検証し，その転換の性格を明らかにすることを課題としている。

　1920～30年代の労務政策と1930～40年代の労使関係の転換の関連を，個別企業のケース・スタディを通じて検証するという本研究の中心的な課題は，次のような意図から設定されたものである。

　戦後アメリカ労使関係を「ニューディール型労使関係」と概括したコーカン（Thomas A. Kochan）らの研究は，この労使関係が，「戦略レベル」，「企業・工場レベル」，「職場レベル」の三層から成っていると把握している。[4]とりあえずこの把握の仕方の適否は措くとして，仮に労使関係をこの三層において把握する観点から，1930～40年代における労使関係の転換に関する議論を振り返ると，従来の研究のほとんどが，最初の2つの層における変化に焦点を当てていたことがわかる。すなわち，連邦政府，特にローズヴェルト大統領（Franklin D. Roosevelt）のプロレイバーな政治姿勢，NLRAの成立，鉄鋼業などに代表される産業別組合の「上からの」組織化運動，主要企業における組合の承認と労働協約の締結といった，いわば労使関係の政治的・法的枠組みや産業レベ

3

ルにおける変化が，当時の大転換に関する議論の大半を占めてきたといってもけっして言い過ぎとはいえないであろう。

　これらの研究の多くは，明示的にせよあるいは暗黙のうちにせよ，「1929年恐慌に始まる大不況による労働者の経済条件の極端な悪化と社会不安」⇒「1930年代初頭に底を打った労働組合の勢力拡大と労働争議の急増」⇒「ローズヴェルト政権のプロレイバーな労働政策，特にNLRAの成立」⇒「自動車・鉄鋼・電機・化学などの基幹的な産業における産業別組合を一方の当事者とする団体交渉の確立」⇒「企業と産業別組合との団体交渉の結果を確定する企業・工場レベルでの協約や職場における苦情処理体制の整備」，という事態の流れの中に，アメリカ労使関係の転換を描いてきた，といっても間違いではないであろう。ここでは，1930年代からの労使関係の変化を規定したのは，もちろん，経済不安と労働組合運動に始点をみているとはいえ，政府の政策や立法，そしてそれを受けた，特に全国的もしくは産業レベルの労働組合の運動のあり方にある，と想定されていた。「上からの」モメントが，労使関係の転換を規定したという観点である。[5]

　こうした，いわば「上からの」視線で労使関係の転換をみる方法について，ここで，全面的な評価を加えることはできないが，しかし，こうしたレベルの観察だけからでは，当時の大転換を十全に把握することができないばかりか，例えば，なぜNLRAとNLRBは労働組合とその団体交渉を促進するに際して，「交渉単位（bargaining unit）」や「排他的交渉代表（exclusive representative）」という制度を労使関係システムに持ち込んだのか（持ち込まざるを得なかったのか），また，なぜアメリカの産業別組合においてローカル・ユニオンの役割が決定的に大きくなったのか，産業別組合による団体交渉において，例えば自動車産業の，パターンバーゲニングと呼ばれる形式をとった全国協約改訂交渉において，個々の企業別交渉が枢要な位置を占め，なおかつ工場レベルの労働協約があれほど詳細で，かつ重要な意味をもつようになったのか，そして，なぜ，労働組合のある職場において極めて詳細なワークルールが確立したのか，といった問題をうまく説明することができないのは明らかである。

　本書が示すように，実は，これら「ニューディール型労使関係」の特徴の多

くは，企業や，特にその工場や職場レベルにおいて，労働組合の組織化に先行して存在していた企業の労務政策，雇用慣行などのあり方，そしてそれに対する労働組合や労働者の対応によって強く規定される中で形作られてきたのである。こうした，ノン・ユニオンの時代の労務政策や雇用慣行とそれに対する労働側のリアクションへの理解なしに，現代アメリカ労使関係の特質を理解することは不可能だといってもよい。これらは，いわば「下からの」視点によってしか補捉できないのである。

　労使関係に関する政策や立法，そして産業レベルの特質などの「上からの」視点による分析は，いわば，「下からの」，企業の労務政策や雇用慣行，そして企業・職場レベルの労使関係とその変化についての分析という視点によって，さらには，こうした下層における動きと，上層の変動の相互作用をみる視点によって補われて，はじめてより精度の高いものとなるのであり，そのためには，従来の研究で光の当てられることの少なかった，「下からの」モメント，あるいは，労使関係の下層における動きについての緻密な実証研究が重要であるという考え方に基づいて実施されたのが，本書に集約された研究である。

第2節　従業員代表制と「ニューディール型労使関係」

　この労使関係の「下からの」（あるいは下層の）分析の鍵となるのが，企業の労務政策，労働者の意識と行動，特に企業の労務政策への対応，この両者の交錯の中で形作られる企業内の制度や職場の慣行，これらが労働組合の組織と団体交渉のあり方に及ぼす影響，などについての実証的な研究である。この立場からすると，1930～40年代の労使関係の一大転換期の研究において鍵となるのは，ウェルフェア・キャピタリズム，特にその要石であったERP，それらに対する従業員の対応，そして，この相互作用の結果生み出される制度や慣行が，次に生み出される労使関係の枠組みをどう規定していたのか，という点に関する実証的な研究である。

　ERPは，主に2つの点で，その後に生成した労使関係の枠組みに影響を与えた。1つは，新たに生成した労使関係の法的枠組み形成に対するERPの影

響という点であり,もう1つは,ERPが産業別組合の組織化過程に及ぼした影響である。この2つの点については以前に発表したウェルフェア・キャピタリズムに関する議論を一部修正した形で議論してみよう。[6]

最初の点についていえば,1933年のNIRAから1935年のNLRAの成立にいたるニューディールの労働立法の展開において,1つの大きな論点となったのが,労使関係に関する法律が,ERPをどう扱うか,ということであった。

第1章で詳述するように,NIRAの第7条a項が,労働者の団体交渉の権利を確認しつつ,しかし,明示的に労働組合をその排他的な当事者と位置づけず,独立性を高めたERPをもその当事者となり得る余地を残したのは,初期ニューディールの労働政策形成過程に対して,ERPを推進してきたSCC参加企業の経営者などERPを推進する勢力が無視し得ない影響力を及ぼしていたからである。[7]結果として,NIRAの成立は,第1次世界大戦後に次ぐ,ERPの第2のブームを生じせしめたのである。これに対して,1935年に成立したNLRA(通称「ワグナー法」)の立法趣旨は,団体交渉の労働側の主たる当事者として,企業からの独立性を保った横断的労働組合を想定し,その育成のために不可欠の措置としてNRA体制下において急速に広まったERP(当時の政府の用語では「会社組合(company union)」)を禁圧する狙いをもっており,そのため,他国に類をみない「適正交渉単位(appropriate bargaining unit)」という制度を作り出し,なおかつ,その運用にあたって実質的に職業別などの他の交渉単位に対して「プラント別交渉単位」を優遇し,また,従業員投票による交渉代表の選出を一般化した。NLRBは同時に企業内の労使の協議・連絡制度に対して,そのほとんどをERPの存続・復活につながる「経営者による支配介入」に当たるとして,極めて厳格な対応を行ってきた。[8]交渉代表選出投票は,その後の労働関係法の大幅修正(Taft-Hartley Act:1947年)により選出過程への経営者の介入の余地が大幅に広がることなどして,代表選出投票において労働組合が勝利する可能性を大幅に低下させ,結果として今日の労働組合組織率の極端な低さをもたらす重要な一因となったのである。[9]また,「経営者による支配介入」の極めて厳密な取り扱いは,職場レベルでの労使のコミュニケーション・チャネルと従業員の職場レベルでの参加の道を閉ざし,職場労使関係の

硬直化をもたらした。1993年に議会を通過したチーム法（TEAM Act）は，結局は大統領の拒否権で成立しなかったが，1980年代の国際競争の中で顕著になったこのアメリカ企業の職場レベルでの労使関係システムの劣位を改善することを意図したものであり，ウェルフェア・キャピタリズムとの対抗関係の中で形成されたアメリカ政府の労働政策の歴史的な性格を浮き彫りにするものであった。

ERPが，ニューディールから第2次世界大戦にかけての新たな労使関係の形成に与えた第2の重要な影響は，当時基幹産業における産業別組合の多くが，ERPとの直接，間接の対抗関係の中で生成し，その地歩を固めたということに起因するものであり，アメリカの産業別組合組織において工場別のローカル組織が極めて大きな位置を占め，企業・工場別の労働協約が決定的な意味をもっているという労使関係の特質と深くかかわっている。

この点を少し具体的に説明すると，以下のようになる。ニューディール期に急速に勢力を拡大した，大量生産型産業におけるCIO系の産業別組合は，やはりNRA体制のもとで急速に勢力を拡大したERPとの対抗関係の中で団体交渉権を獲得していかなければならなかった。この対抗関係は，(1)産業別組合の工場・事業所別組織であるプラント別ローカル・ユニオンが，ERPに対して交渉代表の選出投票で多数を獲得し，このプラント別ローカル・ユニオンの連合体が産業別組合形成の中核となっていく（GEの場合），(2)産業別組合の組合員がERP内に浸透し，それを組合組織であるプラント別ローカルに転化し（USスティールの場合），それが全国的な組織化運動によって形成された労働組合組織の一部になっていくケースなどに典型的に示されるように，その後のアメリカの産業別組合組織のあり方を強く規定していった。また，この同じ対抗過程で，組合側は，従業員の間における組合への支持を獲得するために，従業員の集団が，ERPを通じて企業との協調のもとに実現していた企業・工場レベルの労働条件水準や雇用慣行に対応した政策を展開せざるを得ず，この結果，産業別組合であるにもかかわらず，極めて詳細な工場レベルの協約を締結し，苦情処理制度を確立することになった。この工場レベルでの協約や職場の苦情処理制度は，第2次世界大戦時下でのストライキ禁止を実現する代償とし

ての苦情処理の迅速化・組合保障と参加促進（生産委員会など）のプロセスで一層強化され，先任権をはじめとするより詳細な協約やワークルールを維持する役割を果たすようになる(11)。こうした，他国の産業別労働組合に例をみない，工場レベルの詳細な協約やワークルールは，職場における労働者と仕事との結びつき，ならびに個々の労働者のこなす仕事の質と量における柔軟性の発揮を大幅に制限するという結果を招き，アメリカの経営者が組織化に対してことのほか強い抵抗を示す根拠となっていると考えられる。

このように，労使関係システムの下層に主要なフォーカスをもつ本書は，旧労使関係の制度的な柱であったERPが次代の労使関係の枠組みに重要な影響を及ぼす流れが存在したという事実発見によって，ニューディール期から第2次世界大戦期という時期が，政府の政策や立法や労働組合組織の類型の変化といった，いわば労使関係の上層における「断絶」とはまったく異なる「連続」という相貌を有していたことを明らかにしている。また，この連続性が維持されるにあたって，企業の労務政策が重要な役割を果たしたことの確認も，また本書の成果である。伝統的なアメリカ労使関係史の研究においては，「職務意識（job consciousness）」などの労働のイデオロギーが，労使関係の同質性を維持する上で果たした役割についての言及は多いが(12)，経営的な要因を視野に入れた研究は少なかった。この経営的な要因が労使関係の枠組みの形成にいかなる影響を及ぼすのか，という点は，現在進行しつつあるあるかにみえるアメリカ労使関係の再度の転換の行方を見通すにあたっても，考慮しなければならない論点となるであろう。

第3節　従業員代表制研究の到達点と課題

次に，本書の主たる研究対象である，ERPの研究に関して，いくつか必要な指摘をしておくことにしたい。

1920～30年代半ばのアメリカでは，当時のアメリカを代表する大企業を含む数多くの企業が，様々な形式のERPを導入した。この制度は，選挙などで選ばれた従業員の代表が，経営側の代表と，企業内の様々な問題，特に従業員

の利害にかかわる問題について，「協議」や「交渉」を行うことを旨としていた。この制度は，一方では，職場に民主主義をもたらす「産業民主主義（industrial democracy）」の制度として賞讃されるとともに，他方では，労働組合を排除し，経営者の独裁（industrial autocracy）を覆い隠す「会社御用の組合（company union）」であるとして，強く非難される存在でもあり，常に論争の的であり，実際にこの制度をめぐる労使の紛争も多く生じた。アメリカの企業経営者が，従業員を個人としてではなく，「集団として処遇する（collective dealing）」ことを認めたという点で画期的であったこの制度は，アメリカ産業界における，鋭い，現実的かつ理論上の対立の焦点だったのである。そして，いわゆる「ニューディール労使関係」が危機に瀕した現代において，ERPは再び，労使関係の代替的モデルとして注目を集めているのである。[13]

1920年代から30年代にかけて全盛期を迎えたアメリカ企業のERPに関する伝統的理解は概ね，それを真の労働組合を排除する，あるいはその企業への浸透を防止するための手段とみなして批判を加えるか，あるいは，部外者の介入を排した，純粋に企業内的な団体交渉あるいは集団的処遇（collective dealing）の一形態とみなし，その意義を高く評価するか，という対立的なものであった。[14]こうした観点からする研究は，いきおい，その焦点を，ERPの組織的性格（創設のイニシアティブのあり方，従業員組織としての独立性，従業員側代表の発言権と身分保護，選挙の公正性など）と交渉力（賃金・労働時間などの基本的な労働条件改善についての発言力）に合わせることになっていた。

1970年代以後の，1920～30年代のERPに対する研究においては，こうした伝統的な対立的議論の中で見過ごされてきた，ERPが従業員の参加や労使コミュニケーションなどを促進した側面を評価するなど，その視野を広げるばかりでなく，労働条件改善効果の再検討，そして，代替的労使関係システムとしてのERPの政策的な条件の検討なども行われるようになってきた。

ネルソン（Daniel Nelson）は「会社組合（company union）」に関する2つの論文の中で，いくつかの大企業のよく整備されたERPと，その他の，第1次世界大戦時の政府の労働機関の圧力と戦後の反労働組合の空気の中でにわかに導入され，短命に終わった制度とを明確に区別している。そして，前者のよく整

備された ERP の顕著な特徴は，それが，「革新的な工場管理や進歩的な人事管理と結びついている」ところにある，としている[15]。彼は，この違いを経営者のイニシアティブの差に帰している。ネルソンによれば，よく整備された ERP を有する企業の経営者たちは，「経営者の影響を広げ，一般の従業員を会社の運営に参加させるよう努めている点で共通している」のである[16]。

ガレットとグレイ（Ray Gullett and Edumund R. Gray）は，1920年代の ERP の集中的なケース・スタディを通じて（取り上げられているケースのいくつかはネルソンのものと共通している），ERP が，従業員のモチベーションと参加の促進という点で果たした役割に注目した。彼らは，その研究を「ERP の歴史的な重要性は，ほぼその利用を通じた，モチベーションに関する洞察と経験にある」と結んでいる[17]。これらの研究は，ERP の非労働組合的な側面，狭い意味での労働条件決定以外の機能に注目している点に従来のものにない特長がある[18]。

これに対して，フェイリス（David Fairris）は，ハーシュマン（Albert O. Hirschman）の「退出＝発言モデル」[19]を1920年代の ERP に適用し，マクロレベルの数量的データ分析を通じて，「会社組合は，従業員が，会社を辞める代わりに，使用者に対して，職場の諸条件についての関心を発言する制度的なメカニズム」であり，ERP の導入によって従業員の職場での満足度が改善された結果，離職率が低下するとともに従業員の企業への忠誠心が強化され，それらが生産性の向上などに貢献した，という結論を得ている。また，フェイリスは，労働組合と ERP の関係についてもこの職場の諸条件の改善が結果的に独立した労働組合に対する抑止力となっていたことも併せて指摘し，伝統的な ERP 評価の中心であった団体交渉（労働条件決定）機能の評価という論点に新たな観点を付け加えている[20]。

さらに，カウフマン（Bruce E. Kaufman）は，ERP についての従来の議論を整理・総括し，加えて，代表的な ERP に関する従来のケース・スタディを検討した上で，ERP が一定の条件の下では，経営者の単なる労働組合排除策としてではなく，労働条件の決定や職場の苦情処理，そして従業員の参加や労使のコミュニケーションを強化するための制度として，現代アメリカにおいて，労働組合と並ぶ労使関係システム上の可能な選択肢として位置づけられること，

序　章　従業員代表制と「ニューディール型労使関係」

それが適切に機能するための条件としての完全雇用政策と NLRA の改正・強化などが必要であることを提案している。[21]

　このようにアメリカでの議論は，歴史上の ERP を，従来見過ごされていた側面に光を当て，より多面的に把握するばかりでなく，伝統的な論点であった労働条件改善における効果の再評価，そして労使関係政策論的な観点からの ERP の機能条件の検討と進んできたことになる。本書の役割は，SCC 参加企業を中心としたいくつかの ERP についての詳細なケース・スタディに基づいて，こうした議論が提示している ERP 評価やそれに基づいて行われた政策的提言の適否を判断する前提となる基本的な問題を提起することにある。

　本書がこうした課題を，個別企業のケース・スタディを通じて追求するという方法を採ったのは，従来の ERP 研究が概ね次のような限界をもっており，そのためにその研究成果に基づいて下される ERP 評価が一面的なものとなったり，あるいは，正確性を欠くものとなったりしがちだからである。

　従来の研究の第 1 の問題点は，制約された資料に基づく議論が行われがちなことである。当時の ERP については，多くの場合，制度や手続きなどに関するものを除くと，その実際の活動を示す記録や証言が極めて限定されている。存続した全期間にわたって具体的な活動実態や機能を確認するに足る詳細かつ包括的な一次資料に基づく分析が可能な ERP は極めて限定されている。また，その限られた資料も，ERP を積極的に肯定するか，あるいは基本的に否定する立場から残されたものである場合が多く，バランスの取れた把握を妨げる要因となっている。時には，こうした資料上の制約があるため，場合によっては ERP についての同時代の特定の政策的な観点から書かれた二次資料だけを基に，個々の ERP の評価が行われてしまうという事態も見受けられる。たとえケースの数が限定されても，ERP そのものに関する種類の異なる一次資料をつき合わせ，二次資料とも照らし合わせながら，存続した全期間の運営実態を把握し得る質の高いケース・スタディの積み重ねが必要となる。[22]

　第 2 の問題点は，従来の研究では，ERP の多様性が十分に把握されていないことである。しばしば指摘されるように，1920〜30 年代のアメリカで普及した ERP は極めて多様性に満ちたものであった。この ERP の多様性は，企業

ごとに，場合によっては同じ企業の工場ごとに，異なる制度や手続きが採用されたばかりでなく，ほぼ同じような制度や手続きの規定をもっている制度が，まったくといってよいほど異なる実態で運営されている場合さえあったこと，さらに同じ企業・工場の ERP でも時期によって制度・手続きが変わり，運営実態も大きく異なっていたことによって，さらに増大した。特に第 1 次世界大戦期から 1920 年代初頭にかけての ERP 創始期，1930 年代中盤の変動期は，元来内在した多様性が，外的環境の急速かつ不均質な変化に応じて複雑な様相を呈しているので，特に注意が必要となる。外的な環境の相違を無視した比較や評価は，ERP の誤った評価に結びつきかねない。これらの多様性の問題は ERP の実態を正確に把握する大きな妨げとなり，例えば，フェイリスのようなマクロ的把握の有効性を損なうものとなっていた。この点からも，ERP の存続した期間全体にわたる変化を把握し得るような密度の高いケースの集積とその比較研究が求められるのである。

　第 3 の問題点は，ERP を評価する際の基準の未確立である。1970 年代以後の ERP に関する研究は，その視野を広げ，また新たな分析方法の提起や，政策的な提案が行われるなど，の発展がみられるが，依然として，1970 年代以前からの伝統的な分裂した ERP 観（「労働組合排除の手段」vs.「特定企業の労使共通の利害を守る制度」）を根本的に克服できていないばかりか，1970 年以後に光を当てられるようになった ERP の「参加・コミュニケーション機能」と，かねてから認識されていた「労働組合代替あるいは補完機能」を統一的に把握する視点も未だ確立されていない。歴史的現象としての ERP に適切な評価を加えるためにも，こうした分裂した ERP 観克服のための方法的な検討が是非とも求められているのである。

　第 4 は，個別企業や工場などの環境条件の相違をみずに，ERP の帰結のみをもって，その機能全体を評価するなど，政策の意図と結果を区別した把握が十分に行えないでいることである。この点は政策研究の常識ともなっているが，ERP 研究においても押さえておくべき点であろう。

　本書は，こうした従来の研究のもつ限界を意識した上で，以下のような検討を行う。

序　章　従業員代表制と「ニューディール型労使関係」

　まず，1930年代のERPの動向に決定的な意味をもった政府の労働政策の転換とERPとの関係を（第1章），次いで，ERPの展開を方向付ける上で大きな役割を果たしたSCCの政府の労働政策の転換への対応を検討した（第2章）。その上で，SCC参加企業6社を，ハリス（Howell J. Harris）の類型化──「反組合主義の貫徹（persistent anti-unionism）」（「好戦的なもの（belligerents）」と，「洗練された反組合主義（sophisticated anti-unionism）」に分類），「革新的なアプローチ（progressive approach）」，「現実的な順応と適合（realistic accomodation and adaptation）」──に基づきつつ，彼のいう「洗練された反組合主義」型に近いもののERPの運用と利用に関してはまったく異なった取り組みを行い，最終的に「独立組合（Independent Local Union）」を選択した企業群を加え，順次取り上げている。「洗練された反組合主義」型に分類される企業としてはグッドイヤー（第3章），ハーヴェスター（第4章）を取り上げた。両社は，外部の組合主義に対抗し好戦的な手段も採用したが，たいていの場合不当労働行為に抵触する方策を採用していた。例えば，雇用，解雇，レイオフ，再雇用などにおける組合員・組合活動家に対する差別的扱いがそうであったし，組合活動の監視，フォアマンによる対面での圧迫，反組合宣伝などがそうであった。その中で，ERPは全国組合の進入を防ぐ方策として利用された。最終的に両社は全国組合を承認し，協約を締結することになるが，そこに至るプロセスは当然のことながら異なっていた。一方，SCC参加企業の中にはNIRAの時点で組合を承認することを良しとしたGE（第5章），USスティール（第6章）もあった。GEは統一電機・ラジオ・機械労働組合（UE）を承認した。また，USスティールは，「内部からくり抜く（boring from within）」方法で組合がERPの支配権を獲得したときに全国組合を承認するという「現実的な対応」を採った。以上の4社は，時期の相違はあれ最終的には全国組合を承認することになる。しかし，AT&T（第7章），デュポン（第8章）は，主にERPの独立性を強める手法をとることで，とりあえずは全国組合の進入を防ぐことに成功する。両社は，1940年まで独立組合を通してその従業員と交渉していたのである。

　なお，本書ではAT&Tと密接な関係をもったWE（第10章）におけるERPの変化を詳細に検討するとともに，ERPの展開と隣接する独立組合（Independ-

ent Local Union）の動向も検討されている（第9章）。

　この検討に際して，ERPの団体交渉代替・労働条件決定機能と企業内コミュニケーション・従業員参加機能との関係（均衡と相克）に特に注意を払い，また，実態把握という面では，ERPの組織と機能のあり方（集中と分権）とに焦点を合わせた。この点との関連でERPの職場での役割，一般従業員や第一線監督者との関係もまた本書の論点の1つとなる。

　本書の対象とする企業は，おしなべて当時としては高い水準の人事管理を行っており，また各社の幹部はERPの導入と運営に極めて熱心であったし，企業間の情報の共有度も高かった。この点では，極めて多様な当時のERPの中では，比較的に均質な制度をもつ企業グループとなっていたといえる。しかしながら，個々のERPについて，ある程度踏み込んだ観察を行っていくと，これらの企業のERPの間に，かなり重要な差異があることが判明した。この均質性の中にある差異を確認し，その理由を探ることも本書の課題である。

（1）　この点については，野村達朗「アメリカ労働史研究の新しい潮流」『歴史評論』第341号，1978年および木下 順「アメリカ合衆国労資関係史研究の諸潮流(1)」『国学院経済学』第33巻，第4号，1985年を参照されたい。

（2）　Thomas A. Kochan, Harry C. Katz, and Robert B. McKersie, *The Transformation of American Industrial Relations*, Basic Books, Inc, 1986.

（3）　代表的なものとして，ジャコービィ（Sanford M. Jacoby）の一連の実証的な研究を挙げることができる。また，ブロディ（David Brody）の論考も重要である。S. M. Jacoby, *Employing Bureaucracy : Managers, Unions, and the Transformation of Work in the 20th Century*, Lawrence Erlbaum Associates, 2004, pp. 266-267. 荒又重雄・木下 順・平尾武久・森 杲訳『雇用官僚制——アメリカの内部労働市場と"良い仕事"の生成史［増補改訂版］』北海道大学図書刊行会，2005年，310～311ページ；S. M. Jacoby, *Modern Manors : Welfare Capitalism since the New Deal*, Princeton University Press, 1997, pp. 206-220. 内田一秀・中本和秀・鈴木良始・平尾武久・森 杲訳『会社荘園制——アメリカ型ウェルフェア・キャピタリズムの軌跡』北海道大学図書刊行会，1999年，341～365ページ；David Brody, *Workers in Industrial America : Essays on the Twentieth Century Struggle*, Oxford University Press, 1980.

（4）　T. A. Kochan et al., *op.cit.*.

（5）　Milton Derber and Edwin Young eds., *Labor and the New Deal*, Da Capo Press, 1972 (University of Wisconsin Press, 1957). 永田正臣他訳『現代アメリカ労働運動史——ニューディールからタフト・ハートレイ法まで』日刊労働通信社，1964年。

（6）　関口定一「20世紀アメリカの労働と福祉——American Standard of LivingとWelfare

序　章　従業員代表制と「ニューディール型労使関係」

　　　Capitalism を中心に」『土地制度史學　別冊 20 世紀資本主義――歴史と方法の再検討』1999 年。
（7）　SCC の NIRA 形成への影響については，本書第 1 章を参照のこと。
（8）　Bruce E. Kaufman, "Company Unions : Sham Organization or Victims of New Deal ?" Industrial Relations Research Association, *Proceedings of the 49th Annual Meeting*, 1997.
（9）　David Brody, "Labor Elections : Good for Workers ?" *Dissent*, 44-3, 1997.
（10）　小池和男『職場の労働組合と参加――労資関係の日米比較』東洋経済新報社，1977 年。
（11）　仁田道夫「アメリカ労使関係の確立」東京大学社会科学研究所『20 世紀システム　2　経済成長 1　機軸』1998 年。
（12）　例えば，ニューディール前後の「職務意識」の連続性を強調するパールマン（Selig Perlman）の研究などが典型である（Selig Perlman, "Labor and the New Deal in Historical Perspective," in M. Derber and E. Young eds., *op. cit.*，前掲邦訳書）。
（13）　Bruce E. Kaufman, "Accomplishments and Shortcomings of Nonunion Employee Representation in the Pre-Wagner Act Years," in Kaufman and Daphne Gottlieb Taras eds., *Nonunion Employee Representation : History, Contemporary Practice, and Policy*, M. E. Sharpe, 2000.
（14）　カウフマンは，注(13)で取り上げた論文で，コモンズ（J. R. Commons），スリクター（Sumner Slichter），レイザーソン（William Leiserson）らはこの二元論的な視点から離れ，ERP を，当時台頭しつつあった人事管理に象徴される，企業経営の転換（「労働力商品モデル」から「より人間的，戦略的，参加的モデル」への転換）の一環として理解していた，としている（B. E. Kaufman, op. cit.）。
（15）　Daniel Nelson, "The Company Union Movement, 1900-1937 : Reexamination," *Business History Review*, 56-3, 1982, p. 329.
（16）　Daniel Nelson, "Employee Representation in Historical Perspective," in Bruce E. Kaufman and Morris M. Kleiner eds., *Employee Representation : Alternatives and Future Directions*, Industrial Relations Research Association, 1993, p. 371.
（17）　Ray Gullett and Edumund R. Gray, "The Impact of Employee Representation Plan Upon the Development of Management-Worker Relationships in the United States," *Marqutte Business Review*, 20, 1976, p. 99.
（18）　ネルソンの "The Company Union Movement" および "Employee Representation in Historical Perspective" ならびにガレットらの "The Impact of Employee Representation Plan" については別稿で議論の概要を紹介している（関口定一「『参加・コミュニケーション型従業員代表制』の系譜と労使関係ネットワーク」『商学論纂（中央大学）』第 40 巻第 1・2 号，1998 年）。ガレットらの難点は，取り扱ったケース・スタディの詳細をほとんど紹介していないことである。
（19）　Albert O. Hirschman, *Exit, Voice, and Loyalty : Responses to Decline in Firms, Organizations, and States*, Harvard University Press, 1970.
（20）　フェイリスは，以下の点に分析方法上の問題を残している。(1)独自に合成した指標（変数）によって，退職率，ストライキ，組合組織，生産性などの変化と福利厚生の普及，従業員代表制の導入などについて，回帰係数やノンパラメトリックな相関（association）をみるなどの分析を行っているが，サンプルサイズが小さく，いずれの分析結果もせいぜい 10％，20％程度の有意水準しか得られていない。(2)もしこれらの分析を十分なサンプルサイズで行い，統計的に有意な結果を得られたとしても，ERP を導入していた企業における，ERP 以外の雇用・人

事・職場管理政策などと ERP のいずれが定着率の低下や生産性の向上により大きく寄与していたかを確認するための補足的な分析なしに，この論文のような結論を導き出すには，無理がある。後に触れるように，当時の ERP はあまりに多様であり，この研究のような計量的な方法が適当かどうか疑問の余地が大きい（David Fairris, "From Exit to Voice in Shopfloor Governance : The Case of Company Unions,"*Business History Review*, 69, 1995)。
(21) B. E. Kaufman, "Accomplishments and Shortcoming."
(22) カウフマンの議論の弱点の1つは，実際に個々のケースを，一次資料に基づいて検討せず，二次資料を，ほとんど資料批判なしに採用して，それに基づいて評価を下している点である。例えば，42ページ以下で，NJ スタンダード，リーズ・アンド・ノスラップ (Leeds and Northrup)，コロラド燃料製鉄会社（CF & I)，GE のスケネクタディ事業所 (Schenectady Works) の評価を，それぞれほぼ1つか2つの二次資料によって評価しているのはその典型である（B. E. Kaufman, "Accomplishments and Shortcoming."）。
(23) Howell J. Harris, *The Right to Manage : Industrial Relations Policies of American Business in the 1940s*, University of Wisconsin Press, 1982, pp.23-37.

（関口定一）

第1章
ニューディール労働法改革と従業員代表制
―― 全国産業復興法と労働争議法案を中心に ――

第1節　全国産業復興法と従業員代表制

　本章の目的は，1933年5月に始まるNIRA審議過程から翌34年3月にワグナー上院議員（Robert F. Wagner）が労働争議法案（Labor Disputes Bill, LDB）を提出した後の公聴会までの，従業員代表制（ERP）を取り巻く状況の変化を明確にすることにある。それには，NIRA特にその第7条a項がどういった性格をもつものであったのかをまず知る必要がある。なぜなら，ワグナーがLDBを経てNLRAを提案しなければならなかった最大の原因は，この第7条a項の性格に規定されるERPの解釈に起因すると考えられるからである。

　NIRAの性格は3つの時点で把握しなければならない。1つは，NIRAの起草過程，つまり1932年12月に提出されたブラック法案の対案としてのNIRAがもつ性格である。(1) 2つ目に，ローズヴェルト大統領（Franklin D. Roosevelt）によって議会に提出された33年5月17日から6月16日の署名までにみられた第7条a項の細則(1)と(2)の修正に示された性格である。そこでは「会社組合（company union）」との関係が持ち出された。最後に，NIRAの施行過程での性格であり，全国復興局（NRA）と全国労働委員会（National Labor Board, NLB）の下での性格の変化である。ただし，NLBの活動はワグナー委員長の下で大きな影響を及ぼすとみられたが，ウィアトン・スティール社事件やバッド製造会社事件によってかえってその弱点を露呈することになる。それゆえ，本章ではNRAを中心に取り上げる。NRA長官とその顧問弁護士の声明が，第7条a項の解釈に大きく影響したのである。

　1933年5月17日にローズヴェルト大統領が議会に提出した折りのNIRA第

17

7条a項は，次のような内容であった。⁽²⁾

> 第7条a項　本章（第1章産業復興のこと—注，伊藤）の規定に従い，認可，規定，発行される公正競争規約，協定，そして免許状は，すべて次の条件を含むものとする。
> (1)従業員は団結権，および自ら選出した代表による団体交渉権をもつものとする。
> (2)従業員および雇い入れ希望者は，雇用の条件として，どのような組織であれそれへの加入を要請されたり，または自身の選択する労働組織（labor organization）への加入を控えるよう要請されてはならないものとする。
> (3)使用者は，大統領によって認可あるいは規定された最高労働時間，最低賃率，その他の労働条件（working conditions）に同意しなければならない。

5月18日の下院歳入委員会公聴会の直前，AFLの緊急協議会がワシントンで開催され，第7条a項の細則(1)と(2)に変更を求めることが決定された。これに基づき，翌19日にAFL会長グリーン（William Green）が下院歳入委員会に対し，細則(1)については上記の文章に続けて，「そのような代表者の選任や自らの組織化，その他団体交渉あるいは他の相互扶助ないし保護を目的とする協同行動において，使用者またはその代理人の干渉，抑制，あるいは強制から自由でなければならない」という一文を挿入することを要求した。この内容は，ノリス＝ラガーディア法第2条「公共政策の宣言」にみられたものであり，使用者の制限に反対する権利を支持するものである。グリーンはまた，細則(2)にある「組織」の代わりに「会社組合」を用いるよう主張した。それはクローズド・ショップ推進を意図したものであった。

このグリーン修正案に対し，下院歳入委員会公聴会では，同条項について何も発言しなかった合衆国商業会議所（United States Chamber of Commerce）のハリマン（Henry I. Harriman）をはじめとして産業界からの反対はなかった。それというのも，AFLと同会議所は，AFLによる業界団体の承認と，同会議所による労働条項の受け入れを交換条件とすることに同意していたからであった。また，ワグナー自身も政府を代表して同委員会で発言し，グリーンの提案を支持した。同委員会はグリーン修正案に沿ってNIRA第7条a項を修正した上で下院本会議に提出し，NIRA案はわずか2日間の審議後5月26日に325票対76票で可決された。

下院を通過した NIRA 案は上院で論議を巻き起こした。特に，グリーン修正案で会社組合への加入を強制されないとされたその第 7 条 a 項の文面をめぐって，産業界が猛反発したのである。その背後には NAM 会長ルンド（Robert L. Lund）の糾弾に代表される議会外での動きがあった。彼はこの条項を，「使用者は共産主義的な組織や組織的な脅迫者との交渉を要請され，そして従業員の福祉制度は崩壊するかも知れない」と非難したのである。こうした動きを受け，5 月 22 日から 6 月 1 日に開催された上院財政委員会の審議で，NAM をはじめとする産業界の代表は NIRA 案反対の立場を鮮明にした。

NAM 顧問弁護士のエメリー（James A. Emery）は，5 月 25 日に開催された NAM の雇用関係委員会（Employment Relations Committee）と翌 26 日の特別製造業者委員会（Special Manufacturers Committee）の決議を踏まえて，29 日に上院財政委員会で陳述した。雇用関係委員会は NIRA 案に対し，可能なら可決前に修正し，可決後はクローズド・ショップと闘うことを確認していた。一方製造業者委員会は，第 7 条 a 項に関して，「法として受け入れられる余地はない。それは，……削除されるか修正されねばならない」と決議していた。両決議とも NIRA 案の修正を求めるものであったが，どの部分をどう修正するのかについて意思統一されていたわけではなかった。

エメリーは両委員会の決議を踏まえて NAM の立場を鮮明にした。彼の論旨によれば，第 7 条 a 項は労働者に労働組織への加入を要請することで，アメリカ人から「団結しない自由」という貴重な権利を奪い，クローズド・ショップを強制することになる。その結果，組合員の 3 倍近い労働者が ERP のメンバーであるという事実があるにもかかわらず，労使関係は組合に沿って形成される。結局，第 7 条 a 項は既存の良好な労使関係を崩壊させることになり，ひいては復興を遅らせる。そこで，次のように変更するよう主張したのである。

①使用者と従業員は，団結する権利，および自ら選出した代表を通じて，使用者と従業員双方に満足のいく形態で団体交渉する権利をもつものとする，
②従業員および雇い入れ希望者は，雇用の条件として，どのような合法的な組織（any legitimate organization）であれ，それへの加入あるいは加入を控えるよう要請されてはならないし，いかなる個人であれ個別折衝（indi-

vidual bargaining）あるいは団体交渉を妨げられてはならない。

　エメリーの陳述とその修正案を支持したのは鉄鋼業界であった。アームコ・スティール社（ARMCO Steel）のフック（Charles R. Hook）は，第7条a項がアメリカの良好な労使関係を危険にさらすことから，クローズド・ショップの土台を切り崩し，会社組合を保護するためにNAM修正案を支持した。彼のいう良好な労使関係とは，ERP下のそれであることはいうまでもない。また，アメリカ鉄鋼協会（AISI）のラモー（Robert P. Lamont）は，ERPを通した交渉は認めても，「外部組織（AFLのこと―注，伊藤）もしくは従業員でない個人」との交渉は拒否していた。最終的にAFL寄りの細則(2)の修正案がウォルシュ上院議員（David I. Walsh）から提出され，承認された。それは，最後の文面を「自身の選択する労働組織への加入，その組織化，あるいはそれへの支援を控える……」とするものであった。

　以上の修正を加えた上で，NIRA案は6月5日に上院本会議に送付された。その際，先のERPの取り扱いをめぐる対立を考慮して，クラーク上院議員（Champ Clark）が提案した但し書きの扱いが問題となった。その内容は，産業界のいうERP下の「満足のいく関係」に言及するもので，「特定の工場，会社，法人の従業員が賃金，労働時間，および他の雇用条件についてその使用者と団体交渉する目的で団結権をもつことを除いては，この第1章のいかなる法内容も，特定の工場，会社，法人における使用者と従業員との既存の満足のいく関係に対し，変化を強いるものではない」という内容であった。これは，会社組合を是認するだけでなく，第7条a項全体を否定するものと解釈でき，「第7条(a)項を残しながらも，(a)項(1)，(2)の労働者の団結権および団体交渉権にかかわる内容を実質的に骨抜きとする重要な文面の挿入」であった。

　6月8日，上院でクラークの但し書きは採択されるが，ノリス上院議員（George W. Norris）はそれが「使用者支配組合（employer-dominated unions）」を合法化するものと受け止められることからその不当性をすぐさま主張し，その削除を提案した。また，ワグナーは但し書きが黄犬契約を容認すると主張した。ノリスの介入により，但し書きは46票対31票で却下された。NIRA案は，「一方でAFLの修正を受け入れながら，他方でそれを骨抜きにしようとした

産業界の動きを跳ねのけ」、6月9日に上院を通過し、両院の調整を経た最終法案が13日に可決され、16日に大統領の署名により成立した。その第7条a項は以下のような内容であった。

> 第7条a項　本章（第1章産業復興のこと―注，伊藤）の規定に従い，認可，規定，発行される公正競争規約，協定，そして免許状は，すべて次の条件を含むものとする。
> (1)従業員は団結権，および自ら選出した代表による団体交渉権をもつものとする，そのような代表者の選任や自らの組織化，その他団体交渉あるいは他の相互扶助ないし保護を目的とする共同行動において，使用者またはその代理人の干渉，抑制，あるいは強制から自由でなければならない，
> (2)従業員および雇い入れ希望者は，雇用の条件として，会社組合への加入を要請されたり，または自身の選択する労働組織への加入，その組織化，あるいはそれへの支援を控えるように要請されてはならないものとする，
> (3)使用者は，大統領によって認可あるいは規定された最高労働時間，最低賃率，その他の雇用条件（conditions of employment）に同意しなければならない。

第2節　全国復興局と従業員代表制

　以上のような経緯を経て成立したNIRA，特にその第7条a項の解釈に関しては，表現自体が曖昧であったことから団体交渉やERPについて種々の疑問が呈された。例えば，従業員は団結権と団体交渉権を与えられるとされていたが，そこには団体交渉の定義がないだけでなく，使用者が従業員の望む組合を承認し，それと交渉する義務に関しても規定がなかった。また，ERPの導入や財政的支援が従業員の自主的組織に対する干渉となるかどうか明確でなかったのである。そこで以下では，SCC参加企業を代表してカウドリック（Edward S. Cowdrick）が呈した疑問を取り上げ，それに直接ではないが一定答える形で1933年8月23日にNRA長官ジョンソン（Hugh S. Johnson）と顧問弁護士リッチバーグ（Donald R. Richberg）が表明した見解を明らかにする。NIRAの中核的遂行機関であったNRAの長官とその顧問弁護士の解釈が与えた影響は大きかった。

　カウドリックは，SCC参加企業の代表に宛てた1933年8月16日の手紙で，

NIRAの下で「組合との団体交渉が実際に実行に移される方法に関する」疑問点を提示している。その内容は，「例えば，ある企業の従業員の一部が組合に加入し，使用者に協約に調印するように求める一方で，残りの従業員は組合に組織されないか，あるいはERPを通して交渉することを望んでいる場合にはどういったことが起こるのか。互いが当該企業の従業員を代表していると主張する競合組合に分裂した場合には，従業員の意志がどこにあるかは誰が決定するのか」という基本的な疑問である。さらに彼は，そこから派生する次のような疑問も提示している。「使用者が組織労働者との団体交渉に同意すれば，彼はいったい何を約束したことになるのか。組合との協約条件を決定できないことで団体交渉が破綻する可能性についてはどうか。使用者が団体交渉に同意した場合には，NIRAはどのような協約が使用者に提示された場合でも使用者に調印を強制できるのか。例えば，組合はクローズド・ショップ条項の履行を迫るであろうし，使用者はそれを承認することを拒否するであろう。」カウドリックが提示した疑問点は，当然のことながらSCC参加企業が直面していた問題であった。設立当初から集団協議（collective dealing）は認めても組合との団体交渉は認めない立場をとってきたSCCにとって，NIRAの団体交渉承認までは認めるにしても，その交渉相手が組合かERPであるかは大きな問題であった。

　このカウドリック，ひいてはSCC参加企業の疑問に答える見解が，ジョンソン長官とリッチバーグから出された。まず，8月23日の同長官の見解を，カウドリックがSCC参加企業の代表に宛てた8月24日の手紙で確認しておきたい。カウドリックは，同長官の見解を以下の10点で要約している。①第7条a項の含意は様々に解釈されてはならず，それを解釈する権限はNRA長官と裁判所が有する。②オープン・ショップとクローズド・ショップはNIRAで使われてはならない。なぜなら，③これらの言葉は合意に達した意味をもっておらず，NRAの辞書から消去されているからである。④NIRAは「従業員は団結権，および自ら選出した代表による団体交渉権をもつものとする」という文言を規約や協約に含めることを要求している。⑤このことは，従業員は彼らが代表してほしいと望む人物を自分たちで選出できること，同じように使用

者は組織された従業員と団体交渉できるし，あるいは個別に行動することを選択した従業員と個別協約（individual agreements）を締結することもできる。当然そういった行為は連邦法と州法を犯すものであってはならない。ただし，使用者も従業員も個別協約あるいは団体協約として提示されたどのような契約であれ同意することは法で求められていない。⑥NIRAは，従業員が同法によって定められた権利を行使するに当たって，使用者の干渉，抑制，あるいは強制から自由でなければならない。⑦は第7条a項の解釈をめぐる重要な論点であるため後で取り上げる。⑧従業員が選出した代表について異論がある場合，NRAは公平な調査を実施，必要ならば無記名選挙を行う。⑨NRAは，いかなる場合であれ，特定の契約が合法的な代表と使用者との間で行われたか，あるいは行われていないかの決定義務は負わないし，合法的に行われた契約を強制することもしない。⑩協調的な労使関係は，協約の作成とその維持にかかっており，NRAはそのような関係を促進・支持する。⁽²¹⁾

さて，本章の展開に関して最も重要な⑦についてである。カウドリックはその内容を，「第7条a項の下では，使用者は，『雇用の条件として』従業員に『会社組合に加入する』かあるいは『自身の選択する労働組織への加入，その組織化，あるいはそれへの支援を控えるように』要請することを禁じられている。NIRAは，会社組合と呼ばれ，1つの会社の従業員のみで構成されるローカルの労働組織（local labor organization）の存在を禁じていない。しかし，NIRAは，雇用の条件として従業員に会社組合に加入するよう使用者が求めることを禁じているし，使用者の干渉，抑制，あるいは強制によって会社組合あるいは他の労働組織を維持することも禁じている（傍点，伊藤）[22]」と要約している。

このNRAの解釈を受けて，カウドリックは同じ8月24日の手紙でERPに関する理解を以下の3点でSCC参加企業に示した。[23]

① NRAは，もし従業員が受け入れるならERPと個別折衝（individual bargaining）することを承認している。
② 使用者は，特定の契約に同意することは求められていない。
③ NRAは，団体交渉に関する従業員の希望を決定するための無記名投票を

是認している。

SCC参加企業にとっては，NRAによるERPの承認が特に重要であった。

NICBの報告書は，8月23日のジョンソン長官の見解を補完する形で29日にリッチバーグが，9月4日と10月10日に同長官がそれぞれNIRAの解釈について声明を出していたことを明らかにしている。まず，8月29日のリッチバーグの声明である。それは，NIRA下のERPに関する積極的な発言ではなかったが，「NIRAは，全国的な労働組織に最高の価値を与えることを意図するものでも，あるいはローカルな組織を解散させる意図をもつものでもない」(24)と指摘している。彼のいう「ローカルな組織」にERPが含まれることはいうまでもない。

9月4日と10月10日のジョンソン長官の声明には，NIRA下のERPをどう理解するかという内容が含まれている。前者では，使用者は「従業員の組織化に干渉しようとするものではなく，従業員側代表の選出を干渉しようとするものでもない。使用者は，雇用の条件に関して，従業員が自身で選出した代表と交渉することを拒否できない。使用者は，雇用の条件として，従業員を会社組合に加入させることはできない。……さらに，使用者は，従業員が選択するなら，どの従業員とも個別折衝する権利を否定されない。しかし，個別折衝するか代表を通して団体交渉するかは，従業員の判断による」(25)とされていた。また，後者では，「誰しも個別折衝するか団体交渉するかを選択することができ，会社組合もしくは他の組合に加入することを強制あるいは左右する考えは，この法の平易な言葉によって絶対に否認されている」(26)とされていた。

NRAのERPに関する見解は，1933年8月5日に創設されたNLBの判断と大きく内容を異にするものであった。そこにNLB委員長ワグナーが翌34年にLDBを，そして35年にNLRAを提出する1つの要因があった。NLBは，33年8月11日に出した最初の裁定——ペンシルヴェニア州リーディング市の靴下工場での争議に対する裁定——で，選挙によって多数を獲得した労働組織がその工場もしくは職場の排他的代表となるという原理を示した。そこでは，「会社組合もその際に代表となることは可能であったが，会社組合が選挙で敗れればその存在は交渉団体から外されるということを意味」(27)していた。この点

第1章　ニューディール労働法改革と従業員代表制

表1-1　従業員代表制（会社組合）の導入時期

年	会社組合のみ				会社組合と労働組合				会社組合がある合計数			
	事業所		労働者		事業所		労働者		事業所		労働者	
	数	%	数	%	数	%	数	%	数	%	数	%
1900年まで	3	0.6	1,295	0.3	—	—	—	—	3	0.5	1,295	0.2
1900-14年	7	1.4	5,260	1.4	1	1.0	773	0.5	8	1.3	6,033	1.1
1915-19年	68	13.7	103,948	26.9	19	19.6	25,918	17.9	87	14.7	129,866	24.6
1920-22年	26	5.2	24,571	6.4	5	5.2	5,306	3.7	31	5.2	29,877	5.7
1923-29年	29	5.9	17,785	4.6	6	6.2	15,699	10.9	35	5.9	33,484	6.3
1930-32年	26	5.2	9,431	2.5	3	3.1	1,022	0.7	29	4.9	10,453	2.0
1933-35年	320	64.4	213,497	55.3	58	60.5	93,035	65.3	378	63.8	306,528	58.0
情報不十分	7	1.4	6,456	1.7	1	1.0	650	0.5	8	1.3	7,106	1.4
不明	11	2.2	3,715	0.9	3	3.1	176	0.1	14	2.4	3,891	0.7
総計	497	100.0	385,954	100.0	96	100.0	142,579	100.0	539	100.0	528,533	100.0

（出所）U.S. Department of Labor, *Characteristics of Company Unions 1935*, Bulletin No. 634, June 1937, p. 51.

表1-2　従業員代表制（会社組合）の導入理由

主な導入理由	総計	1915-19	1920-22	1923-29	1930-32	1933 7月-1935
進行中のストあるいは最近和解したスト	28	5	7	2	1	13
工場内あるいは地域で前進した組合	52	2	0	0	0	50
NIRAの影響	31	0	0	0	0	31
従業員との関係改善を希求する会社	14	6	2	4	0	2
不明	1	1	0	0	0	0
総計	126	14	9	6		96

（出所）表1-1と同じ。p.81.

では、個別折衝の可能性が残るとするNRAと異なり、ERPに関する第7条a項の解釈は、「復興局首脳と、彼らに服属し、規約体制の順調な発展を補助するはずの全国労働委員会という二つの政府内機関に、二元化するという明らかな矛盾を露呈」$^{(28)}$したのである。

第7条a項の解釈がNRAとNLBで二元化したという矛盾を突いて、多くの企業はERPを導入した。この点を資料によって確認しておこう。表1-1は、1935年4月までのERP（調査上は会社組合）の結成を時期区分したもので、ニューディール初期に急増していることがわかる。また、ERP導入に至る動機を示した表1-2からは、組合の影響とNIRAの存在が大きかったことがわかる。NIRA下で組合運動が加速化された面もあり、その影響も大きかった。最後に、表1-3は当時のERPが圧倒的に経営側の主導によって導入されてい

表1-3 従業員代表制(会社組合)の導入主体

主な導入主体	総計	1915-19	1920-22	1923-29	1930-32	1933-35
経営側	96	13	7	5	1	70
経営側と従業員	18	0	0	0	0	17
主として従業員	8	0	0	1	0	7
戦時労働局	1	1	2	0	0	0
不　明	3	0	0	0	0	2
総　計	126	14	9	6	1	96

(出所) 表1-1と同じ。p.86.

た事実を浮かび上がらせている。

第3節　労働争議法案と従業員代表制

　NIRA第7条a項の下で急増したERPに対処すべく，1934年3月1日にワグナーはLDBを提出する。本節では同法案の公聴会での労働側・経営側の発言を手がかりに，ERPをめぐる労使の攻防を明らかにする。この点は，LDBが5月26日に上院教育労働委員会を一応通過しながらも結局は見送られ，その後NLRAが制定されるに至る経緯を明確にするのに必要な論点である。

(1)　ワグナーの陳述

　ワグナーは，NIRAの下，産業界は誰からの挑戦も受けることのない公正競争規約という権威機構の支配権を実質上手にしている，一方労働界では従業員の協力関係は後退し，以前よりもさらに悪い状態となり，労使関係のアンバランスが経済復興を阻害している，との現状認識をまず明らかにした。その原因を，「第7条a項の誤った解釈」と「使用者の抵抗」に求め，自身の6ヶ月に及ぶNLB委員長の体験を踏まえて，「第7条a項の弱点は矯正しなければならないし，そうできる。この法案の目的もそこにある」とLDBの趣旨を説明している。

　ワグナーは「第7条a項の弱点」を以下の3点において指摘している。まず最初に，「団体交渉する従業員の権利を再三述べているが，使用者に対し代表

者を承認する義務を課していない」点である。NLB に持ち込まれた争議の 70％以上はこの「義務」を認めないことに起因していた。次に，第 7 条 a 項は，従業員がその代表者を自由に選出できると規定しているが，「圧倒的多数者が全従業員をカバーする団体協約（collective agreement）を望んだ後ですら，使用者は個別協約（individual agreements）を希望する労働者と自由に個別折衝しうることを意味する」と解釈できるのである。これはすでに明らかにしたように NRA の解釈であったが，最後の点は本章の課題と密接に関係する点で，ワグナーが「最も重大な欠点」と指摘するものである。第 7 条 a 項は，「従業員が彼らの代表を選出する際に，干渉や抑制から自由でなければならないと規定する一方で，そういった自由を不可能にしてしまうような特定の慣行を禁止していない」のである。この自由の最大の障壁は，「NIRA 通過後に驚くほど急速に成長した使用者支配組合（employer-dominated union）」であった。

　ワグナーは，使用者支配組合を，「ニューディールの核心とは正反対のものとして運営されている」とし，その特徴として以下の諸点を列挙している（丸付き数字は伊藤）。①使用者によって始められ，②使用者がそのルール，手続き，政策の決定に参加し，③使用者の意志で終了でき，④使用者がその提案に関して絶対的な拒否権を行使でき，⑤従業員の協力関係を唯一の従業員単位に制限している。最後の点は，例えば賃金水準の標準化や改善は，全産業レベル，州レベル，あるいは全国レベルの問題であるにもかかわらず，使用者支配組合の下では個々の工場に分断され，従業員が別々に行動し，他の労働者の活動を知らない状況下にある。そこでは，「不公正な使用者やわずかな金額で喜んで標準を引き下げる労働者のつまらない戦術から身を守ることはできない」といったことが起こりうるのである。

　ワグナーの指摘する 5 つの特徴を総合するまでもなく，彼が使用者支配組合としているのは ERP であった。彼が単に会社組合ではなく，あえて使用者支配組合としたのは，NIRA の議会審議過程における ERP の扱いが影響していた。したがって LDB では，「労働組織（labor organization）の結成，その政策，もしくはその選挙に影響力を及ぼすこと，労働組織を助成すること，あるいは賃金，労働時間もしくは他の雇用条件での差別といった手段で特定の組合に賛

成・反対するという差別行為，こういったことによる使用者の労働組織への支配を禁止⁽³⁹⁾」すると規定している。

　第7条a項の弱点と使用者支配組合の存在を指摘した後，ワグナーは，「もし従業員が望むのであれば，1人の使用者もしくは会社組合ベースで組織する彼らの権利を害するものでないこと⁽⁴⁰⁾」をLDBは明確にしなければならず，「会社組合という線に沿った展開のみを押しつけることを使用者に許さず，ただ労働者が会社組合を希望した時に彼らを支配することを使用者に禁じている⁽⁴¹⁾」と指摘している。また，同じく重要だとして，LDBは，「使用者が福祉，健康，慈善，レクリエーション，保険，あるいは給付金といった問題を交渉するための団体または組織（societies or organization）を設置することは禁じていない。これらすべての機能は，使用者—従業員組織によって満たされるし，満たされるべきである⁽⁴²⁾」が，「使用者は，賃金，労働時間，そして他の雇用条件に関する団体交渉を目的に存在する組織を支配すべきではない⁽⁴³⁾」としている。さらに，「使用者支配組織（employer-dominated organization）は，組合を補うという正当な機能を行う限りで許可されるべきで，組合に取って代わったり，それを破壊することは許されるべきではない⁽⁴⁴⁾」と指摘していた。

　こうした一連の見解は，ワグナーがLDBの時点では，使用者支配組合・組織は認めないにしても，従業員の希望という限定付きで，会社組合の存在を認めるという苦しい立場にあったことを物語っている。この点に関して，ワグナーと教育・労働委員会議長ウォルシュとの質疑応答は興味深い。ウォルシュが，「この法案には会社組合を組織する権利を否定する規定はないのか」，そして「どの産業でも従業員の大多数がそれを選べば会社組合を組織できるのか」と質したことに対し，ワグナーはそういった規定はないし，「我々が禁止しているのは使用者による支配だけである⁽⁴⁶⁾」と述べている。さらに，ウォルシュが「使用者，特に大企業の使用者には，独立した労働組織よりも容易に会社組合を支配できるという考えの下，会社組合を創出しようとする傾向があると判断していいのか⁽⁴⁷⁾」と尋ねたことに対し，ワグナーはまさにその通りであるとし，「私が会社組合，反対すべき会社組合といった時には，使用者に支配されているかその影響を受けている会社組合を意味している⁽⁴⁸⁾」と答えている。このよう

なワグナーの主張は、少なくとも NIRA 体制を支持する立場からは如何ともし難い選択であった。

　ワグナーの以上のような苦渋の選択が、LDB に賛同する労働側、反対する経営側のそれぞれの主張の根拠となる。労働側は、NIRA 下では組合のみならず会社組合も合法化されているという苦しい状況下で、経営側が組合ではなく会社組合しか認めないという状態を打破するために同法案が必要なことを主張した。一方、経営側は、ERP が決して使用者支配組合でなく合法的な団体交渉制度であると主張していたのである。

（2）労働側の対応

　公聴会での労働側陳述の内、ここではグリーンの発言を検討する。彼は、「もし労働者が自由、経済的にも産業でも自由であるには、そして NIRA 第 7 条 a 項で宣言された労働者に保障された権利を享受するには、LDB を法とする必要があると信じて」、同法案に賛同する立場で発言している。まず彼は、「NIRA は、労働者の解放にとって最も重要な第一歩を示した」として、「黄犬契約を廃止し」、「労働者は雇用の条件として会社組合に加入することを求められないし、彼ら自身が選んだ組合に加入し、支援し、組織することを控えるようにも求められない」と評価する一方で、「会社組合を廃止することに関しては何もしていない。事実、会社組合が繁殖する原因となっている。……大多数の会社組合工場は、その自家製組合（home-made union）を促進するのに黄犬契約以外の戦術に頼っている。そして今や、会社組合はより多くの会社に広まっている。真正な労働運動はより広範な戦線で攻撃を受けている」と危機感を露わにする。次に、「会社によって組織され、推進され、労働者に押しつけられた組合」を会社組合と規定し、「経営側の目的を達成すべく、従業員と効果的に交渉するために経営側によって開発された1つの機関」としている。NIRA 制定後、多くの労働者は組合に加入したが、経営側は解雇やレイオフによって組合活動に対抗し、結局のところ「多くの労働者は、会社組合に加入する以外に選択肢は見出せなかった」という第 7 条 a 項を無視する状況が生まれたことを問題としている。

ここで注意しなければならないのは，ワグナーが会社組合ではなく使用者支配組合と限定して問題としていたのに対し，グリーンは会社組合一般を問題としていることである。この点はルイス（John L. Lewis）も同様で，"modern company union"といった表現は用いているものの，会社組合は「会社の利益のため，労働者の不利益のために運営され，労働条件を改善しようとする労働者の努力を無効にし，事実上組合ではないが労働者を欺くための間に合わせで実体のないまがい物で，労働者自身の防御から自身が雇われている会社の保護へと彼らのエネルギーを転換しようとするもの」としている。組合運動のリーダーであった彼らにとって，会社組合こそが問題であって，使用者支配組合とことさら限定する必要はなかった。ワグナーの見解とのずれは，NLRAで調整されねばならない課題であった。

　だが，グリーンは，「NIRA以降の会社組合運動は新しいワインを古いビンに入れる試みであると語って」一定評価する人々に対し，それは「同じ古いワインを同じ古いビンに入れている」にすぎず，「ラベルすら変えておらず，単に宣伝方法を変えたにすぎない」と批判している。例えば，15年以上の歴史をもつベスレヘム・スティールのERPを手本としたカーネギー・スティール社（Carnegie Steel Co.）の制度は，代表者の資格，選挙人と被選挙人の資格にあった制約（選挙人は60日間の勤務，被選挙人は1年の勤続，21歳以上，アメリカ市民）が取り除かれ，賃金台帳に載っている者が有資格とみなされるようになった。また，代表者のリコールに関しては，3分の2がサインした請願書を規則委員会（committee on rules）が承認するだけであったのに加えて，3分の2の投票者の無記名投票が必要とされるように改訂された。さらに，以前は毎月1回開催されていた協議会が，時に応じて開催されるようになった。最後に，ERPを中止する権限が経営者から奪われ，従業員の過半数の投票によることとなった。

　このような動きは，「1934年モデルは，33年モデルよりも『制約は解かれて』いる」ことからERPを評価しうるような印象を与えるが，実態は「これらの変更が公にされた後も，鉄鋼業界では使用者支配制度（employer-dominated plan）」が歴然と残っているとグリーンは批判している。ルイスはこ

の点を US スティールを事例に,「組合加入者, 組合に加入したいと話していた者, 労働組織の会合に出席していた者, 組織労働者の代表と協議していた者を報告し, 即刻排除するスパイ・システムを有していた。労働者が唯一所属できる組合は, 会社が推進し, ERP として公にされた『組合』だけであった」[58]としている。

(3) 経営側の対応

　経営側の対応は, SCC 参加企業を中心に考察しておきたい。

　上院公聴会が開催されていた 1934 年 3 月 22・23 日に SCC の会合が開催され, LDB に対する各参加企業の対応が次のように報告されていた。ハーヴェスターでは同法案によってその存在が脅かされている ERP を維持するために何をなすべきかを検討中であり, ある工場では従業員側代表が反対運動を始めていた, と報告されている。デュポンでは, ある工場協議会が同法案に反対して上院議員と下院議員に質問状を送ったようで, 同社はそれが従業員側代表の自発的な運動だとすれば, 支持すると報告していた。一方, グッドイヤーの従業員側代表は同法案には関心を示していなかった模様である。また, AT&T では, 長距離回線部門 (Long Lines Department) の工場協議会は, LDB に反対する決議を採択し, 他の工場協議会にそのコピーを送付していた。最後に, ベスレヘム・スティールでは, もし LDB が通過すれば ERP に終焉が訪れ, 全アメリカ産業が組合化されると信じて, NAM や他の組織と協力して同法案に反対する活動を始めたことが報告されていた。[59]

　以上, この会合で各社の ERP を存続させる意志と LDB への対応が議論され, 公聴会で証言する者に対しては, ERP を擁護する以下の労使双方の観点を確認し, それに従って陳述するよう求めていた。[60]

<経営側の観点>
1　ERP の下での協力関係で得た経験を企業は利用すべきである。
2　ERP の目的と方法を説明すべきで, その成果を列挙すべきである。LDB の影響の 1 つは, もしそれが施行されればこのような成果を破壊することにある。

3　上院委員会に召喚された経営者は，ERPの存続について従業員の投票に任せるよう提案すべきである（この提案には異議が表明された―注，伊藤）。
4　ERPの下で従業員に対して行われたことを指摘すべきである（例えば，年金，休暇，疾病給付）。組合ではおそらくそれはできなかったであろう。
5　経営者と従業員との間の個人的接触がもつ価値を強調すべきである。
6　LDBは，組合をこの国で最も強力な金持ち団体（financial institution）と位置づけている。
7　LDBの下では，NLBは賃金を固定化できる。
8　LDBは，労使双方にとって不公平なクローズド・ショップを明確に是認している。
9　LDBは，ERPを破壊するであろう。したがって，産業内での協調的な関係を促進するというERPの効果を指摘すべきである。ERPは，他の形態の団体交渉よりも効果的であることを示しうるであろう。
10　ERPの下で可能な個別の調整は，公共団体によって解釈された硬直的な契約上の関係よりも優れている。
11　ERPは激しい意見の対立なしに協調関係をもたらす。

＜従業員側の観点＞
1　LDBは，全従業員を強制的に組合に加入させ，組合費を払わせる。
2　組合の主たる関心事である全体的な賃金の変動が起こることはまずないが，組合員は利益を得ようと得まいといつも組合費を払うように要請される。
3　産業の完全な組合化は必ずしも全体的に賃金水準を上げることにはならない。この点は，ヨーロッパの経験で示されている。
4　LDBは，労働争議の平和的解決の代わりに，敵対を結果としてもたらす。
5　組合化の下では，経営側と従業員側との間の交渉は，当該ビジネスに不案内な人物によってなされる。
6　組合の職業的活動家（union agents）は，従業員ではなく組織に主たる関心がある。
7　組合主義は，1つの階級を他の階級に比して高い地位に置く。
8　LDBは，従業員側と経営側の契約を解消する傾向を有している。
9　経営側との現下の協定は満足できるもので，なぜそれを潰さねばならないのか。

　1934年にSCCの議長に就任したラーキン（Joseph M. Larkin）は，以上のようなSCCの意向を踏まえて，ベスレヘム・スティール副社長という立場で，「ERPの存在を法律によって禁止することになる」LDBに反対する意見を[61]
1934年4月5日に開催された公聴会で述べている。彼は，自身の経験を踏まえながら，ERPは同社の制度も含めて「15年以上にわたって機能し続けてい

る。その間，同製度は，従業員と経営者が互いに有効で満足するものであることを理解するようになった適切でかつ好結果をもたらした実用的な協定（working arrangement）を提供してきた」とし，「ERP は，労働関係を処理する最も効果的な形態を提供すると信じて導入されたのであって，……組合の機先を制する方策として採用された」ものではなく，その目的は，「経営者と従業員との継続的な日々のコミュニケーション・チャネルを確立することにある。それは，すべての不平・不満を即座に聴取し，調整する方法とすべての提案がその真価によって検討される方法を提供すること，さらに従業員が経営側の圧力を受けることなく彼らの代表を選び，その結果交渉は明確となり，また健全な基準によってなされるようになる」と主張する。そして，ERP の基礎にある考え方を，「従業員と使用者が友好的で建設的な雰囲気の下で席を同じくし，相互の問題に対する直接体験による実践的な知識をもって，公平で適切な解決法を案出した時に，労働者の利害が最もうまく処理される」としている。この点に，「他の団体交渉形態と対比した ERP の強みがある」と高く評価していたのである。

　ラーキンは，ERP が成功した 2 つの原則を指摘している。1 つは，従業員側代表の独立性の原則で，これが「従業員に対し，支配や威嚇と無縁な団体交渉の機会を提供し，彼らの雇用問題が解決されてきたし，今後も解決される手段を提供している。」そこでは，「どの従業員側代表もその選挙母体を代表する活動に対して差別されることはない」と規定している。つまり，「信条，人種，組合員かどうかによる差別から労働者を保護することを保障」しているのである。もう 1 つは，「従業員側と経営側に影響するすべての問題の討議に双方が参加する」という原則である。様々な問題を，「経営側の代表と友好的に議論するテーブルに着くことは，従業員にとって有利」なことであり，経営側もそれを望んでいる。なぜなら，「経営側の方針や問題の所在を知り，公平に扱われている従業員は満足」していると信じられるからである。

　だが，グリーンの陳述が明らかにしていたように，ラーキンの評価の裏ではERP を存続させるための種々の取り組みが画策されていた。この点をヤング（Arthur H. Young）の公聴会での陳述によって確認しておきたい。1934 年 2

月1日にUSスティールの労務担当副社長に就任したヤングは，彼が就任する前の1933年6月に導入されていたERPを修正した。1点目の修正は，経営側の要請によるもので，代表者の資格に関する制限（1年間の勤続，一定の年齢，アメリカ市民）の撤廃であった。2点目の修正は，従業員側の要望によるもので，ERPは従業員の過半数投票のみによって改訂できる点であった。以上を踏まえてヤングは，同社のERPの特徴をその6つの条項で指摘している。

> 第3条第1項　会社の役員であることを除けば，代表者の選出に制限はない。
> 　第2項　賃金台帳に載っている全従業員が投票資格をもつ。
> 第4条　すべての推薦と選挙は，従業員だけで構成される運営委員会の指導の下，無記名投票でなされる。
> 第7条　従業員側代表は少なくとも1ヶ月に1度は定期的あるいは臨時に会合をもち，また，1ヶ月毎に経営側との合同協議会（joint council）で会合をもつ。
> 　第5項　代表者としての責務遂行で必然的に失った時間に対して会社が支払う。
> 第9条　どのような問題に対しても，直接的で，倫理的で，効果的な調整機構が提供される。調整に失敗した場合には仲裁がなされる。スト権も工場閉鎖権もともに奪われることはない。
> 第11条　主に従業員の組織あるいは上訴手続きと関係する修正は従業員側代表にのみ与えられる。
> 第12条　この制度は従業員によってのみ終結できる。

ヤングが，これらの点を「特徴」と指摘したことは，それらが改訂前の制度にみられなかったことを示しているだけでなく，この公聴会での論議，特にワグナーが強硬に主張した使用者支配組合とみなされないための有効な方途であったとの彼の判断を示している。それはとりもなおさず当時の経営者，特にSCC参加企業の考えを代表するもので，こういった改訂で当時の状況を乗り切れるとの彼らの判断を如実に示すものであった。

（1）　この点については，紀平英作氏の優れた分析がある（紀平英作『ニューディール政治秩序の形成過程の研究』京都大学学術出版会，1993年，196〜201ページ）。同氏は，「復興法起草の直接の動機は，ブラック法案を潰すこと」にあったとの大方の理解に立って，NIRAは「下院

第1章　ニューディール労働法改革と従業員代表制

労働委員会審議に入った段階で急進的といってよい方向性さえもちはじめたこの法案（ブラック法案のこと—注，伊藤）を……，押しつぶす意味をもった立法」であったと指摘されている。そして，NIRA は「その労働者保護の条項について下院法案を確実に薄め，実質的には全く異なる制度原理を構築していた」のである（197～201 ページ）。また，NIRA 案作成に関しては複数の法案作成グループの動向を中心に分析され，ワグナー・グループの作成したプランに「労働者の団結権および団体交渉権を経営者が承認すべきという条項が含まれているようだと報じられた」のが 4 月 29 日であり，それはブラック法案の対案としての性格と，「商務省に対する譲歩の見返りであると共に，相応の議会対策であり，また世論へのポーズ」という性格ももち，「労働者の団結権の確保，また団体交渉権の尊重をさしあたり言葉で謳うだけの条文よりも，初期のワグナー・グループ案やパーキンズ修正案にみられた，連邦行政機構が労働時間および最低賃金を規制する公的な労働保護制度を新設することの方が，産業界にとっては当面大きな脅威と感じられていた」のである（211～212 ページ）。法案は，最終的には後に NRA 長官となるジョンソンのプランとの合同法案として，5 月 13 日に提出された。この法案作成過程においては，残念ではあるが ERP あるいは会社組合が俎上に上るまでには至らなかった。

(2)　73d. Cong., 1st sess., H. R. 5664, May 17, 1933 (Irving Bernstein, *New Deal Collective Bargaining Policy*, University of California Press, 1950, p. 33.).
(3)　National Industrial Recovery, 73d. Cong., 1st sess., H. R., Hearing on H. R. 5664 before Committee on Ways and Means, May 18-20, 1933, p. 117. (I. Bernstein, *op. cit.*, p. 32.)
(4)　紀平英作，前掲書，221 ページ。
(5)　National Industrial Recovery, 73d. Cong., 1st sess., H. R., Hearing on H. R. 5664 before Committee on Ways and Means, May 18-20, 1933, p. 118. (I. Bernstein, *op. cit.*, pp. 33-34.).
(6)　I. Bernstein, *op. cit.*, p. 34.
(7)　*New York Times*, May 18, 1933. (I. Bernstein, *op. cit.*, p. 34.)
(8)　U. S. Congress, Senata, Committee on Education and Labor, *Violations of Free Speech and Rights of Labor*, Hearing before a Subcommittee of the Committee on Education and Labor, Government Printing Office, 1939, Exhibit 3812, p. 7561.
(9)　*Ibid.*, Exhibit 3813, p. 7562.
(10)　I. Bernstein, *op. cit.*, pp. 34-35.
(11)　National Industrial Recovery, 73d. Cong., 1st sess., H. R., Hearing on H. R. 5664 before Committee on Ways and Means, May 18-20, 1933, p. 288. (I. Bernstein, *op. cit.*, p. 35.)
(12)　I. Bernstein, *op. cit.*, p. 35.
(13)(14)　*Ibid.*, p. 36.
(15)(16)　紀平英作，前掲書，222～223 ページ。
(17)　Marice Goldbroom et al, *Strikes under the New Deal*, League for Industrial Democracy, p. 9.
(18)(19)　"The Letter to the members of the Special Conference Committee," on August 16, 1933, File 17, Harrington Papers, Hagley Museum and Library.
(20)　伊藤健市「SCC の労務理念と従業員代表制」（平尾武久・伊藤健市・関口定一・森川　章編著『アメリカ大企業と労働者——1920 年代労務管理史研究』北海道大学図書刊行会，1998 年，所収）を参照のこと。
(21)　"The Letter to the members of the Special Conference Committee," on August 24, 1933, File 17, Harrington Papers, Hagley Museum and Library. ただし，④と⑤は以下の文献による。

National Industrial Conference Board (NICB), *Individual and Collective Bargaining under the N. I. R. A. : A Statistical Study of Present Practice,* November. 1933, p. 2.
(22)(23)　"The Letter to the members of the Special Conference Committee," on August 24, 1933, File 17, Harrington Papers, Hagley Museum and Library.
(24)(25)(26)　NICB, *op. cit.,* pp. 2-3.
(27)(28)　紀平英作，前掲書，248 ページ。
(29)(30)(31)(32)(33)(34)(35)　U. S. Congress, Senata, Committee on Education and Labor, *To Create a National Labor Board, Hearing before the Committee on Education and Labor,* Government Printing Office, 1934, pp. 8-9.
(36)　R. F. Wagner, "Company Union : A Vast Industrial Issue," *New York Times,* March 11, 1934.
(37)　*To Create a National Labor Board,* p. 9.
(38)　R. F. Wagner, op. cit..
(39)(40)(41)(42)(43)　*To Create a National Labor Board,* pp. 9-10.
(44)　R. F. Wagner, op.cit..
(45)(46)(47)(48)　*To Create a National Labor Board,* pp. 12-13.
(49)　*Ibid.,* p. 67.
(50)　*Ibid.,* p. 71.
(51)　*Ibid.,* p. 79.
(52)(53)　*Ibid.,* p. 69.
(54)　*Ibid.,* p. 143.
(55)　*Ibid.,* p. 72.
(56)(57)　*Ibid.,* pp. 91-92. カーネギー・スティール社については第6章も参照のこと。
(58)　*Ibid.,* p. 142.
(59)(60)　*Violations of Free Speech and Rights of Labor,* Exhibit 7732, pp. 17006-08.
(61)(62)(63)(64)(65)(66)(67)(68)(69)(70)(71)(72)　*To Create a National Labor Board,* pp. 780-782.
(73)(74)(75)　*Ibid.,* pp. 723-725. US スティールについては第6章も参照のこと。

（伊藤健市）

第2章

全国労働関係法と特別協議委員会

第1節　全国労働関係法と産業界の抵抗・不服従

　1935年7月5日に制定されたNLRAに対する産業界の抵抗・不服従は，NIRA同様最高裁は合憲判決を下すことはないという共通認識を共有しつつ進められた。1937年4月12日のNLRA合憲判決は，こうした産業界の抵抗・不服従の中で，労働者大衆の激しい闘争を背景に下されたものであった。

　このような経緯を経たNLRAを中核とするニューディール労働法改革ではあったが，その後のアメリカ労働組合運動をみてみれば，それがアメリカ資本主義社会の変革に結び付くどころか，かえって戦後の労働組合運動から社会変革的要素を奪い，産業界を中心とした支配体制に統合されたという現実を指摘せざるを得ない。その要因の1つは産業界の抵抗・不服従にあった。それは，NLRA合憲判決をもって終焉するのではなく，形を変えつつもアメリカ労働法に絶えず影響を及ぼし，そのことが労働者の生活に色濃く反映されるのである。その意味で，NLRA制定期の産業界の抵抗・不服従を問題にすることは，単に歴史的のみならず，優れて現代的な課題なのである。

　さて，この抵抗・不服従はいかなる理由で生じたのであろうか。この点に関し，クレア (Karl E. Klare) は，「法が労働運動を促進し，交渉力を再配分することに対する単純な反対」[1]であったのか，それとも「法が賃金交渉と実体的条件の国家的規制と生産過程に対する経営の指揮権の喪失のプレリュードとなるという根本的な恐怖」[2]にあったのかを明確にすることは困難としている。しかし彼は，後者につながる2つの思惑によって抵抗・不服従が動機づけられていたとして，どちらかといえば後者の側面を評価している。その第1の思惑とは，

「法で保護された団体交渉が生産過程に対するコントロールの喪失を招くのではないか」というものである。特に，第8条(5)の団体交渉義務規程が，「雇用契約の実体的条件の行政的吟味と，雇用条件の強制仲裁に導くという幽霊を呼び出し」たとしている。第2の思惑とは，「法が労働組合運動を助長する結果として階級闘争の激化を招くのではないか」というものであった。

では，産業界の抵抗・不服従をどのレベルで問題にすればいいのであろうか。考えられるレベルは産業界全体，業界，個別企業である。本章では産業界全体を問題とし，業界・個別企業については以下の各章で考察する。産業界全体として取り上げるべき組織は，NAM，合衆国商業会議所（United States Chamber of Commerce），アメリカ経営者協会（AMA），などが考えられるが，本章ではSCCを中心に考察する。

最後に，考察の対象時期である。それは，① 1935年2月21日に上院にNLRA法案が上程されるまでの時期，②上程から同年7月の大統領署名までの時期，③大統領署名から合憲判決を得るまでの時期，そして④合憲判決以降の時期，に区分される。そこでは，各時期の抵抗・不服従の内容・形態は同じであったのか，その内容・形態が抵抗・不服従の強さにどのように影響したのか，といったことも明らかにされねばならない。ただし，本章が依拠している資料のもつ限界から，以上の時期区分すべてにわたって議論することは不可能である。本章が依拠している資料は，SCCの存在が明らかにされた1937年2月17日のラフォレット市民的自由擁護委員会（La Follet Civil Liberties Committee）での質疑を受けて，2度にわたってSCC事務局長（Secretary）カウドリック（Edward S. Cowdrick）に出された召喚令状に基づき，彼が同委員会に提出した証拠文書（Exhibits）である。その内，手紙類の日付は1925年1月21日から1937年10月29日，SCC会会議事録の抜粋は1933年6月29日から翌37年3月19日までしかない。そこには，従業員代表制（ERP）をめぐる動きが多様かつ活発になる④合憲判決以降の時期の資料がほとんどないのである。この時期以降にSCC参加企業で多様な抵抗・不服従がみられ始めるが，それについては以下の各章で取り上げられている。

第2節　上院への法案上程までの動き

　SCC と NLRA の関係は 1935 年 1 月 28 日に始まる。同日付のカウドリックの手紙によると，彼はワグナー（Robert F. Wagner）が同年 2 月 21 日に上程する法案のコピーをほぼ 1 ヶ月前に「極秘の情報源（confidential source）[8]」を通して入手し，SCC のメンバーに回覧していた[9]。

　上程直前の 2 月 14・15 日に開催された SCC の年次会合では，「懸案の法案（NLRA 法案のこと—注，伊藤）を従業員に周知させる方法」が議論されている［7539, p. 16904.］。NJ スタンダードでは，従業員側代表が合同協議会（joint conference）の場でこの種の情報を提供するよう経営側に直接要求し，経営側も工場協議会議長への手紙を添えて NLRA 法案を従業員側代表に配付することを検討中であった。ベスレヘム・スティールのラーキン（Joseph M. Larkin）も，法案に加えて社外の者による解説を準備しようとしていた。US ラバーのチング（Cyrus S. Ching）は，今議会の会期中に NLRA 法案が上程されれば，同社はそれを従業員側代表ならびにフォアマンと討議することになるだろうと語っていた［7736, p. 17009.］。

　わずか 3 社の事例にすぎないが，各社とも NLRA 法案を従業員側代表に提示し，彼らを巻き込みつつ同法案への対策を講じようとしていたことがわかる。ただし，NLRA 法案のどこを問題にし，それに対して具体的にどのような手段をもって抵抗するかはまだこの時点では明確ではなかった。だが，次にみる事例からもわかるように，SCC の同法案に対する対応の速さは注目に値する。

　SCC の年次会合が開催される直前の 2 月 6～8 日，ピッツバーグで AMA の大会（Personnel Conference）が開催され，SCC のメンバーも含めて約 500 名が出席していた。そこで衆目を集めた問題は，団体交渉と社会立法であり，賃金管理や管理者訓練といった問題は出席者も驚くほど関心を集めていなかった。特に団体交渉に関しては，3 日間にわたって種々のグループで議論されており，「裁判所の支配的な裁定が出されていない状態では，（NIRA の—注，伊藤）第 7 条 a 項の下での使用者と被用者の権利と義務は曖昧なままであるということ

が一般に同意」[7540, p. 16905.]され，ERPで使用者が演じていた役割，特に従業員側代表への支払いと選挙開催に伴う費用負担に関して多くの不明確さが表明された。しかも，NLRBはこのような問題に対して「組合寄りの立場（union philosophy）」をとり，NLRBの裁定は使用者にとって非常に拘束的に作用していたと指摘していた。

　カウドリックは，このAMAの大会で議論されていた問題を，「ワグナーによるもう1つの労働争議法案の差し迫った上程によって影が薄くなっている」[同上]と評価している。なぜなら，NLRA法案が議会を通過すれば，「団体交渉の全ルールが再度変化するからである。」[同上]このようなカウドリックの評価とその対応からみて，AMAの大会ではSCC参加企業が1月28日に配付したNLRA法案は議論されていなかったこと，さらにカウドリックが同法案はNIRA第7条a項とは団体交渉に関してまったく異質なものと認識していたこと，しかもそれがSCC参加企業の共通認識であったことがわかる。SCCの対応は，その形態はともあれ，AMAよりもすばやかった。

第3節　上院上程から大統領調印までの動き

　ワグナーは，既述のように1935年2月21日にNLRA法案を上院に上程した。その1週間後の2月27日，カウドリックは2つの法案の相違点を要約したものを，作成者であるNJスタンダードのショー（Charles E. Shaw）の許可を得てメンバーに配付している。ここでいう2つの法案とは，第1章で取り上げた労働争議法案（Labor Disputes Bill, LDB）が議会・産業界から反発を受けたことから，ウォルシュ上院議員（David I. Walsh）がそれに代わるものとして前会期に上程したNational Industrial Adjustment Bill（以下では34年法案と記載）とNLRA法案（同じく新法案あるいは35年法案と記載）である。前者の法案は，LDBの多くの条項を変更したもので，とりわけERPを認めていた。ショーが示した内容は以下の23点に及んでいた[7737, pp. 17009-11.]。ただし，新・旧法案で実質的に内容が同じものはここでは触れられていない。

1　34年法案の適用は従業員10人未満の使用者には免除されていたが，新法案にはそれはない。
2　労働団体を定義する際に，34年法案は，「従業員代表委員会（employee representation committee）」を含んでいたが，新法案はその後に「もしくはERP」という一文を付け加えている。
3　新法案は，34年法案になかった商取引（commerce）行為に関する一文（第2条9項）を含んでいる（ここでは省略した―注，伊藤）。
4　34年法案は，NLRBを労働省の一部とした。35年法案は，「政府の行政部門における独立機関」（第3条a項）としている。
5　35年法案には，以下のようなまったく新しい一文がある（第6条6項）。つまり，「NLRBは一定の権限をもち，協定，公正競争規約（code），あるいは法によって労働争議を処理するために設立された委員会や機関の活動を指揮し，そういった委員会から活動報告を受ける。」
6　35年法案の「NLRBは，以下に規定されるように，すべての人に対し商取引に影響を及ぼす（第8条に列挙した）不当労働行為を阻止する権限を与えられる」という一文（第10条a項）は，基本的には34年法案と同じである。この条項に対し，35年法案は次のように付け加えている。「この権限は排他的であり，第11条の規定を除いて，協定，公正競争規約，法，および他のものによって制定された他の調整や干渉の手段によっては影響は受けない。」35年法案で新しく登場した第11条は，合衆国地方裁判所は，「NLRBの要請のみによって」，何らかの不当労働行為を防止し，制限するために起訴できると規定している。この規定は，NLRBの裁定の実施に地方裁判所を巻き込む。明らかに，ワグナーは，地方裁判所をまったく無視することは賢明ではないと決意したのであろう。だが，NLRB裁定の訴追は，巡回控訴裁判所によってなされねばならない。
7　34年法案は，「労働長官によって指令された決定や規制に従う際に，使用者は従業員に個別もしくはその地区代表者に対し，彼らの間で協議したり，労働組織の活動に従事している間は労働時間を損なうことなしに就業時間中でも使用者と協議することを禁じられていない」と規定している。35年法案は，NLRBにそのような決定を行う権限を与え，従業員と使用者との間の協議を制限している（第8条2項）。
8　35年法案は，「本法の下で提訴したり，証言を行ったという理由で，従業員を解雇したり，その他の差別待遇を行うこと」を不当労働行為に含めている（第8条4項）。
9　35年法案は，34年法案にあった従業員の干渉なしに使用者が組織する権利を保障する条項を削除している。
10　両法案は，クローズド・ショップ規定を合法としている。35年法案は，34年法案にあった以下の一文を削除している。つまり，「この但し書において，いかなる使用者も雇用の条件として何らかの労働組織のメンバーであることに同意する義務を示すとNLRBは解釈していない。」

11　34年法案は，使用者を代表する委員団（panel）と従業員を代表する委員団を準備している。この規定は35年法案にはなく，NLRBは大統領によって，そして上院の同意によって任命された3人のメンバーに限定されている。

12　35年法案には，次のような新しい規定（第10条c項）がある。つまり，「……裁判所もしくはエクイティ裁判所で一般的である証拠原則（rules of evidence）には支配されない。」このことは，NLRBが伝聞証拠や噂などを認めることを意味している。

13　35年法案（第10条d項）は，訴追請求状に名前のある人が不当労働行為に関係していないという証拠を示せば，NLRBは訴追請求状の取り消し命令を出してもいいと規定している。この点は34年法案にはなかった。

14　34年法案は，「NLRBは，この法の諸規定を実行するのに必要である合理的な決定や規則を作り，修正し，無効にする権限をもつ」と規定している。35年法案（第6条a項）では，「合理的」という言葉を削除している。

15　34年法案は，「そういった不当労働行為に誰が関係したか，関係していると信じるにたる合理的な理由があることを労働長官がNLRBに通達した時には」，NLRBが介入できると規定している。35年法案は，（信じるにたる理由があれば訴追請求状なしに）そのような行動を労働長官の通達なしにとれると規定している（第10条c項）。

16　35年法案（第12条a項）は，「NLRBの仲裁もしくは指令に従う成文契約もしくは成文協約の規定……」という規定を含んでいる。これは，契約の撤回のために法に規定されたものを例外として，撤回不能である。同じ文は，「そのような契約もしくは合意の下でなされることを失敗，否定，拒否した当事者，NLRB，NLRBの代理機関，および被指名者は，もしそうしなければNLRBの指示で一方的にその事件の審理を開始し，そしてNLRB，その代理機関もしくは被指名者は合意した当事者に適用できる裁定を出す」としている。これらの規定は34年法案にはなかった。

17　35年法案は仲裁に関して次のように規定している（第12条c項）。「どの従業員も個別に，そしてどの従業員グループも集団的に，彼らの同意なしに労働もしくは勤労を無理強いされない。」この規定は，従業員は仲裁委員会の裁定に満足しなければストライキに訴えられることを示している。この規定は34年法案の仲裁条項にはなかった。

18　35年法案は仲裁に関して，仲裁裁定に従わないことを裁判所に請願する根拠に関する議論を次のように規定している（第12条d項）。つまり，「仲裁に先立って，当事者によく知られている党派心，もしくはしかるべく注意すればわかる党派心は，この条項が意味することにおいて当該当事者の不正行為を構成するものではない。」この規定は34年法案にはなかった。

19　34年法案は，裁定の一部が論理的に矛盾していることがわかれば，裁判所はすべての利害関係者が論理矛盾している部分が使えることに同意しない限り，裁定のすべてを拒絶すると規定している。35年法案（第12条g項）は，裁判所は論理矛盾している裁定のその部分は，裁定の残りの部分から分離されない限りでのみ拒絶すると規定してい

第**2**章　全国労働関係法と特別協議委員会

る。

20　35年法案には，新しい一文（第12条h項）がみられる。それは，仲裁委員会の裁定を裁判所が支持した場合に従う手続きと，裁定が裁判所によって異議申し立てられた時に従う手続きを概略している。

21　35年法案（第13条1項）には以下のような新しい規定がある。「NLRBもしくはその正式に公認された代理人あるいは代理機関は，尋問のために，いつでも審問されている証人の証拠にアクセスし，それを複写する権利をもっている……。」この点は，NLRBもしくはその代理機関が，おそらく告知なしに，いつでも本社に行き，そこでファイルを調べられることを明らかに意味している。

22　35年法案（第13条1項）は，「証人の出廷，証拠の提出といったことは，合衆国のどこでもあるいはどの地域でも，そして公聴会の指定された日に要請される」と規定している。この規定は34年法案にはなかった。

23　34年法案は，「政府のいくつかの省と行政機関は，大統領に指示された時には，NLRBの要請に応じてあらゆる問題に関するすべての記録，文書，情報を，営業上の秘密であったり，それらが非公開を保証して政府が受け取っている場合を除いて，そういった記録，文書，情報をNLRBに提出する」と規定している。35年法案（第13条6項）では，「……営業上の秘密であったり，それらが非公開を保証して政府が受け取っている場合を除いて」という文は削除されている。

以上の2法案の対比によって，カウドリックはNLRA法案のもつ意味をSCC参加企業に周知徹底するとともに，特に問題とすべき点を注釈することでNLRA法案への抵抗・不服従を一歩前進させようとしていたのである。翌2月28日に，カウドリックはウォルシュ上院議員からの情報を中心に，次のような内容の手紙を参加企業に出していた。それは，この時期における抵抗・不服従の一端を示している［7738, p. 17012.］。

　　NLRA法案の公聴会がいつ開催されるのかは不明だし，それにどれだけの時間が割かれるのかも不明であるが，ある情報は公聴会が短期間であるとしているし，また別のところからはそれが3週間との情報も得ている。1934年のLDBに反対する証言で，最も重要なものは従業員側代表によってなされたものであった。次いで重要であったのは，同法案によって調和的な労使関係が危険にさらされた企業の経営陣によってなされたものであった。したがって，以上のような経験は，新法案に反対する際にとるべき戦略の決定に関して最善の手がかりを与えてくれる。昨日知らせを受けたウィアトン・スティール社（Weirton Steel Co.）の裁定は，ERPに対する新しい威厳と承認を与えており，それが今回の証言

にも良い結果をもたらすであろうと思われる。また，ウィアトン・スティール社の裁定は，合憲性の根拠に関する基準に対する攻撃に新鮮な手段を提供するものでもある。ローズヴェルト大統領が法案を支持するとの徴候はみられないが，彼は団体交渉を信頼しており，労働組合主義には好意的である。そのため，大統領と AFL 指導層との取引の結果として NLRA 法案が通過する可能性も高い。そこでは，公共事業法案（Public Works Bill）に対する"prevailing wage"の修正を取引に使って，組合主義者は週 30 時間労働制をあきらめる代わりにもっと価値あるものを手に入れたという過去の経緯もある。また，ニューディール政策への議会の反発もあって，事態がどう転ぶかわからない。

　この手紙の内容は大きく 2 つの部分に分けられる。1 つは，昨年の LDB の時に成功し，なおかつウィアトン・スティール社の裁定が補強していることから，今回も法案の公聴会に従業員側代表と経営側代表を派遣し，ERP の下での良好な労使関係を説明することで，昨年と同様法案を廃案にできると考えている部分である。もう 1 つは，議会の様相は前回と違っているし，ローズヴェルト大統領もプロレイバーなことから，法案が通過する可能性もあるとしている部分である。

　まず前者の側面である。上院教育・労働委員会に鉄鋼業の代表が登場する機会が与えられ，3 人の経営側代表とおそらく 8 組の従業員側代表が法案に反対する立場から公聴会に出席した。また，アメリカ鉄鋼協会（AISI）は声明を出し，さらに複数の同協会加盟企業は上院を告訴していた。SCC 参加企業もほぼ似通った手段を講じていたが，中でもグッドイヤーの Industrial Assembly（同社の ERP）は，NLRA 法案が ERP にとって有害なことは明確だとして，それに反対する取り組みへの支援を期待して，次のような内容の手紙を 3 月 19 日に NJ スタンダード，ベスレヘム・スティール，P&G，ハーヴェスター，ウェスティングハウスの各社に送付していた。「我々の制度は，過去 15 年間にわたって実施されてきており，その間非常にうまく機能している。我々自身の制度や他の同じような制度で証明された功績からみて，NLRA 法案の採択に反対すべくあらゆる取り組みがなされるべきだと思う。」[7745, p. 17016.]

　だが，公聴会は 1 週間程度しか開催されず，しかも，今回の公聴会での証言はあまり効果的ではなかった。その原因は，①産業界があまり関心を示してい

第2章　全国労働関係法と特別協議委員会

なかったこと，②法案が通過しないだろうとの過信，③教育・労働委員会が突然公聴会の開催期間を短くするという行動に出たため，慌てて対処しなければならなくなったこと，といった諸点が法案反対への盛り上がりを削いだことにあった［7746, p. 17017.］。そして何よりも，反対証言をする人々がNLRA法案のどこが好ましくないのかを理解しておらず，それを説明できなかったことに原因があった。公聴会では次のような光景がしばしば生じていた。まず，経営側もしくは従業員側代表がERPとその下での良好な労使関係を説明し，ERPを継続するためにNLRA法案を推薦しないように迫る。そうすると，ワグナーもしくはウォルシュが当該証人に対し，同法案のどの条項がその証人の説明した会社組合に反しているのかと尋ねる。証人は躊躇し，口ごもり，そして最後には混乱の内に引き下がり，その後には「法案は議論の余地のない良きERPに対して危害を加えようとするものではない」というワグナーの主張のみが残されるのである［同上］。こうしたことは常時生じていたわけではないが，反対者の主張が意味をなさなくなるほど頻繁に発生していたようである。

　以上の点は，LDBに倣って公聴会で法案を潰すというSCCの抵抗・不服従が今回は成功しなかったことを示している。さらに，1年前には「証人を質問責めにするワグナーの戦術にいらいらしていた」ウォルシュが，今回はNLRA法案に好意的な態度をとったという状況の変化もあった［同上］。

　後者の35年法案が通過する可能性の側面である。この点に関して，産業界も次第にNLRA法案は通過すると信じるようになる。産業界は，ローズヴェルト大統領がワグナーならびにAFLと取引するかどうかは大いに疑わしいが，政府がNLRA法案を支持し，それと交換に政府自身のプロジェクトに対する労働者の支援を引き出そうとすることはあり得ると考え始めたのである。この種の取引を疑う人々に対しては，ワグナーが公共事業法案における"prevailing wage"修正への投票でその態度を反対から賛成に変え，その数日後にグリーン（William Green）とルイス（John L. Lewis）が全国復興局（NRA）長官にリッチバーグ（Donald R. Richberg）を指名することに賛成したという1年前の状況を思い起こすべきことを指摘している［同上］（証拠文書の文面はこうなっているが，NRA長官はジョンソン〔Hugh R. Johnson〕で，リッチバーグはその顧問弁

護士であった〔第1章を参照のこと〕)。

　まさにSCCのこの懸念が現実となったのである。そこでSCCは，NLRA法案に対する抵抗・不服従を全面的に展開することになる。SCCの標的は公聴会でNLRA法案を潰すのではなく，議会審議の中でそれを廃案にするという方向に転換した。こうした動きは，すでに3月21日段階で現れていたもので，公聴会が閉会し，ウォルシュ上院議員がNLRA法案に好意的なレポートを上院に提出する気運が高まった5月以降本格化する。それは，「ウォルシュ委員会（教育・労働委員会―注，伊藤）の好意的な活動によって，法案が議会を通過するチャンスがどの程度改善されたのかを推し量ることは難しい」[7749, p.17020.]ものの，上院の日程が立て込んでいることから，多くの上院議員がNLRA法案の投票延長を歓迎している［同上］，という雰囲気の中でとられた抵抗であった。一方，ローズヴェルト大統領に関して，カウドリックは大統領がNLRA法案に賛成の立場は表明していないものの，最近の合衆国商業会議所の会合で明確化したように，大統領と産業界の関係が以前よりも疎遠になっているという事実に注目すべきことを指摘していた［同上］。以上の議会の状況を総合したカウドリックは，私見としつつも，NLRBが存在し続け，NLRA法案が議会を通過する確率は50％であると判断している［同上］。

　このような状況下，5月21・22日に開催されたSCCの会合では，NLRA法案の上院通過を受けて，「同法案が議会を通過する強い可能性がある」とワシントンの観測筋が確信するようになる一方で，ローズヴェルト大統領は単に大統領命令第44号（その下でNLRBが任命されていた）を拡大するだけだとの観測も行われているとの考えが紹介されている。ただ，そこでハーヴェスターのホッヂ（George Hodge）が，NLRA法案が通過した時にERPを導入している会社がとりうる最善の方針は何かと質したのに対し，SCCの複数のメンバーは，ERPがNLRBの活動もしくは裁判所によって停止されるまではERPを継続し，NLRA法案が通ったとしてもそれには憲法違反が下されるであろう，と回答していた[7753, p.17025.]。

　最後に，1935年6月19日に開催されたSCCの会合で，ラーキンがNLRA法案が制定されたなら，団体交渉に関する方針を変える計画が参加企業にある

のかどうかを質したのに対し，2～3の企業は従業員の寄付によってERPを財政的に支援する方法が検討中であることが明らかにされたが，大多数の意見は，既存の制度を継続し，もし必要なら法廷で争うというものであった［7757, p. 17028.］。

第4節　大統領調印から合憲判決までの動き

1935年6月19・20日に会合を開いたSCCは，その後大統領の調印までさしたる活動をみせていない。ただ，カウドリックが7月3日に受け取った手紙によると，7月16・17日にAMAがウォルドーフ・アストリア・ホテルで，NLRA法案と社会保障法案について議論する会議を開催することになった。そこでは，16日にNLRA法案を検討し，使用者と従業員の法的責任，使用者と従業員の相互関係，ERP，その他が議論されることになっていた。報告者は，グリーソン・マクラナハン・メリット・アンド・イングラハム社（Gleason, McLanahan, Merrit & Ingraham）のメリット（Walter G. Merritt）とNAMのゴール（John C. Gall）であった。討議は，ソコニー・ヴァキューム・オイル社（Socony-Vacuum Oil）のドゥーリィ（Channing R. Dooley）と労使関係カウンセラーズ社（Industrial Relations Counselors, Inc.）のヒックス（C. J. Hicks）ならびにティードマン（T. H. A. Tiedemann）であった［7759, p. 17029.］。この手紙では，また，労使関係カウンセラーズ社のNLRA法案に対する意見表明があることがティードマンによって明らかにされたことも判明した［7760, p. 17030.］。大統領の調印前に，NLRAをめぐって，SCC以外の組織も活発に活動を開始していたのである。

SCC自身は，当初7月25～26日に定例会議を予定し，またNLRAの下での方針を検討する臨時会合を新しいNLRBが任命された直後に召集する予定であった。しかし，前者については主催のベスレヘム・スティールの都合で変更を余儀なくされ，後者に関しては大統領がいつ新しいNLRBを任命するかについての情報がなかったことから延期せざるを得なくなった［7761, p. 17030.］。そこで，AMAの会議に複数のメンバーが出席することもあって，AMAの会

議に続く7月18・19日に定例会合を開催した。この内，初日は恒例のようにビジネス情勢と労働情勢などの議論に当てられ，2日目がNLRAに当てられることになった [7761, p. 17030.]。そこで，以下に示すNLRAへの疑問点が出されたのである [7763, pp. 17032-34.]（ゴチック部分は本文がイタリック）。

1. **NLRAの合憲性**：NLRAが，製造業に適用されるものとして違憲であることは一般に産業界やその法律顧問の間で合意されている。州際ビジネスに従事している企業や企業の一部に関しては，この点は不確かである。しかし，州際商業の問題に加えて，NLRAの合憲性が重大な疑義を受ける点が他にもある。近日中にNLRAが法廷に持ち出されることは大いにありうる。
2. **NLRAの製造企業への適用可能性**：ローズヴェルト大統領は，NLRAに調印する際に，すべての企業に適用されるのではなく「自立的な組織の法的権利の侵害が州際商業を妨害した時にのみ適用される」とした。グリーンも組合に対し，NLRAの下での不平に関する組合への通達の中で同じような発言をしている。法律の専門家は，適用可能性の問題は，特定事件での裁判所の判決次第である，としている。議会は，NLRAを製造業にも適用できるようにしようとしているが，この適用可能性の合憲性は疑わしい。
3. **従業員組織への財政的支援**：NLRAは，経営者による従業員組織への財政的支援を1つの特例を除いて禁止し，新しく組織されたNLRBによる規制を要求している。この規制に従えば，経営側は従業員が管理者と交渉するのに費やした時間に対して従業員側代表に報酬を支払えるようになることは明白である。この時間に，経営側との交渉準備のために従業員が費やした時間が含まれるかどうかは疑わしい。従業員側代表は委員会に出席するための交通費や生計費を弁済してもらえるとNLRAを解釈してかまわないと信じている人々もいるが，一般にこの点は疑わしい。

    従業員組織への財政的援助が交渉の適切な問題であるのかどうかについては，いくつかの疑義が出されている。つまり，経営側は従業員がそれを求めたなら，この援助を合法的に行えるかどうかである。NLRAを厳格に解釈すれば，上に記載された例外を除いて，財政的支援は明確に禁止されているからである。しかし，従業員の要求に基づいて援助した経営者は，それを自発的に与えた経営者よりもNLRBや裁判所の前ではより強い立場に置かれると考えられている。
4. **ERPの開始**：既存のERPのほとんどは経営側によって始められたが，その多くは従業員の投票によって採択されている。NLRAが施行された後は，組合に組織されたくない従業員やERPを志向する従業員が選挙を要請するようになるであろう。従業員の要請のあるなしにかかわらず，経営側がERPを推進するか，それに賛同する姿勢を示せばおそらく批判されるであろう。この問題における経営者の法的権利はNLRAでは明確に規定されていない。おそらく，経営側は団体交渉に対する別の代理機関のもつ相対

的な価値を従業員と議論する権利は有している。しかし，このことすら批判の対象になるやもしれない。

5 **従業員やフォアマンとの議論**：一般に，NLRAを従業員側代表と議論するのは望ましいこととみなされている。複数の企業では，この問題はすでに合同委員会で議論されている。この問題を取り上げる際に，経営側がイニシアティブをとるべきかどうかについては様々な意見がある。

NLRAとその下での政策を従業員と監督者（supervisors）に知らせる際には，第一線管理者（line management）と工場協議会を活用すべきである。経営側は，従業員，フォアマン，その他からの質問に答える準備をしておくべきである。組合の宣伝に対抗するために企業の公式声明が必要とされる事例もある。

NLRBもしくは裁判所での議論の場合，従業員は当事者であり，既存の制度を組合の攻撃から守るのに彼らは最適である。そのような状況下では，当然従業員は関係するすべての問題について十分な情報を得る権利をもっている。

6 **組合の承認**：NLRBは，NLRAを解釈するに当たって，従業員の過半数によって選ばれた組合を団体交渉代理機関として承認することを経営側に求めているとするであろう。この承認の過程で要求されている点は，依然決定されねばならない点である。これまでのところ，この問題の解明に役立つ多くのNLRBの裁定がある。

7 **過半数ルール**：NLRBが，従業員の過半数によって選出された団体交渉機関と排他的に交渉することを経営側に要請することは明確である。NLRAでは少数派の代表との交渉に関してまったく不明であり，NLRBもしくは裁判所の解釈を待たねばならない。しかし，法律の専門家は，少数派との団体交渉は特に不当労働行為のリストには挙げられていないと指摘している。

もし経営側が過半数派の代表と排他的に団体交渉するようにせよとのNLRBの命令を無視すれば，NLRBは強制的に従わせる命令を連邦裁判所に申請しなければならない。従業員は，経営側と契約する権利を奪われるという理由で，過半数ルールを攻撃する十分な法的根拠をもつ。

8 **選挙に対する命令**：団体交渉の代理機関に関する紛争において，おそらく多くの事例でNLRBは選挙を命じるであろう。そのような命令が出されたなら，経営側はそれに同意し協力する（特に従業員名簿を提供することによって）か抵抗するかを選択する。後者の場合には，NLRBはおそらく事を先に進め，会社の敷地外で選挙を実施する。経営側の態度は，それぞれの事例での特別な状況と企業の方針に基づいて決定されるべきである。経営側の決定は，当然のことながら世論によって大きく左右される。NLRAの罰則条項（penalty section）を，選挙用の従業員名簿をNLRBに提供するのを拒否した場合にも適用できるのかどうかに関しては法的な問題がある。

9 **ストライキ中の団体交渉**：第1次NLRBは，経営側はストが宣言された後も団体交渉の継続を求められる，と捉えていた。そうした法解釈をとらない見解もある。厳密に

いえば次のようである。その問題は，ストに関係している組合が契約を破るかどうか次第である。実際的な問題として，スト解決を望む経営者は，スト参加者を掌握しているどのような代理機関とも躊躇なく団体交渉に応じるであろう。

10 　ERP の変更：企業の中には，NLRA や他の法律に適合するよう ERP を変更しているものもある。他の企業は，NLRA が通過した場合に変更しようとしている。最も頻繁に行われたか，あるいは検討された変更は，以下の方法に沿っている。
(1)制度の労使協議的な特徴を取り除くか，制限する。
(2)NLRA によって認められていることを除いて，経営側の財政的支援を中止する。
(3)選挙あるいは代表に関する制度の改正を従業員に許可する。
　これまでのところ，大多数の企業はその ERP を修正していないようである。

11 　従業員による ERP の採用：長期にわたって機能している ERP が従業員の投票によって採択された制度でない場合，弱い立場に置かれるかどうかに関して問題がいくつか生じている。多くの人々は，そうする何か特別な理由がない限り，既存の制度を再度提起するのは賢明でないと信じている。一方，ここ 2 年間に，複数の企業で改訂された ERP が従業員の投票で採択されている。

12 　成文協約（Written Agreement）：従業員側代表との間で成文協約を締結することについては意見の相違がある。この協約が多様であり，そして法的に従業員を拘束するかどうかについても疑義がある。複数の企業は，その方針として，労働者のどのような組織であろうともそれとの間で拘束力のある契約に調印することを拒否している。多くの人々は，合同協議会（jouint conferences）の議事録は両者によって調印され，交渉された問題に対してとられた行動を示すことが成文契約（written contracts）の目的に役立つと信じている。

13 　要約：大多数の従業員によって支持されている ERP をもつ経営者にとって，望ましい方向は，必要もない NLRA との軋轢を避けるために明らかに得策だと思われる変更だけでその労務政策（labor policies）を継続していくことである。
　経営側は，いかなる手段であれ従業員の信頼を確保すべきだし，NLRB もしくは組合との間に意見の相違がある場合には，従業員の支持を得るべきである。NLRA に関連する将来の方針について，あまりに多くの声明を発表したり，公の場で話したりすることは賢明ではない。
　修復不可能な意見の相違があった場合，経営者は，NLRB もしくは裁判所でその立場を悪くするような錯誤を避けるために，弁護士に相談すべきである。
　憲法に基づいて NLRA に反対するかどうかの決定は，企業の方針，世論，特定の事件での事実を踏まえ，そして弁護士と相談の上で慎重に行わなければならない。

以上の諸点は，この時点における NLRA に対する，それも ERP を擁護する立場からの批判であり，疑問点であった。

9月12・13日のSCC会合において，GMのアンダーソン（H. W. Anderson）は，同社がNLRAについて従業員に周知する取り組みをしていないこと，そして従業員もこの問題に関心を示していないことを明らかにした［7570, p. 16922.］。一方，ハーヴェスターでは，経営陣が全工場の工場協議会とNLRAに関する討議を始めたこと，ケルデー（George Kelday）によると，そこではNLRBのルールや規則の説明が期待されていた。同社では，この時点でERPには何の変更も行われていなかった［7657, p. 16967. and 7769, p. 17039.］。ウェスティングハウスでもNLRAに関する本社経営陣と各工場長との会合が開催され，経営側は現在と同じ方式で工場協議会を維持する意図をもって同法を従業員側代表に説明していた［7658, p. 16967. and 7767, pp. 17038-39.］。以上の各社よりも数歩先を行っていたベスレヘム・スティールでは，「いくつかの点で，ERPがNLRAによりうまく適合するよう変更されている」として，以下のような修正が加えられていた。ベスレヘム工場では，従業員側代表の"general body"の投票によって，選挙や他のERPと直接関係する問題に関する権限を従業員委員会に与えており，同様の修正は他の工場でも採択される予定であった［7766, p. 17038.］。また，USスティールでは，NLRAが通過した時点で複数の工場の従業員側代表が，新法はERPにどのような影響を及ぼすのかを問い質していた。経営側は，選挙や会合の出費の支払い条項を除いて合法だと回答し，ERPの下で操業を続けるとも回答している。この問題が議論された合同委員会で，従業員側代表は同社に対し，ERPの継続とその運営費の負担を求めていた［7768, p. 17039.］。

　以上，9月12・13日の会合では，ベスレヘム・スティールやUSスティールといった先駆的な企業での試みに示されるように，SCC参加企業間にERPをめぐって若干の差が出始めたものの，NLRAを従業員や工場協議会に周知させる段階にあり，この時点ではERPの存続を意図する企業が多数を占めていた。

　SCCの10月9・10日の会合において，ウェスティングハウスのERPで他社にみられない特異な活動が行われたことが指摘されている。それは，同社のイースト・ピッツバーグ工場をカーネギー・スティール社（Carnegie Steel Co.）

の2人の従業員側代表が訪問し，ピッツバーグにある同スティール社やウェスティングハウスやその他の会社の工場の従業員側代表との会合を開催することを討議した模様である。彼らは AFL や共産党系の組織に対抗する目的をもって異企業工場間の連携活動を実施に移そうとしていた [7661, p. 16968]。これも抵抗・不服従の1つの形態と捉えるべきであろう。

　本章が依拠している資料には，11月13・14日の会合については2つの証拠文書，12月11・12日の会合については1つの証拠文書しか記載されていない。11月の会合ではハーヴェスターのケルデーが翌月に実施される従業員側代表の選挙に関して，①それがすべての従業員によって実施されること，しかも②この従業員が選挙に関する資格を決定すること，を報告していた [7714, p. 16997]。US ラバーでは，このハーヴェスターと同じ選挙の形態，つまり従業員のみの監視下での選挙を10月に実施していたことが報告されている [同上]。12月の会合で，ハーヴェスターが先の選挙方法が次回以降も採用することが確認されている [7664, p. 16971]。

　1936年1月16・17日の定例会合では，デュポンのフォスター（William B. Foster）から NLRB もしくは地方労働委員会の公聴会に召喚されれば，裁判所に差止命令（injunction）を申請するのが賢明かどうかの問い合わせがあった。これに対する意見の一致はみられなかったものの，あるメンバーは差止命令の請願を早期に行うことに賛成し，別のあるメンバーは NLRB の排除命令（cease and desist order）が出されるまで待つことが賢明だと指摘し，状況に応じて対応することが同意された [7776, p. 17043]。

　2月13・14日の定例会合では，2週間前に US スティールのゲイリー工場で合同鉄鋼錫労働組合（AAIST）の新しい支部が6人の従業員側代表の申請により設置されたこと，この工場では35名の従業員側代表の内9人が同組合を積極的に支持していたことが報告されていた [7546, p. 16909]。US スティールでは同組合が ERP を利用した活動を始めていたのである。さらに，ゴム産業ではグッドリッチ社（B. F. Goodrich Co.）で座り込みストがあったことも報告されている [7718, p. 16999]。

　5月から10月まではさしたる動きがみられなかったが，1936年の ERP に

第2章 全国労働関係法と特別協議委員会

関する最大の出来事は，11月19・20日の定例会合でハーヴェスターのフォート・ウェイン工場の組合からの申し立てが明らかになったことであろう。この件は，NLRA制定後に実施されたSCC参加企業のERP代表選挙に関するもので，SCC参加企業はもとよりERPを導入していた企業の関心の的となっていた。さらに，組合申し立てに対するNLRBの裁定は，NLRBの目的はERPを破壊することであるとのSCC参加企業間のコンセンサス［7789, p. 17050.］からもわかるように，その後の産業界の抵抗・不服従を一定規定するものとなった。

まず，11月23日付のハーヴェスターのケルデーからカウドリック宛の手紙によってこの事件を詳しくみておこう［7793, pp. 17053-54.］。インディアナ州フォート・ウェインのトラック工場で国際自動車労働組合（International Union, Automobile Workers of America）のローカル57が1935年12月に提出した審判請求状に関して，1936年11月12日にNLRBが裁定を下した。この公聴会は，1936年5月5〜16日にワシントンで実施され，約2,000ページに及ぶ証言が記録された。

この公聴会では，1936年3月5日付のハーヴェスター副社長ジョーンズ（Albert A. Jones）からフォート・ウェイン工場長ハリソン（C. H. Harrison）への次のような内容の手紙が問題とされた［同上］。

　約9年前にフォート・ウェイン工場の従業員は，1919年以降他のハーヴェスターの工場に導入されているのと同じ工場協議会を従業員の要求と96％の賛成票で導入した。引き続き，その時点で従業員側代表が選出された。
　1年前，従業員と当社の双方の同意の下，ローズヴェルト大統領によって任命された自動車労働局が1年任期の従業員側代表を選ぶ選挙を監視し，このようにして選出された代表と少数派の指名された代表の資格が保証された。
　この昨年のやり方はそれまでとは若干異なっていたので，新しい選挙が近づくと今回の選挙はどのようになされるべきなのかという問題が生じた。
　フォート・ウェイン工場の従業員に当社の方針と従業員側代表の選挙に対する姿勢を十分に理解してもらうために，あなたがこの手紙を次回の工場協議会の会合に提出することを要望したいと思う。
　経営側は，次回の選挙に関するすべての問題は，従業員側代表によってその選挙区の従

業員と相談の上で決定されるべきだと希望していることを記録に留めてもらいたい。ここでいう問題とは，選挙の日時と方法，選挙区の数，資格，代表者の数，任期，選挙の監視などである。当社は，これらの手続きに一切関与しないし，代表者を選ぶ方法については従業員に完全な自由を与える。

　工場協議会制度の実態は，正式に選出された従業員の代表と当社の代表が相互の利害に関する問題を討議し，考えを交換し，互いの見解を確認し，すべての問題を調整する方法と手段を開発するために会合できることを当社が承認する手段を提供するものである。

　上記の手紙を受け取った後，1936年3月に従業員が監視・実施した選挙で，フォート・ウェイン工場の98％以上の従業員の投票によって選出された従業員側代表は，彼らの交渉機関に影響する規則を十分に研究した。その取り組みの結果，新しい手続きが開発された。いくつかの基本的な諸点で，新しい制度は以前のものと似通っている。ハーヴェスターの申し立てに対するNLRBの11月12日の裁定は，複数の新聞で評価された。

　1935年11月25日付のカウドリックの手紙によると，ハーヴェスターにおけるNLRBの裁定に対する批判の要約を準備してくれるようにとSCCのメンバーの1人から依頼があった模様である。このメンバーは，その要約がオーソドックスなERPがNLRBの認証を得るために行わねばならない変更に関して，いくつかの手がかりを与えてくれるだろうと考え，カウドリックもこのメンバーの考えに賛同した。しかし，カウドリックは，ERPに反対する裁定で明らかにされたNLRBの姿勢に関する適切な要約の提供は難しいとも指摘していた［7791, p. 17051.］。

　以上のハーヴェスターを取り巻く状況を踏まえた上で，1936年11月12日の同社の申し立てに対するNLRBの裁定を取り上げておこう。この裁定は，その後のERPに対する裁定を代表するものであり，SCC参加企業にその対応，ある意味では抵抗・不服従の方途を模索する時間を与えるものであった［7792, p. 17052.］。命令は，(1)団体交渉への干渉の中止と断念，(2)労働組織への支配・干渉の中止と断念，(3)労働組織への金銭的あるいは他の支援の中止と断念，そして(4)工場協議会の承認の取り消しとERPの「完全なる廃止」，を求めていた。ERPは，①会社から金銭的援助を受けている，②会社の抑圧と支配の下にあ

る，という理由で非合法であると裁定された。そして，NLRB はハーヴェスターの ERP を以下の 18 点で批判している（下記の 1～18 は NLRB の裁定をカウドリックが要約したものである—注，伊藤）。

1 ハーヴェスターの従業員のみに従業員側代表を務められる資格が与えられている。
2 NLRA で許可された限度額を超えてハーヴェスターが ERP に関する費用を負担している。
3 ほとんどの苦情は工場協議会にまで至ることはなく，その大部分はフォアマンによって調整されている。
4 従業員側代表は再選されることで長期にわたって従業員側代表を務め，その結果，経営側と一体化するようになる。
5 従業員側代表の選挙の候補者には，それに基づいて行動する綱領がない。その選挙は，社交団体や友愛団体でのそれと同じである。
6 従業員側代表がその選出母体の同僚と会合し，教示を得る従業員のみで行う会議の規定がない。
7 ERP は，主に「個人的な苦情や個人的な問題」を取り上げている。「工場協議会や従業員側代表が処理している問題は，工場内外の労働条件に関する些末なもの」であって，真の団体交渉ではない。
8 例えば，信用組合（credit union）のような従業員の利益となる他の諸活動とリンクさせることで，ERP が信頼を得られるようにしている。
9 経営側が新入社員に ERP を説明し，時には従業員側代表を紹介したりしている。
10 経営側が ERP に対する好意を表明している。
11 経営側が，労使関係部とその運営に携わる経営陣を通して，ERP を導入し，それを支配し，その活動を支援している。
12 自動車労働局の下での選挙と再編は，実質的には ERP に変更をもたらしていない。「ERP を崩壊させるどころか，自動車労働局の強制命令は被告（ハーヴェスター—注，伊藤）によって導入された ERP の強さを示すことに役立った。」
13 ERP の目的の 1 つは組合に対抗することにある。
14 工場協議会の経営側代表は，自分たち個々の判断ではなく，上司の意見に従っている。彼らの最終決定は常に経営側の決定と同じである。
15 ERP の考え方は，「労働争議を処理する方法として，従業員が集団として直接行動に訴える代わりに，使用者と従業員との間の自由な討議に基礎を置いている。それは，十分に情報を提供された従業員側代表，そして彼らと経営側との間の理性的な討議を前提としている。それにもかかわらず，誠実な従業員側代表でさえ絶望的に不利な立場に置かれている。」従業員側代表には，彼らを支援してくれる外部の専門家がいない。彼ら

は，ハーヴェスターと意見の相違がある場合，頼るべき組織も資金もない。工場協議会には独自の財政的支援を得るすべはない。
16　通常，雇用条件に関する重大な変更は，工場協議会との間で交渉されるのではなく，単に経営者が周知するだけである。
17　経営側は，その支持を撤回することで，いつでもERPを中止できた。
18　フォート・ウェイン工場でのERPが，1936年にその選挙を実施し，工場協議会に若干の修正を行ったとしても，そのERPはすでにハーヴェスターに導入されていたものと基本的には同じである。

最後に，ハーヴェスターの事例を踏まえて，当時のSCCのERPに関する立場を明確に示す1936年12月31日付のカウドリックからドレイパー商務次官（Earnist G. Draper）への手紙を紹介しておこう [7794, pp. 17054-55.]。

　　ハーヴェスターの申し立てに対するNLRBの裁定に関して，そのコピーをあなたの要請により昨日お送りしましたが，その裁定が公表された直後に私が準備した要約（上記の1～18—注，伊藤）に，おそらく関心をもたれていると思います。そこで，この要約も同封いたしました。……
　　ハーヴェスターの申し立ては，何よりも明確にNLRBの目的が「産業の組合化」を直接支援することにある点を明らかにしています。もちろん，同社が工場協議会の費用を負担してきたことは事実で，この点についてはNLRBはNLRAの厳正な解釈の下で，同社が同法を違犯しており，この「不当労働行為」を止めるように命じる裁定を行うことは正当なことであります。しかし，NLRBはそうする代わりに，同社が苦労してERPを改訂してきたことすべてに過失を見つけ出し，同社フォート・ウェイン工場の工場協議会を解体するように命じました。
　　選挙に対する要請を伴っておらず，そして私の記憶が正しければ，従業員が団体交渉に対する別の機関を望んでいるとの主張も行われませんでした。事実，NLRB自身は，同工場では組合はわずか約100人のメンバーしかいなかったと裁定のどこかで述べています。もし，同社がNLRBの命令に従い，そしてそのERPを廃止するなら，同工場の従業員は団体交渉の機構をもたないままに置かれることになります。労働組織への内的干渉を禁止しているNLRAの条項を犯すことなく，工場協議会を解体することができるかどうか疑わしいと，私は思います。
　　NLRBの一般的な姿勢，特にこのハーヴェスターの裁定では，労働組合がアメリカ産業を組織化しようとする取り組みに政府が積極的な関心をもっているという印象を多くの人々に与えることでしょう。このようなことは，産業界と政府との間の協調的な関係に影響することで，そうでなかった場合よりも事態を一層難しいものにするはずです。

第2章　全国労働関係法と特別協議委員会

　以上のカウドリックの手紙が代表しているように,ハーヴェスターを含む当時の企業はNLRBの裁定を不服とし,それに従う気配はみせていなかった。その背後には,何度も述べてきたようにNLRAが合憲判決を得ることはないという産業界の過信・奢りがあったのである。

---

(1)(2)　K. E. Klare, "Judicial Deradicalization of the Wagner Act and the Origins of Modern Legal Consciousness, 1937-1941," *Minnesota Law Review*, 62, 1978, p. 287.
(3)　石田　眞「『批判法学』からみた労使関係と法（Ⅰ）（Ⅱ）」『季刊労働法』第152・154号,1989年夏,130ページ。
(4)　K. E. Klare, op.cit., p. 288.
(5)　石田　眞,前掲論文,130ページ。
(6)(7)　詳しくは,伊藤健市「ラフォレット委員会と特別協議委員会の活動」(『大阪産業大学論集（社会科学編)』第102号,1996年5月）を参照のこと。
(8)　"Memorandum Concerning the Special Conference Committee," U. S. Congress, Senata, Committee on Education and Labor, *Violations of Free Speech and Rights of Labor, Hearing before a Subcommittee of the Committee on Education and Labor,* Government Printing Office, 1939, p. 16807.
(9)　U. S. Congress, Senata, Committee on Education and Labor, *op.cit.*, p. 17008.（以下この資料からの引用は,証拠文書の番号と当該ページを本文中に［　］で括って記載する。）

(伊藤健市)

第3章
グッドイヤーにおける労使関係の転換と継承

第1節　ウェルフェア・キャピタリズムとニューディール型労使関係

　アメリカのタイヤ産業の指導的企業であったグッドイヤーは，1920年代に意欲的にウェルフェア・キャピタリズムを推進し，その基軸制度たる従業員代表制（ERP）の運営によって安定的な労使関係を築いていた。しかし，同社は，大恐慌という未曾有の事業環境の悪化とニューディール政策に支援された労働組合運動の再生・台頭の中で，労務管理・労使関係に動揺と混乱をきたし，ついにはERPの廃止に追い込まれ，やがて全米ゴム労組（URW）との団体交渉を行ういわゆるニューディール型労使関係へと転換していく。本章の課題は，この間の経過の検討を通してウェルフェア・キャピタリズムがニューディール型労使関係の生成にどのような影響を与えていたのかということを析出する点にある。

　アメリカ労使関係がニューディールを境にそれまでの組合不在の労使関係から企業横断的な労働組合との団体交渉に基づく集団的労使関係へと大転換を果たし，第2次世界大戦後とりわけ大量生産型産業における労使関係の主流となったことは周知の事実である。労働者の自主的組織として企業横断的労働組合を事実上支持したNLRAを基軸とする労働法制の枠組みの中で，ニューディール型労使関係は構築された。その基本的特徴は，団体交渉事項と経営権事項とを峻別した上で，団体交渉を通じて賃金・労働時間・その他の労働条件に関する詳細な労働協約を締結し，その解釈と協約外の事項については苦情処理手続きによる解決を図るという団体交渉中心主義である。そして，労働協約には各職務の内容とそれに対応する賃率，主としてレイオフ・再雇用，昇進・配転，

解雇などに関する手続きやワークルールが厳密に定められるという職務規制主義も大きな特徴とされてきた。[1]

　こうしたニューディール型労使関係がいかなる過程を経て生成するのか。すでに膨大な研究蓄積があるが，それらは主として「転換」や「断絶」の面を強調し，それまでのウェルフェア・キャピタリズムがどのような影響を与えたのかという「継承」なり「影響」という観点は希薄であったといわざるを得ない。それは，ニューディール型労使関係こそがアメリカ本来の労使関係の姿であり，ウェルフェア・キャピタリズムが1920年代という特異な環境の中で一時的に開花した「あだ花」であったと切り捨てる通説と関連していたと思われる。[2]本書は，従来希薄であった「継承」・「影響」という観点からアメリカ労使関係の歴史を個別企業におけるウェルフェア・キャピタリズムやERPの実態分析を通して再解釈する試みであるが，その一部である本章では序章に示された視点・視角に依拠して，その課題に接近する。

第2節　1930年代における労務管理と労使関係の展開

　1920年代までのグッドイヤーの労務管理・労使関係の実態は，これまでの研究でおよそ明らかにされているので[3]，ここでは，大恐慌以降の展開を簡単にみておくことにしたい。

　1929年に発生した大恐慌は，グッドイヤーのウェルフェア・キャピタリズムに大きな動揺を与えることになる。急激な業績悪化は長期勤続従業員の安定雇用と高賃金の基盤を掘り崩した。レイオフを少なくするためのワークシェアリングに伴う労働時間の短縮（6時間労働・4シフト制）は賃下げと相俟って従業員の収入を低下させた。手厚かった福利厚生でも有給休暇を縮減させ，団体生命保険や共済組合の各種給付額が縮小された。こうした労働条件の低下という経営決定に対してERPはほとんど無力であり，わずかに長期勤続従業員の既得権益の削減に抵抗した程度であった。従業員代表組織の長期勤続従業員権益擁護的性格の顕在化は，長期勤続と短期勤続の従業員間に亀裂を生み出しながら，さらに1933年のNIRAに支援された労働組合の登場によって決定的

第3章　グッドイヤーにおける労使関係の転換と継承

なる。

　ニューディールの重要立法であった NIRA の施行直後から，それまで未組織であったタイヤ産業に突如として労働組合が出現する。オハイオ州アクロンのタイヤ大企業の主要工場に AFL の直属組合（federal labor union）としてローカル組合が組織されたのである。グッドリッチ社（B. F. Goodrich Co.）とファイアストン社（Firestone Tire & Rubber Co.）は直ちにいわゆる「会社組合」を設立する。グッドイヤーは NIRA の規定に合致するように ERP に若干の手直しを加えた上で，アクロン以外の諸工場にも ERP を導入しながら，労働条件に関する交渉を従業員代表組織とは友好的に行った。その一方で，ローカル組合を交渉相手としてはまったく無視して反組合的施策を展開した。アクロンの諸ローカルはこうしたタイヤ諸企業の抵抗にあって意味ある成果を出せないまま求心力を失い，組合員は激減していく。こうした事態を打開するため，そしてまた AFL のクラフト組合への組合員移転方針への反発から，ゴム・タイヤ労働者たちは彼ら自身を一括組織する自治権をもった産業別全国組合の結成に向かい，1935 年 9 月に URW が発足する。グッドイヤーのアクロン工場の労働組合は，URW ローカル 2 となった。

　労働組合が出現してからグッドイヤーは，従業員代表組織の要求に応える形で数回の賃上げを実施した。しかしそのことが賃金秩序の混乱だけでなく，賃金コストの大幅な増大も招いてしまった。これを適正化するために，1935 年 10 月に大恐慌以前の 8 時間労働・3 シフト制に復帰することにし，それを従業員代表組織およびローカル 2 の反対を押し切って断行した。ところが，それがかえって従業員代表組織の交渉力欠如を露呈させるとともに組合の戦闘性を喚起し，1936 年 2 〜 3 月の有名な座り込みストを惹起したのである。CIO の支援を受けて成功裏に展開したこの座り込みは，同社労使関係の決定的な転換点となり，ローカル 2 はアクロン工場で基盤を獲得することになった。URW は 1936 年 7 月に正式に CIO に加盟する。さらに，1937 年 4 月の NLRA 合憲判決でグッドイヤーは ERP の廃止に追い込まれた。他方，ローカル 2 は 1937 年 8 月の NLRB の代表選挙で勝利し，時間賃金制の従業員を代表する排他的交渉代表として「認証（certification）」されたのである。こうして，グッドイ

ヤーではウェルフェア・キャピタリズムが終焉し，新たにニューディール型労使関係への転換が始まった(4)。

しかしながら，グッドイヤーでこうした労使関係の転換がスムーズに展開したわけではない。同社がともかくもローカル2との労働協約にサインすることになるのは，第2次世界大戦による戦時生産ブームが本格化した1941年10月のことであり，そこに至るまでの4年間には激しい労使の攻防がみられた。次節では，主としてこの攻防の検討を通じて，ウェルフェア・キャピタリズムがニューディール型労使関係の性格に及ぼした影響を析出することにしたい。

第3節　ニューディール型労使関係への影響

ニューディール型労使関係の生成にウェルフェア・キャピタリズムがどのような影響と痕跡を与えたのか，あるいはより大きな課題として，アメリカ労使関係史の中にウェルフェア・キャピタリズムの意義を歴史的にどう位置づけて再評価するかについては，すでに関口定一氏によって大枠の整理が示されている。すなわち，［1］ウェルフェア・キャピタリズムの継承：戦後型ウェルフェア・キャピタリズムの展開と組織化セクターとの相互浸透。［2］ウェルフェア・キャピタリズムへの対抗(1)：「会社組合」禁止措置としてのニューディール労働立法の歴史的な制約，その結果としての労働組合組織率の低位と企業内の参加・コミュニケーション・システムの不在。［3］ウェルフェア・キャピタリズムへの対抗(2)：「会社組合」と「産業別組合」との対抗関係，その結果としてのプラント別ローカルと企業・工場レベルの協約への傾斜。［4］ウェルフェア・キャピタリズムとの結合：企業の制度に大幅に依存した公的福祉・保障制度。この4点である(5)。要するに，ニューディール型労使関係は，それに先行したウェルフェア・キャピタリズムおよびERPから歴史的制約を受けている。それは，大枠として，ウェルフェア・キャピタリズムの「継承」，それへの「対抗」，それとの「結合」という形で整理されるのである。

そこで本節では，この整理に依拠して，ニューディール型労使関係の基本的特徴とされる団体交渉中心主義と職務規制主義にかかわる点を中心に検証する

ことにする。この基本的な2つの特徴に焦点を当てるのは，以下のような現代的関心からである。すなわち，1980年代以降に顕著になった団体交渉レベルの機能低下と職務規制主義の弛緩，さらに労使対立型から労使協調型への転換である。それは，第2次世界大戦後に主として組合不在の大企業で発達してきた柔軟な作業組織やワークルール，従業員参加の要素などがニューディール型労使関係を脅かしているという現象である。この現象は，かつてのウェルフェア・キャピタリズムがその反動としてのニューディール型労使関係に刻み込んだ痕跡，すなわち雇用と賃金と働き方における硬直性という欠陥，を浮き彫りにしたともいえるのである。

（1）先任権

　周知のように，ニューディール型労使関係では，レイオフ・再雇用，配転，昇進などは「厳格な先任権（straight seniority）」に基づくことになっている。熊沢　誠氏が指摘するように，この先任権ルールは大量生産型産業における産業別労働組合が大企業の反組合政策と闘いながら工場ごとに組織化を進めていく中で，何よりも組合員への差別を防止するため，そして労働者の就業順序を客観化する手段として組合側の要求によって確立されてきたものである。その結果，先任権は職種における経験年数ではなく，特定企業での勤続年数を意味するものになった。(6) しかし，この一般的経緯に加えて，先任権の要求と確立には，それ以前のウェルフェア・キャピタリズムにみられた勤続重視の慣行や制度の存在も看過できない。

　例えば，グッドイヤーでは1920年不況の際のレイオフで，当時アクロン工場の工場長であったリッチフィールド（P. W. Litchfield）が勤続年数を考慮するように指令し，その後20年代を通じて第1に業績（merit），第2に勤続，第3に扶養家族の数など，というルールが形成された。大恐慌の際には，特に能率の低い「望ましくない」従業員がレイオフされたあと，事実上ほとんど勤続年数に従ったとされている。(7) 一般にウェルフェア・キャピタリズムの下では当該企業における「継続的勤続期間」（レイオフによる雇用の中断があると，後に再雇用された場合でも以前の勤続期間はゼロに戻るという計算方法による勤続期間の

こと)が重視されるが,グッドイヤーでは,レイオフ・再雇用基準としての適用のみならず,勤続期間の長い者から順に勤務シフトの優先選択権が与えられたし,5年以上の勤続期間保有者は職長によって解雇されないという特権も認められた。[8] さらに有給休暇,年金,団体生命保険などの給付条件にも勤続期間が組み込まれていたことはいうまでもない。また,1910年代からアクロンのタイヤ大企業はグッドイヤーの労務政策に追従し,こうした勤続重視の労務施策を同じように実施していたのである。[9]

このような徹底した勤続重視の慣行やルールがすでにタイヤ大企業に浸透している中で,1930年代に労働組合はそれを足がかりとして,さらに最優先基準として要求することになったのは当然の成り行きであったと思われる。しかも,それは特定工場・企業での勤続期間という点で,労働者の企業を越えた連帯を嫌うウェルフェア・キャピタリズムの性格に抵触するものではなかったのである。ただし,もちろんそこには先任権の意味するところに違いがあった。すなわち,特定企業への忠誠を示す指標ではなく,あくまで労働者間競争を制限し,就業順序を決定する客観的指標としての先任権の確立である。こうして,1930年代の先任権をめぐる労使の攻防は,それを差別防止のために最優先基準として据えられるかどうかという根本的な質的問題と,先任権の適用単位をどのように設定するかという運用問題が具体的な焦点となった。

グッドイヤーは,労働組合との「会談」では労働条件決定に関する経営権を強く主張し,当初は勤続期間の長さのみならず,作業能率・業績,家族状況も合わせて総合的に会社が判断して決定するという姿勢を崩さなかった。それはERPの下で形成されてきたルールそのものであった。これに対してローカル2は勤続期間を最優先とする原則化を求めた。ローカル2がNLRB選挙で勝利した直後の1937年9月,グッドイヤーは事業不振を理由として1,700人のレイオフを発表した。これをめぐる労使交渉は紛糾するが,11月にNLRBの地方支局長ミラー(J. P. Miller)の調停で労使はレイオフ基準を含む8項目に関して合意に達することになる。ここでグッドイヤーは,10年以上勤続者はいかなる場合にもレイオフ対象者としないことを認めるとともに,あっさりと「部門単位での厳格な先任権(strict seniority basis in departments affected)」(先

任権を最優先基準とするルール）によるレイオフを了承し，さらに，能力がある場合には他部門の職務への配転も認めることとした[(10)]。

　グッドイヤーがこの時点で早くも「部門単位での厳格な先任権」を認めた理由や背景をどのようにみたらいいのだろうか。1937年時点では鉄鋼や自動車産業の大企業でも労働組合の要求する「厳格な先任権」はほとんど認められておらず，後にタイヤ産業は労働協約上で「厳格な先任権」が最も確立している産業として注目されることになる[(11)]。こうした事情には，ウェルフェア・キャピタリズムによる勤続重視の慣行が大きな影響を与えていたと思われるのである。

　ここで，タイヤ大企業の先任権成立時点を確認しておこう。例えば，1937年4月末におけるタイヤ大企業とURWとの最初の協約，すなわちファイアストン社アクロン工場の協約では，1年以上の勤続期間をもつ従業員のレイオフは，部門単位の先任権に従うことが明記されていた（ただし，1年未満の勤続期間の場合は，扶養義務，技能や能率に基づくこととなっている）。グッドリッチ社アクロン工場での最初の協約（1938年5月）では，先任権は1年以上の勤続者に与えられ，部門単位と会社単位の2つに区分された上で，レイオフ，再雇用，配転，シフト選択に適用されることになっている。グッドリッチ社ではこの協約が成立する前の1937年秋におよそ1,500人のレイオフがすでに上記の先任権ルールに基づいて実施されており，組合との目立ったトラブルは発生しなかった。同社は，生産効率に影響を与えない限り，先任権は組合の問題であるという基本的態度をとり，ローカル組合（ローカル5）は差別がない限り，この会社の姿勢に強く反対しなかったという[(12)]。

　このように，アクロンのタイヤ大工場では従来の勤続重視の慣行を基盤に比較的円滑に労働組合が要求する先任権が成立していたといえよう。熊沢氏は，「企業勤続年数の評価としてのセニョリティが生み出す，それ自体の惰力」に注目して次のように指摘する。「ある工場での先任権の確立は，他工場・他企業の労働者のその工場への雇用機会を，不可避的に縮小させる。彼らは，ここにまた，自らの工場・自らの企業への勤続年数を評価する先任権制度に専心せざるをえない。」[(13)]こうした「惰力」の作用は，ニューディール期の組合政策に基づく先任権の普及という場合のみならず，ニューディール期以前のアクロン

のタイヤ大工場にみられた勤続重視慣行の普及過程にも当てはまるだろう。したがって，ウェルフェア・キャピタリズム時代の慣行が早い段階におけるタイヤ産業での先任権ルールの成立に大きな影響を及ぼしていたとみるべきである。

（2）「継続的勤続期間」

　ウェルフェア・キャピタリズムの下で雇用・労働条件を決定する重要な要素となっていた「継続的勤続期間」という勤続の計算方法は，他方ではレイオフや解雇の恐怖を増大させ，会社に対する反抗的姿勢を抑圧する機能を併せもっていた[14]。

　この「継続的勤続期間」の抑圧的性格に対する従業員たちの闘いは，実際にはERPの下でも試みられていた。大恐慌以前にはすでに従業員代表組織の要求によって，自発的離職ではなくレイオフされて1年以内に再雇用された場合には以前の勤続期間を取り戻すことができるようになった。大恐慌時ではワークシェアリングを実施しながらもレイオフは避けられず，その中にはしだいに長期勤続の従業員も含まれることになるとともに，1年以内に再雇用されない者が増加した。そこで，従業員代表組織は，「1929年7月1日以降にレイオフされた5年以上勤続者が2年以内に再雇用された場合はレイオフ以前の勤続期間が回復される」という要求を出し，グッドイヤーはこれを承諾した。しかし，それは長期勤続従業員のみを救済するといった色合いが濃かったために批判されたのであろう。この回復措置は，その後すぐに「2年以内に再雇用された3年以上勤続者」へと拡大され，さらに，1934年8月には「1929年7月1日以降にレイオフされ，1934年8月1日までに再雇用されたすべての元従業員」に適用されることとなった[15]。これは労働組合に対してERPがいかに優れているかを示して，「元従業員」をERP支持派にひきつけようとするものであった。しかし，同時に，こうした経過がその後の労働組合の要求方向を決定づけることとなるのである。

　ERPが廃止され，労働組合が交渉するようになると，グッドイヤーは組合による同様の要求には頑として応じなかった。結果としては，1941年協約で「1937年9月1日以後にレイオフされ1941年7月2日以前に再雇用された従

第3章　グッドイヤーにおける労使関係の転換と継承

業員は，以前の勤続期間を認められる」という規定が獲得された。この成果は，大量レイオフが断行された1937年9月以降の被害者を救済するという実質的な意味をもつが，問題はなぜ，「継続的勤続期間」の規定そのものの改正を求める方向に向かわなかったかである。そもそもグッドイヤーの1910年代における「勤続期間」の計算は，レイオフなどによる雇用の中断期間を除いて雇用期間を通算する方式だったのであるが，1922年に中断なしの連続雇用期間としての「継続的勤続期間」に変更されたのであった(16)。ローカル2の貧弱な交渉力がその一因であろうが，こうした要求の方向自体がERPの成果に引きずられざるを得なかったことを示している。ここにもウェルフェア・キャピタリズムの影響の一端を見出すことができよう。

（3）苦情処理手続き

①グッドイヤーにおける苦情処理システム構築の遅れ

1920年代にグッドイヤーではERPの下で公式の苦情処理システムが根づいていた。そうした中で，ERPとは別の労働者組織としての労働組合が登場し会社の敵対や無視に対抗しつつ苦情を取り扱うには，ERPが存在しなかった場合と比べてかなりの困難が伴う。このような特殊事情がグッドイヤーで座り込みが頻発した背景の一端にある。とりわけ，1936年2～3月の大きな座り込みストの直後に始まるERPとの最終的な闘いと苦情処理システムの事実上の機能停止の中で，あらゆる種類の苦情・不満を契機として無秩序な小規模の単発的座り込みが頻発することになる。それは，不平等な賃率や仕事の配分，差別，レイオフ，労働時間その他の労働条件，そして非組合員の存在などに起因する不満であったが，最も多かったのは，賃率調整要求と非組合員との協働拒否であった(17)。グッドイヤーのある管理者は，次のように嘆くことになる。「従業員たちは，忠実で能率の高い従業員でいるよりも，組合に加入したり座り込みを企てたりする方がはるかに多くの利益を獲得できると思い込むようになった」(18)と。

したがって，グッドイヤーにとっては，こうした職場の無秩序状態を一刻も早く払拭して順調な計画的生産が遂行できる体制を築くために，苦情処理シス

テムを構築する必要があったはずであるが，これに関する同社工場の労使交渉もかなり難航したのである。その理由は，基本的にグッドイヤーがそうした無秩序状態の責任を組合にかぶせ，組合に対する信頼や評価を低下させて，組合の自己崩壊を待つという戦術をとっていたからにほかならない。この時点では同社はまだ組合を撃退できる可能性はあると考え，ERPと本質的に変わらない従業員組合との関係か無組合を望んでいたと思われる。そのためには，頻繁な座り込みによる生産停止も意に介さなかったのである。

　同社における苦情処理システム構築の遅延は，組合の存在意義を希薄化・消滅させようとする会社の反組合主義政策の証左の1つであるが，そればかりではない。苦情処理の公式ルートが存在しないERP廃止後の無秩序状態は，ウェルフェア・キャピタリズムによって育成された会社忠誠派の要望や苦情を，同社がERP廃止以前と同様に吸い上げることを可能にしていた。その意味で，無秩序状態の放置は，ERPとその下での苦情処理システムがかつて存在・機能していた経緯や事実を抜きには考えられない。

　②苦情処理システムにおける組合活動の保障

　それゆえに，ローカル2にとっては，職場における組合の存在意義を獲得する上で，組合ルートによる公式の苦情処理システムの構築，とりわけ職場委員や苦情処理委員の存在や活動の承認が何よりも重要であったに違いない。したがって，1941年にようやく実現した協約の最初の条項には，9条にも及ぶ苦情処理の規定が記されている。その過半は組合の職場委員，苦情処理委員，そして組合の苦情処理委員会の活動の権利と管轄を保障する条項となっている。同業他社の協約と比較して，グッドイヤーアクロン工場の協約の特徴は，この職場委員，苦情処理委員，ひいては組合の苦情処理活動の保障条項が詳細に規定されているところにあるといっていい。しかもその職場委員や苦情処理委員には組合によって「正当に信任された（duly accredited）」という形容が明確に繰り返し付されており，この規定されたルート以外の苦情提起と処理は原則として認められておらず，例外規定も明示されているのである[19]。このように，苦情処理に関する厳密な規定・協約化は，グッドイヤーアクロン工場におけるERPの存在とそれへの対抗を強烈に意識した結果であった。

（4）福利厚生・付加給付とアメリカ社会保障システムとの関係

①グッドイヤーにおける有給休暇と解雇・退職手当の早期協約化

ウェルフェア・キャピタリズムがよく「温情主義的」労務管理と性格づけられる所以は，その手厚い福利厚生施設・制度のためである。それらは，会社のイニシアティブによって設置され，ERP の下で最も無難な議題であった。その基本的機能は長期勤続・忠誠心の奨励であり，前に触れたように，特に年金，団体生命保険，有給休暇などの福利厚生では給付と「継続的勤続期間」とが緊密に結びつけられていた。

一般に，ニューディール期では，企業は福利厚生や付加給付に関して労働組合の関与や交渉を認めようとしなかった。主として，ウェルフェア・キャピタリズムが存在しなかった企業・産業で生成する労働組合の多くも，企業から「アメ」として提供される福利厚生を組合潰しの手段として警戒した。グッドリッチ社の 1938 年協約では，福利厚生は交渉事項ではないことが明記されている。ところが，ウェルフェア・キャピタリズムの伝統を強くもつグッドイヤーアクロン工場では，同社の種々の福利厚生・付加給付の中で早くも 1941 年協約に登場するものが 2 つある。有給休暇の付与と強制退職ないし自発的退職の際の手当である。前者は 2 年以上の勤続を，後者は 5 年以上 15 年未満（15 年以上の場合は年金が支給されるため）の勤続を要件としていた。[20] 先任権の場合と同じくここにも，ウェルフェア・キャピタリズムの遺産を足がかりにした労働組合の要求のあり方がみられる。こうした要求のあり方は，後に触れるように ERP の下で形成された長期勤続の会社忠誠派の存在を意識した組織化戦略を選択せざるを得なかったという事情によるものである。ともあれ，わずかといえども，第 2 次世界大戦前に有給休暇や解雇・退職手当の協約化に至るのは，ウェルフェア・キャピタリズムの故といえよう。

②アメリカ社会保障システムとの関係

第 2 次世界大戦中から戦後にかけて，労働組合は「継続的勤続期間」と結びつけられた福利厚生の「温情的」かつ「抑圧的」性格を払拭し，労働者の「権利」として確立する闘いを推し進めることになる。周知のように，福利厚生・付加給付は全国戦時労働局（National War Labor Board, NWLB）による賃金統制

という枠組みの中で賃金に代わる実質的な金銭的給付という意味で，しだいに団体交渉事項となり，戦後，自動車や鉄鋼といった産業を中心に企業年金を含めて協約交渉が本格化することになった。

しかし，こうした展開方向を促したのは，NWLB の方針だけではない。その背景には，アメリカ社会保障制度の基本的性格があった。すなわち，社会保障法（1935 年 8 月成立）の立法過程では，ヨーロッパの福祉国家型の制度（失業保険ではオハイオ・プラン）かそれともアメリカ独自のプラン（ウィスコンシン・プラン）か，あるいは社会保障制度自体に反対という制度の是非やあり方をめぐって激しい意見対立があったものの，結果として，公的な社会保障を「基本的な最低限の保護」にとどめ，個別民間企業の福利厚生がそれを補足する，いわば「官民混成」型に決着したという事実である。

この個別企業による公的社会保障の補完という基本制度の形成過程で，無視できない影響力を及ぼしていたのが，ウェルフェア・キャピタリズムの信奉者たちであった。とりわけ，イーストマン・コダック社（Eastman Kodak）の財務担当重役で，この時期は政府の諮問会議のメンバーとして活躍したフォルサム（Marion B. Folsom）は，社会保障自体に強烈に反対する実業界を説得したり，議会に働きかけたりして，社会保障法の「健全な立法化」，つまり企業にとって「好ましい立法化」を実現させた立役者であったという。彼が望んだものとは，「労働者があくまで雇主に保障を期待するように仕向けるために」，公的な社会保障においては「租税と公的給付を基本的な最低限に抑え」，「他方で私的な制度をもつ企業が税を免除されたり」することであり，それはウェルフェア・キャピタリズムが存続しうる余地を残そうとするものであった。こうして，失業保険や企業年金などに関する企業の福利厚生支出に対する税制上の優遇措置が連邦法や州法で認められていくことになる。彼らは産業界にとって「好ましい立法化」に成功したのである。[21]

一方，労働組合は政府に働きかけて貧弱な公的福祉・保障を充実させる政治的な取り組みを行うが，まったく前進できなかった。こうして 1940 年代末には，かつてウェルフェア・キャピタリズムにおいて会社から与えられていた恩恵を権利に変えて獲得するという方針に傾斜・転換していく。企業年金の給付

に関して企業は労働組合と交渉を行う義務があるとした1949年の最高裁判決が交渉を一気に加速させた。会社が従業員の生活安定に責任をもつべきであって，労働者はそれを要求する権利があると労働組合は主張したのである[22]。こうした事情に，ウェルフェア・キャピタリズムがその後のアメリカ労使関係・社会保障制度に及ぼした影響を明瞭に見出すことができるといえよう。まさに，「団体交渉の成果による社会政策の内容の代位という組合政策のアメリカ的特徴は，かつての『福祉資本主義』こそが規定したのである」[23]という指摘はこのことを端的に示している。

(5) 工場別ローカルとの工場別交渉

ニューディール型労使関係の典型とされてきた大量生産型産業におけるCIO系の産業別組合は，産業別組合という組織形態をとりながらも，工場別ローカルが主体となって工場別交渉を行い，工場レベルの詳細なワークルールや苦情処理システムを含んだ工場別協約を締結する。こうしたアメリカの産業別組合の特異な組織構成と交渉スタイルは，歴史的にみれば，その当初の組織化が，ウェルフェア・キャピタリズムの中軸的制度であったERP・会社組合との対抗の中で行われねばならなかったという事情に負うところが大きいといわねばならない。要するに，ウェルフェア・キャピタリズムとの対抗関係という歴史的制約が，アメリカ産業別組合組織のあり方と交渉スタイルを強く規定したのである。グッドイヤーを中心にタイヤ産業の事例をみてみよう。

①従業員代表制と労働組合との相克

グッドイヤーでは，1937年4月のNLRA合憲判決に従ったERPの廃止，そして同年8月のNLRB選挙でのURWローカル2の勝利によってウェルフェア・キャピタリズムからニューディール型労使関係への転換が始まったことは前述した。しかし，同社にはウェルフェア・キャピタリズムの痕跡が色濃く残っていた。それは思想的には同社の頑迷なまでの反組合主義であり，実体的には長期勤続従業員を主体とする会社忠誠派の一団である。

1933年のNIRAの直後に結成されたグッドイヤーアクロン工場のAFL直属組合は，当初ERPを内部から切り崩す戦術をとったが，やがてAFLの指

導でERPへの参加を禁止してそれと公然と対抗する方針に転換した。このこと自体，1919年に導入されたアクロン工場のERPが長期勤続従業員からなる会社忠誠派に強固に支えられた制度に成長していたことを示すものである。これに対して，NIRAにあわせて1933年にERPが導入されたばかりの同社ロサンゼルス工場では，会社忠誠派が育っていなかった。それゆえか，URWが展開した同工場の組織化では，内部からの切り崩し戦術が採用されたのである。

さて，AFL直属組合（後のURWローカル2も含めて）の主力組合員となったのは，結成直前に再雇用もしくは新規採用された相対的には勤続期間の短い従業員であった。一方，長期勤続従業員を主体とする会社忠誠派は，6時間労働制というワークシェアリングを提案して会社に実施させており，収入減という痛みを短期勤続者と分け合うという政策を展開していた。ところが，その恩恵を受けているはずの再雇用・新入従業員の多くが労働組合に加入したのであるから，会社忠誠派はこれを快く思わなかった。こうしてERP支持者と労働組合支持者との間で抗争が激化していくことになる。1936年の座り込みストは抗争の決着ではなくさらなる拡大であった。スト後のアクロン工場では会社忠誠派が「Stahl-Mate Club」という組織を結成して，組合戦闘派との間で職場外では「乱闘」を繰り広げ，職場では組合戦闘派が非組合員との協働を拒否して小規模・短時間の座り込みを頻繁に行った。その後，同工場にはERPの後継組織として「グッドイヤー従業員組合（Goodyear Employee Association）」が組織され，1937年8月のNLRB選挙の時にローカル2の8,464票に対して3,193票も獲得していた。しかもこの組織はその後も活動を続けて勢力を拡大させ，1938年2月には，再びNLRB選挙を申請するとの声明を発し，11月には選挙申請の動きをみせたのである。[24]

こうした確執と会社の頑強な反組合姿勢に直面しながら，ローカル2は従業員の多数派を形成して組織の維持・拡大を図らねばならなかった。この時期のアクロン工場の従業員の圧倒的多数は，5年以上の長期勤続者で占められていたし，[25]かつてのERPの下で実現された成果の多くは，長期勤続者に有利なものが多く含まれていた。それゆえ，彼らの支持を集めるために，ローカル2はそうした成果を改めて労働者の権利として公式に確認することを目指すわけで

ある。その典型が，先任権，有給休暇，解雇・退職手当の協約化であった。しかし，その反面で，ウェルフェア・キャピタリズムへの対抗ないしオールタナティブとしてのローカル2は，会社忠誠派の勢力を抑制する政策も追求することとなる。すなわち，アクロン工場1941年協約の特異な点は，会社忠誠派の中核的な存在を創り出していたエリート養成コース（フライング・スクアドロンと呼ばれた）での養成人数とその修了生に与えられていた特権に関して若干の制限を加えていることである。その養成人数については当該年のエンジニアリング部局の時間給および出来高給従業員総数の4％を超えないこととされており，空席補充における優先権も制限されている。[26] この要求はグッドイヤーアクロン工場にみられる特殊例外的なものであるとはいえ，大量生産型産業で会社の教育訓練施策に立ち入って団体交渉事項としていた点は注目される。

②工場別の組合承認

大量生産型産業において無組合時代から会社の反組合主義および会社組合との対抗をへて工場別ローカルの総和として産業別組合が成立してくるという一般的経過は，もちろんゴム・タイヤ産業でも同じである。企業によって組合組織化への対応は異なっていたけれども，最も寛容だったといわれるUSラバーでさえも，組合を交渉相手と認めることにおいて，少なくともNLRB選挙による工場ごとの「認証」を求めたという点では同じであった。

グッドイヤーでは，主要工場の多くでローカル組合が結成されていたが，アクロン工場のようにNLRB選挙で「認証」を獲得した場合でも，交渉は受け入れるが合意の必要性なしという会社の姿勢によって協約締結はなかなか実現しなかった。1940年にURWおよびCIOは，グッドイヤー諸工場のローカルの再建を重大問題として位置づけ，まず諸ローカルにおける組合員拡大を目指しながら，同社に統一協約を迫った。これに対するグッドイヤーの回答は，NLRB選挙でローカルが「認証」された工場ごとに協約交渉のテーブルにつくというものであった。こうして，1941年2月のカナダのバウマンビル工場で初めてグッドイヤーとの協約が成立し，10月にようやくアクロン工場で実現することになったのである。しかし，同社のアラバマ州ガズデン工場では，この地域に根強い反組合的土壌とそれに支えられた強力な従業員組合からの攻

撃のために，URWの組織化はまったくといっていいほど進まなかった。このようにタイヤ産業でも，組織化の最初の過程は，企業の反組合主義との闘いの中で，さしあたり工場ごとのローカルの承認と協約締結という道を選択せざるを得なかったわけである。

（6）労使の間での相互不信感

　ニューディール型労使関係は一般に「敵対的労使関係」と性格づけられる。それを政策的に示すものが団体交渉中心主義と職務規制主義であり，具体的にはワークルールや苦情処理制度の詳細化・厳密化であるといえようが，その背後には労使間の抜きがたい相互不信感がある。そもそもアメリカの経営者に強烈な反組合主義がその淵源にあるとはいえ，ニューディール期の組合忌避戦術の展開は，不信感をいっそう刻み込むこととなった。たとえNLRB選挙で「認証」を得た組合に対しても，交渉義務はしぶしぶ履行するが，合意に達して協約を結ぶことは強制されていないというグッドイヤーの姿勢はこの点で特に注目したい。

　同社がみせた組合忌避ないし揺さ振り戦術の主なものを挙げれば，まず，ローカル2のNLRB選挙勝利の直後にアクロン工場での生産縮小と他工場への生産移転を発表したことである。次に，1937年の事業停滞を理由として，際限のないワークシェアリングかそれともレイオフかという困難な選択を組合に迫り，組合が排他的交渉代表と「認証」されているにもかかわらず，従業員全体での投票を要求したりした。また，いったん合意に達し文書で確認した事項にもサインをせず，後にサインしていないから合意していないと主張したり，労働部レベルでの口頭での合意は上級経営者が覆したりといったやり方であった。さらに組合がNLRBに訴え，組合に有利な裁定が出れば，それを無視したり訴訟を起こして紛争を長期化させたりした。アクロン工場でのこれほどまでの不誠実交渉と，それに対抗するローカル戦闘派による無秩序な座り込みが，労使間の相互不信感を決定づけたことは間違いない。そして，このグッドイヤーにおける不誠実交渉の特異な背景の一端は，やはり同社が誇りとしていたERPとそれを支持した会社忠誠派への執着であったと思われる。

第4節　現代におけるウェルフェア・キャピタリズムの評価

　本章は，あくまでグッドイヤーを中心としたタイヤ産業を事例とする一検証にすぎないし，不十分な点を多く残している。また，ウェルフェア・キャピタリズムが1920年代に一部の大企業によって試みられた特異な労務政策であったことも事実である。しかしそれにもかかわらず，ウェルフェア・キャピタリズムやERPは当時の時代状況の中でのみ開花した単なる「あだ花」として葬り去られるべきものではない。少なくともその対抗として生成してくるニューディール労働法制の枠組みを規定し（第1・2章参照），その下でのアメリカ労使関係の構造と展開に「継承」「対抗」「結合」といった形で影響を及ぼしていることは確かである。それは，ニューディール型労使関係の形成に大きな痕跡をその特徴として刻み込んだ。その痕跡こそが今日いわれるニューディール型労使関係の「凋落」とか「変容」とかいわれる事態を引き起こす淵源をなしているといっても過言ではない。

　この労使関係の変容は，労務管理の用語でいいかえれば，「人事管理（Personnel Management）から人的資源管理（Human Resource Management）への移行」という事態を伴っている。そして，初期の「人的資源管理」の内実は，まさに1920年代のウェルフェア・キャピタリズムにその後の人間関係論や行動科学を組み込んで洗練化された「現代ウェルフェア・キャピタリズム」ないし「新しい非組合モデル」そのものである。アメリカ労務管理論の歴史に登場する人間関係論，行動科学的労務管理論，組織行動論的労務管理論，そして現代の人的資源管理論は主としてウェルフェア・キャピタリズムの流れをくむ組合不在の大企業で開発・実践されてきたものといっていい。そこでは，集団的労使関係としてのERPは事実上非合法であるとする労働法制の中で，ニューディール型労使関係ではほとんどみることのない，従業員個々人や小集団に焦点をあてた苦情処理やコミュニケーション，動機づけ，リーダーシップや監督スタイル，従業員参加などに関する手法・制度を発達させた。その意味でも，ウェルフェア・キャピタリズムは，労務管理・労使関係の歴史研究において無視

できない実在として，組合モデルに対する影響力をもつものとして，同時に組合モデルから影響を受けるものとしても，位置づけられるべきである。

　ところで，ニューディール型労使関係が「現代ウェルフェア・キャピタリズム」の挑戦を受けたまさにその時，グローバリゼーションと市場万能主義による規制緩和の嵐が吹き荒れることとなった。ニューディール型とウェルフェア・キャピタリズムという 2 つの労使関係は，労働組合の有無を軸にとれば，「組合のある労使関係」と「組合不在の労使関係」という対極に位置づけられるものである。しかしその反面，オスターマン（Paul Osterman）によれば，この 2 つの労使関係モデル（「インダストリアル・モデル」と「サラリード・モデル」）はいずれも内部労働市場に基づくモデルという点では共通する。[31] 今日では，情報通信革命に促進されたグローバリゼーションとメガコンペティションが進展し，それに伴って内部労働市場に基づく雇用システム・労使関係が，企業内に市場原理を持ち込んだ雇用システム・労使関係に取って代わられつつあるという新展開が指摘されるようになった。[32] そこにはウェルフェア・キャピタリズムと同じく事実上労働組合不要論を掲げる「戦略的人的資源管理」の台頭がみられる。そうした現代における新展開の分析やその歴史的位置づけにおいても，ウェルフェア・キャピタリズムがニューディール型労使関係に刻んだ痕跡や影響，ウェルフェア・キャピタリズムが根強く残存・再生したという歴史的事実がどのようにかかわるのかを踏まえる必要があるように思う。

　＊以下の注では，資料名およびその所蔵先に関して次の略記を使用する。
　①[in AOF] = Labor Management Document Center, New York State School of Industrial and Labor Relations, Cornell University, Archives Organization File に所蔵される資料である。資料名の後にシリーズ番号と Box 番号を記す。なお，この資料は関口定一氏のご厚意による。
　②[in UOA] = University of Akron Archives に所蔵される資料。資料名の後にコレクション名と Box 番号を記す。
　③"Goodyear Statement (Nov. 25, 1935)," = "Goodyear Tire and Rubber Company Statement Submitted by Goodyear Management to the Board, November 25, 1935," [Federal Mediation and Conciliation Service Papers, RG280, File 195/335, National Archives].
　④"Goodyear Statement (Nov. 30, 1935)," = "Goodyear Tire and Rubber Company Statement Submitted by Goodyear Management to the Board, November 30, 1935," [Federal Mediation and

Conciliation Service Papers, RG280, File 195/335, National Archives].
⑤ *La Follette Committee Hearings* = U. S. Senate Committee on Education and Labor, *Hearings before a Subcommittee on Violations of Free Speech and Rights of Labor*, 76th Congress, 1st Session, pursuant to S. Rep. 266, part 45.
⑥ "GTR-URW Local 2 Agreement" = "Agreement Between The Goodyear Tire and Rubber Company and Local No. 2 of the United Rubber Workers of America CIO, effective Oct. 28. 1941," [University of Akron Archives, Goodyear Collection, Box 3-1, 1 of 5].

注
（1） Thomas A. Kochan, Harry C. Katz and Robert B. Mckersie, *The Transformation of American Industrial Relations*, Basic Books, 1986, Chapter 1 and 2；仁田道夫「アメリカ的労使関係の確立」東京大学社会科学研究所編『20世紀システム2 経済成長Ⅰ基軸』東京大学出版会，1998年，203～204ページ。
（2） Irving Bernstein, *The Lean Years : A History of the American Worker 1920-1933*, Houghton Mifflin Company, 1960, p. 145 and 186-188.
（3） 井藤正信「1910～20年代におけるグッドイヤー社の労務政策と労使関係」平尾武久・伊藤健市・関口定一・森川 章編著『アメリカ大企業と労働者――1920年代労務管理史研究』北海道大学図書刊行会，1998年；堀 龍二「グッドイヤー社の労務政策と労使関係の展開」井上昭一・黒川 博・堀 龍二編著『アメリカ企業経営史――労務・労使関係的視点を基軸として』税務経理協会，2000年。
（4） 以上のタイヤ産業およびグッドイヤー労使関係の展開については，Daniel Nelson, *American Rubber Workers & Organized Labor, 1900-1941*, Princeton University Press, 1988；Harold S. Roberts, *The Rubber Workers : Labor Organization and Collective Bargaining in the Rubber Industry*, Harper & Brothers, 1944；Hugh Allen, *The House of Goodyear : Fifty Years of Men and Industry*, Corday & Gross, 1949；Paul W. Litchfield, *The Industrial Republic : Reflections of an Industrial Lieutenant*, Corday & Gross, 1946；Bruce M. Meyer, *The Once and Future Union : The Rise and Fall of the United Rubber Workers, 1935-1995*, University of Akron Press, 2002などを参照されたい。
（5） 関口定一「20世紀アメリカの労働と福祉――American Standard of Living と Welfare Capitalism を中心に」『土地制度史學 別冊：20世紀資本主義――歴史と方法の再検討』1999年9月，55～56ページ。なお，序章も参照のこと。
（6） 熊沢 誠『寡占体制と労働組合――アメリカ自動車工業の資本と労働』新評論，1970年，145～147ページ。
（7） "Goodyear Statement (Nov. 30, 1935)," p. 9.
（8） H. Allen, *The House of Goodyear*, p. 167；Hugh Allen, "Employe Representation," [in AOF Ⅳ Box 59], p. 7.
（9） D. Nelson, *American Rubber Workers*, pp. 59-60；Alfred Lief, *The Firestone Story : A History of the Firestone Tire & Rubber Company*, McGraw-Hill, 1951, pp. 78-87；Mansel G. Blackford and K. Austin Kerr, *BFGoodrich : Tradition and Transformation 1870-1995*, Ohio State University Press, 1996, pp. 48-50.
（10） D. Nelson, *American Rubber Workers*, pp. 263-270；H. S. Roberts, *The Rubber Workers*, pp.

226-232.

(11) Neil W. Chamberlain, *The Union Challenge to Management Control*, Harper & Brothers, 1948, p. 78. 濱野末太郎訳『経営に対する組合の挑戦（上巻）』日本経営者団体連盟，1950 年，158 ページ。

(12) "Text of Firestone Agreement," *United Rubber Worker*, Vol. 2, No. 5, May 1937, p. 5 ; "Agreement May, 1938," [in UOA, Local 5 Box B-1], pp. 4-5 ; H. S. Roberts, *The Rubber Workers*, p. 230 ; Donald Anthony, "Rubber Products," in Harry A. Millis ed., *How Collective Bargaining Works : A Survey of Experience in Leading American Industries*, The Twentieth Century Fund, 1942, pp. 659-661.

(13) 熊沢　誠，前掲書，147 ページ。

(14) 鈴木良始「1920 年代 GE における福利厚生と労働者」平尾武久他編著，前掲書，254 ページ。

(15) H. Allen, "Employe Representation," pp. 7-8.

(16) "GTR-URW Local 2 Agreement," p. 26 ; "Goodyear Statement (Nov. 30, 1935)," p. 10.

(17) Goodyear Tire & Rubber Company, "Resume of Sitdowns, Intimidations and Violence at the Akron Plants of The Goodyear Tire & Rubber Company from the Date of Strike Settlement, March 21, 1936 through December 31, 1936," January 4, 1937 [in AOF Ⅳ Box 59], pp. 1-12.

(18) *La Follette Committee Hearings*, p. 16771.

(19) "GTR-URW Local 2 Agreement," pp. 3-7.

(20) *Ibid.*, pp. 26-27.

(21) (22) Sanford M. Jacoby, *Employing Bureaucracy : Managers, Unions, and the Transformation of Work in the 20th Century*, Lawrence Erlbaum Associates, 2004, p. 198. 荒又重雄・木下　順・平尾武久・森　杲訳『雇用官僚制——アメリカの内部労働市場と "良い仕事" の生成史［増補改訂版］』北海道大学図書刊行会，2005 年，314～315 ページ；S. M. Jacoby, *Modern Manors : Welfare Capitalism since the New Deal*, Princeton University Press, 1997, pp. 206-220 and 249. 内田一秀・中本和秀・鈴木良始・平尾武久・森　杲訳『会社荘園制——アメリカ型ウェルフェア・キャピタリズムの軌跡』北海道大学図書刊行会，1999 年，341～365，411～412 ページ。

(23) 熊沢　誠，前掲書，198 ページ。

(24) D. Nelson, *American Rubber Workers*, p. 131 and 281 ; H. S. Roberts, *The Rubber Workers*, p. 240.

(25) 1935 年 11 月末時点での 5 年以上勤続者の比率はおよそ 80％にも達していた（"Goodyear Statement〔Nov. 25, 1935〕," p. 1)。

(26) "GTR-URW Local 2 Agreement," pp. 29-30.

(27) D. Nelson, *American Rubber Workers*, pp. 313-321 ; H. S. Roberts, *The Rubber Workers*, pp. 250-254.

(28) 特に，ERP の下で形成されてきた同社の賃金構造とニューディール型労使関係転換後のそれとがどのような関係になっているのか，労使間コミュニケーションの促進という ERP の重要な機能が，労働組合に代替されることになった時にどのような変化が生じたのか，職場における第一線監督者としての職長の役割や位置づけは，ERP の場合と労働組合が存在する場合とでどのように変化するのか，といった点である。

(29) S. M. Jacoby, *Modern Manors*, pp. 220-228 and 258-259. 前掲邦訳書，365～377，426～427 ペ

―ジ。
(30) 岩出 博『アメリカ労務管理論史』三嶺書房, 1989 年;同『戦略的人的資源管理論の実相——アメリカ SHRM 論の研究ノート』泉文堂, 2002 年;S. M. Jacoby, *Embedded Corporation : Corporate Governance and Employment Relations in Japan ant the United States*, Princeton University Press, 2005, Chp. 4. 鈴木良始・伊藤健市・堀 龍二訳『日本の人事部・アメリカの人事部——日米企業のコーポレート・ガバナンスと雇用関係』東洋経済新報社, 2005 年, 第 4 章。
(31) Paul Osterman, *Employment Futures : Reorganization, Dislocation, and Public Policy*, Oxford University Press, 1988, pp. 62-63.
(32) Peter Cappelli, *The New Deal at Work : Managing the Market-Driven Workforce*, Harvard Business School Press, 1999. 若山由美訳『雇用の未来』日本経済新聞社, 2001 年。

(堀　龍二)

第4章
ハーヴェスターにおける従業員代表制の展開

第1節 トラクター工場での組合運動の再生

 ハーヴェスターは，その従業員代表制（ERP）である労使協議会制度（Industrial Council Plan）を1919年に導入し，その下に設置した工場協議会（Works Council）を通して1920年代に安定した労使関係を構築した。ニューディール期も同様の方向を模索したが，1937年4月12日のNLRA合憲判決を機に同制度の廃止を決定する。しかし，真の意味で同制度に終焉がもたらされるのは1941年のことで，そこに至る道程は紆余曲折を経る。その原因は，トラクター工場に源流をもち，その後同社における組合運動再生の鍵を握ることになるCIO系の農機具労働者組織委員会（Farm Equipment Workers Organizing Committee, FEWOC）の急進的な性格を避けるべく，同社が工場協議会の従業員側代表（協議会委員，councilman）を巻き込みながらその延長線上に独立組合（independent local union）を結成し，それが挫折するやCIO系組合に比してまだしも穏健なAFLの直属組合（federal labor union）を支援するといった複雑な動きをとったことにあった。

 1919年ストの際に経営側が協議会委員に与えた権限——スト参加者の中で仕事に復帰できる者を選別できるという権限——により，組合の影響力はハーヴェスターから一掃された。しかし，トラクター工場では，アセンブリー・ラインの下での出来高給システムに対する従業員の不満は他工場に比して高く，しかも工場協議会がそれに十分対処できていなかった。

 ハーヴェスターによれば，FEWOCを指導した従業員が，1926年頃にはトラクター工場の協議会委員に選出されていた。また，協議会委員キングストン

(Kingston) が出来高給への不満を訴えた1928年頃には,労使の対立は鮮明化していた。キングストンの訴えに対し,工場長のルッツ (Earl C. Lutz) は,「選出された工場協議会メンバーと新しい出来高給システムについて交渉するつもりのないことを明確」[5]にし,それでも態度を変えなかったキングストンを別の部署に配置転換し,協議会委員の資格を剥奪した。最終的に彼はレイオフされ,仲間の抗議にもかかわらず復職できなかった。協議会委員はこの出来事を,「工場長にあえて楯突いた者は誰であっても有罪とされ,工場外に放り出される証左」[6]と受け止め,工場協議会は無用の長物であり,不平・不満は別の方途で解決せざるを得ないという認識に至った。それが表面化するのは大恐慌後の不況期である。

 1933年,トラクター工場で新モデルの生産が始まり,それに伴って従業員の多くは出来高給仕事を取り上げられ,先任権に関係なくより賃率の低い日給制の仕事に振り分けられた。一方,出来高給仕事に留まった従業員も賃率を下げられた。失業者が蔓延していたが,同工場の協議会委員は闘うことを決意する。彼らは,工場長出席の工場協議会で不満を表明したが,それまでと同様問題解決には至らなかった。協議会委員は工場協議会からの脱退も検討したが,最終的には工場協議会に留まって従業員を組織することを決定し,これが奏功する。仲間内でのトランプや読書会,そして居酒屋での勧誘を通してABC組合 ("ABC" Union) が組織されたのである。[7]

 ハーヴェスターが組合活動家を解雇してきた過去の経緯に鑑み,ABC組合は当初地下組織として活動した。Aグループは,互いに旧知の活動的な5人の協議会委員に限定されていた。残念ながら氏名は現時点ではわからない。BグループとCグループは人数は多いものの秘密組織であり,上記の5人以外の協議会委員は1人を除いてBグループに属していた。工場協議会の選挙区を基盤にABC組合は組織を広げ,次第に工場協議会を支配するようになった。ABC組合が成功した理由として,トラクター工場長のフォアマンに対する扱いが,「恣意的で不公平」であり,「フォアマンの大部分は組合運動に同情的であり,組織活動の発覚を防ぐのを助けていた」[8]ことも挙げられる。皮肉なことに,工場協議会を通してハーヴェスターの組合運動は再生したのである。

第4章　ハーヴェスターにおける従業員代表制の展開

　ABC組合は1934年にその存在を公にし農機具労働組合（Farm Equipment Workers Association, FEWA）となる。そこには，自分たちの組織が相当数の組合員を獲得したことで秘密裏に活動する必要性が薄れたことに加え，活動のさらなる拡大には秘密のベールを脱いだ方が得策との判断があった。当然この動きはハーヴェスターに察知されていた。ワグナー（Robert F. Wagner）が1934年2月に上程した労働争議法案（Labor Disputes Bill）に関する公聴会で，当時副社長兼法律顧問であったエリオット（William S. Elliott）は，「従業員の考えを変えようとするAFLや共産主義者の組合による非常に積極的な運動があります。彼らの目論見はほとんど前進していないのですが，シカゴのトラクター工場だけは例外です」[9]とし，同工場には他の工場にはみられない「まったく違った方向での運動」[10]があり，「別の形態の組織に目を向けさせる，やや杜撰だが非常に力強いキャンペーンによって，何人かの転向者が出ています」[11]とも証言していた。

　エリオットのいう「転向者」のいるFEWAは，ウェーバー（Joseph Webber）に主導されていた。ウェーバーは，共産党と緊密な関係にある労働組合統一連盟（Trade Union Unity League, TUUL）の国際鉄鋼金属労働組合（Steel and Metal Workers' International Union, SMWIU）を代表してABC組合の最初の会合で話をした「共産主義者」であった。ABC組合は外部組織の傘下に入らないことを公式決定していたが，SMWIUは「ABC組合と共同戦線を張っている。その活動の成果として，これまでのところ約15名の労働者を加入させることができたし，なおかつABC組合の指導者たちも当組合に加入した。」[12] 1934年末のTUUL解散に伴いSMWIUも解散したが，ウェーバーはFEWAで活動を続ける一方，1936年6月に結成された鉄鋼労働者組織委員会（SWOC）のオルグとしても活動し，農機具産業の組織化に取り組んだ。こうした動きの中でFEWAはSWOCの傘下，ひいてはCIOの傘下に入る。その後，ハーヴェスター10工場の代表が農機具産業の組織化を図る方策を検討した1937年秋の会合を踏まえ[13]，SWOCより農機具部門が分離されて1938年2月20日にウェーバーを委員長（Director）にFEWOCが結成された[14]。

　この間，ウェーバーはハーヴェスターの従業員を共産党に勧誘し続けた。彼

が接触した人物がトラクター工場の実験機械工オークス (Grant W. Oakes) であった。オークスは，協議会委員として ABC 組合のリーダーとなり，ウェーバーの跡を継いで FEWOC 委員長となる。ウェーバーはフィールド (Gerald Fielde) にも接触した。フィールドは，1935 年にマコーミック工場の刈り羽部門の協議会委員に選出されていた人物である。「ハーヴェスターが最も嫌う人物」で，「FEWOC の最も才能あるリーダーとなった[16]」フィールドは，FEWOC の会計担当書記としてオークスを助け，ともに激動期を乗り越え，最終的に同社との間で労働協約を締結する。

このように，ウェーバーを引き継いでニューディール期に FEWOC を主導していた人物はハーヴェスターの従業員で，なおかつ協議会委員としての経験をもつ現場からの叩き上げであった。FEWOC は共産党の影響を受けた数少ない組合の 1 つであったが，全面的にその指示に従ったわけではなく，時には反対し，無視もした。それは，指導層が現場からの叩き上げであり，一般組合員 (rank-and-file workers) の意識の変化を即座に捉え，機をみるに敏な指導を行おうとしていたからである。まさに，作業現場ユニオニズム (shop floor unionism) を体現する組合であった[17]。ちなみに，フィールドは 1937 年に，オークスは翌 38 年に，それぞれ SWOC のスタッフとなっていた。

第 2 節　全国労働関係法合憲判決と独立組合の結成

ERP は，1933 年 6 月 16 日に制定された NIRA の下で団体交渉手段として広範な注目を集め，1930 年代も 20 年代同様労使関係を規定する存在とみなされた。しかし，同法が最高裁で違憲とされ，その後労働争議法案を経て，1935 年 7 月 5 日に NLRA が制定されたことで事態は様変わりし，37 年 4 月 12 日に最高裁が NLRA に合憲判決を下したことで決定的に転換する。当時の実業界は，NIRA と同様，NLRA にも違憲判決が下されるとするのが主流の考えで，多くの企業はそれまでと同様 ERP を交渉相手として想定することで労使関係の安定を図った。だが，実業界の意に反して合憲判決が下され，ERP を交渉相手とすることは事実上不可能となり，その後判例を重ねる中で，ERP

は経営側が支配する組織であるとの最高裁判決が1938年に出され，その約20年の存在に終止符を打つ。

　ハーヴェスターでは，1937年4月12日の最高裁判決を踏まえ，同年4月21日に当時の社長マカリスター（Sidney G. McAllister）が労使協議会制度の廃止と工場協議会の解体を宣言する手紙を従業員に宛てて出した。ところが，1941年の『裁定と命令（Decisions and Orders of the National Labor Relations Board）』によると，4月21日に先立って協議会委員は2つの活動を始めていた。1つは，「外部労働組織の組合員を妨害する活動[18]」であり，もう1つは「工場協議会の後継となる内部組織の結成に向けた活動[19]」である。そして，「いくつかの工場では，協議会委員はこれらの活動のどちらか一方に集中していたが，多くの場合この両方の活動にかかわっていた[20]」のであって，それは各工場の情勢に左右されていた。そして，同社は「すべての外部労働組織，特にCIO傘下にある労働組織への反感を表明し，その言動を通して従業員にこのような組織を支持することは経営側の方針や要望と真っ向から対立しているということを理解[21]」させようとしていたと指摘している。なお，『裁定と命令』でいう「外部労働組織」とはCIO系のFEWOC，「内部組織」とは種々の名称をもつ独立組合のことである。

（1）CIO系組合つぶし

　まず，合憲判決前のCIO系組合つぶしである。FEWOCがトラクター工場に倣って工場協議会に侵入しようとした最初の工場はミルウォーキー工場で，1936年晩夏のことであった。1941年の『裁定と命令』によると，FEWOCは協議会委員委員長アーバン（Urban）と事務担当者（secretary）ラポート（LaPorte）に接近した[22]。ラポートがFEWOCを支援していたことを知った人事管理者のブルクス（Brooks）は，彼を自分のオフィスに呼び出し，「協議会委員に就業時間内にABC組合の組合員勧誘を認めないようにと警告[23]」し，「労働者にこの情報を広く伝えるよう[24]」要請した。ラポートは，ABC組合との関係が会社に漏れれば自身と家族が危険だと判断し支援を撤回した。ラポートはそれ以降，会社への忠誠を示すため独立組合の結成に向けて積極的な活動

を展開する。同工場のフォアマンであったクナーベ（William Knaebe）は，従業員のグラブ（Grueb）に対し，CIO は「何の役にも立たないし」，ルイス（John L. Lewis）は「怠け者」の「共産党員」であると話していた。[25]

ウェスト・プルマン工場では，統括フォアマン（General Foreman）のスモール（Barnard F. Small）が，同工場の CIO ローカル委員長に選出されたミラー（Ray E. Miller）に対し，「……当工場において外部組織を必要とする理由はない」[26]と圧力をかけていた。さらにスモールは，従業員のピージュコ（John Piejko）とミース（Gus Mees）に対して，なぜ工場協議会があるのにもかかわらず外部組織を必要とするのかと問い質すことで，暗に組合活動を非難していた。[27]こうしたやり方で，スモールは FEWOC に加入していることを摑んだ従業員を意気消沈させる活動を続けていた。その典型が，解雇されそうになったアルバート・スピラカス（Albert Spirakas）の事例である。彼は解雇事由が組合活動であったことを告げられただけでなく，「CIO を辞めるなら，解雇命令は無効になるであろう」との忠告を監査役（Auditor）のクラウサー（Krauser）か[28]ら受けていた。CIO 系ローカルの会計担当書記を務めていたスピラカスはこの忠告により組合を脱会し，工場での職位を保っている。スピラカスは，副工場長（Assistant Superintendent）のジュビィ（Juby）から，CIO の主たる組合員である「スポット溶接工と接触しないなら，仕事を継続できる」[29]との助言も受けていた。フォアマン，監査役，副工場長など管理職層がこぞって組合活動を妨害していたのである。

以上は工場レベルでの事例であるが，ロック・フォールズ工場はシカゴ本社の対応を知る格好の材料である。1937 年 1 月 20 日の同工場工場協議会議事録は，シカゴ本社の副工場管理者（Assistant Works Manager）であったハリソン（Harrison）が出席していたことを記録に留めている。彼は，ロック・フォールズ工場，マコーミック工場，イースト・モリーン工場を含む 9 工場に対する管轄権（jurisdiction）をもっていた。協議会委員のゴーマン（Gorman）によると，ハリソンは協議会委員に対し，「ロック・フォールズ工場は彼にとってCIO の粉砕を始めるにはいい場所である」[30]と語っていた。この発言は，「協議会委員がその直後に同工場で CIO 系組合員にその資格を放棄させるべく，あ

第4章　ハーヴェスターにおける従業員代表制の展開

からさまで活発なキャンペーン⁽³¹⁾」を始めるきっかけを与えることとなる。ハリソンの意を受けた協議会委員の1人ロング（Long）は，「経営側から『どのような犠牲を払っても CIO の活動』を停止させるよう指示されていた⁽³²⁾」と語っている。さらにロングは，「CIO と闘う方法⁽³³⁾」を就業時間中に協議会委員を集め論じていた。しかも，この席には工場長のグリーソン（Gleason）も招待され，助言を求められていた模様である。ロングの活動もあって，同工場の協議会委員は，「我々従業員は，工場協議会を通した現在の団体交渉制度に賛成であって，外部組織のいかなる干渉にも反対する。我々は，従業員は他のどのような制度の下でよりも，現下の工場協議会制度の下での方が従業員を代表するのに成功していると感じている⁽³⁴⁾」という内容の請願を起草していた。このような状況下で同工場従業員 500〜600 人の中に約 90 名いた CIO 系組合員が組合員資格を放棄した。以上の活動は，就業時間内に行われ，ハーヴェスターがそれに対して給与を払っていたことから，同社が「1937 年 1 月に当該工場の協議会委員に CIO とその傘下にあるローカルに対して攻撃的なキャンペーンを始めるよう指示⁽³⁵⁾」していたとみて間違いはない。

　最後に，合憲判決直前の 1937 年 3 月にマコーミック工場でみられた「組合つぶし」を取り上げておこう。マコーミック工場でも，FEWOC の組合員獲得運動は協議会委員フィールドを中心に合憲判決前より行われていた。コットレル工場長（Cottrell）は 1937 年 3 月にフィールドを自分のオフィスに呼び，「ルイスを『悪い人間』で，『急進論者』であって，『組合費の天引きシステムで赤ん坊からミルクを取り上げる』罪で告発したパンフレットの内容を説明⁽³⁶⁾」しただけでなく，「さらに『ルイスと CIO の問題』を説明し，各従業員はこのパンフレットを受け取るべきであると信じている⁽³⁷⁾」と語っている。また，フォアマンのフラニガン（Thomas Flannigan）は，「CIO の加入申込用紙に署名することは委任権（power of attorney）にも署名したことになるという理由で，署名しないよう警告⁽³⁸⁾」したり，「加入申込用紙に署名したなら，ローカル組織が設置されるかどうかにかかわりなく組合費を支払うよう強制される⁽³⁹⁾」と従業員に忠告していた。組合加入申込用紙への署名が委任権への署名に当たるとして従業員に組合加入を留意させるというこのやり方は，別の工場でも使われて

いた。

（2）独立組合の結成──マコーミック工場を中心に

次に，合憲判決前後の動きとして独立組合の結成に焦点を当てよう。この点に関し，まず取り上げるべきは先のマカリスター社長の手紙に示された指針である。彼は，「従業員は誰も組合もしくは交渉団体への加入を要請されることはなく，彼ら自身の判断によって当社と直接交渉できる」し，団体交渉を望む場合，「従業員は既存の交渉団体もしくは全国組合あるいは地方組合に加入できるし，他の人々とともに新しい交渉団体もしくは組合を結成してもかまわない（傍点，伊藤）」と指摘していた。NLRA の 16 年も前から団体交渉を行っていたとするハーヴェスターからすれば当然の主張であり，「新しい交渉団体もしくは組合」との交渉を過半数代表に基づく排他的代表と行うとする NLRA には「限界がある」としていた。それは，団体交渉に対する「個人の選択の自由」が過半数代表に基づく排他的代表という「不公正で非民主的」な方法によって侵害されること，過半数代表を強制的な方法（coercive method）で選出するのは「詐欺的行為」となること，から生じるとするのが同社の立場であった。[40]

だが，ここでハーヴェスターのいう「限界」は，過半数代表に基づく排他的代表や外部組合によって組織された従業員団体の代表を交渉相手として承認しないという同社自身がかかえる「限界」とみるべきである。それは，CIO 系の FEWOC を強く意識した同社の態度表明であったし，労使協議会制度の下で培われた「最も大きな価値をもつ資産」である工場協議会を通した交渉形態を将来的にも失いたくはないという意識の表明であった。それは，翻せば，外部組合の影響を受ける労使関係ではなく，労使協議会制度と工場協議会の下での労使関係を NLRA 下でも継続したいという同社の願望を示すものでもあった。独立組合は，こうしたハーヴェスターの労使関係観を体現するものとして登場した。

ハーヴェスターが労使協議会制度の廃止を正式に意思決定したのは，シカゴ本社で労使協議会制度の廃止と工場協議会の解体を各工場間で調整の取れた活動として行うための会議が開催された 1937 年 4 月 16 日であった。その会議で

はマカリスター社長の手紙の草案を検討し，各工場で開催される臨時会議を「労使協議会制度を終わらせ，もうこれ以上検討しないための会議」[41]とすることが決定された。そして，労使協議会制度の廃止は4月21日まで決して外部——FEWOC——に漏れないよう秘密裏に進めることも確認されていた。

マコーミック工場で中心的な役割を演じたのは，同工場への労使協議会制度導入（1921年）と同時に協議会委員を務めたセムバック（Henry Sembach）[42]に代表される会社忠誠派である。彼は，NLRBが「コットレル（マコーミック工場長—注，伊藤）あるいは別の経営陣などの情報源から正確な予測のための拠り所を得ようとしたと信じることは合理的」[43]と判断される行動をとっていた。セムバックは，4月19日の就業時間中に協議会委員を招集し，「2日以内に我々は工場協議会がなくなるという通知を受け取るであろう」[44]と述べていた。先述の通り，この情報は4月21日まで漏れてはならないものであった。それを知っていたのはコットレル工場長のみであったわけだから，セムバックは彼からこの情報を得ていた。つまり，彼の行動は工場長の，ひいてはハーヴェスターの指示の下に行われていた。こう考えないと，もう1人の会社忠誠派の協議会委員であるサトラー（Otto Sattler）の行動も解釈がつかない。セムバックほどではないがサトラーも約9年にわたって協議会委員を務めていた。その彼が，4月17日に独立組合——いうまでもないがまだ姿も形もなかった——への加入申込用紙の印刷を発注していたのである。[45]サトラーは，単独ではなく，セムバックが得た情報に基づいて行動していたことに間違いはない。それはとりもなおさず，ハーヴェスターの意志・意図に基づく行動であった。

4月19日のセムバックの言動も非常に特徴的である。彼の先の発言を受けて，FEWOCのフィールドがマコーミック工場内にすでに存在していたローカルに言及したことに対し，セムバックは「協議会委員がもし組合について話し合うなら，会社の構内から出なければならない」[46]と強く主張した。その理由は，彼自身の証言によると，「会社の所有地でそうしたことを行うのは許されないだろう。もし君が組合を組織したいなら，就業時間中ではなく君自身の時間にしなければならない」[47]ということにあった。だが，これは彼の真意ではなく，その背後にはハーヴェスターの教示があった。彼は，会社の構内で組合が

結成されることは NLRA 違反（第 8 条 a 項(2)）であることを認識しており，「従業員の組織権の保障を意図した NLRA を犯すという立場に彼の使用者を置く」のを避けるための行動であった。それは，そうした事態を避けるようにとの教示を 4 月 16 日の時点でコットレル工場長から受けていたことを示している。

　セムバックの主張に従って，17 名の協議会委員は工場の外で議論を再開し，2 対 1 で独立組合の結成と臨時役員を選出・任命した。翌 20 日には，サトラーが発注した組合加入申込用紙が工場に出現している。こういった思惑通りの事態の推移を見届けた上で，コットレル工場長は 4 月 21 日に協議会委員の前で余裕をもって次のように語っている。「諸君たちと握手したい……なぜなら，我々がここで会合をもつのも最後だからだ……。今や，諸君たち次第である……。今や，諸君たちは望むことなら何でもできる……。自分たちに適したものを組織できるし，また組織しなくてもかまわない……。諸君たちがどこに向かおうとも，会社には責任はない。」

　コットレル工場長の話を受けて各協議会委員はそれぞれの部門で従業員を集め，労使協議会制度の廃止を発表した。これ以降も協議会委員が活躍する。例えば，第 28 部門の協議会委員は，フォアマンのバーグハード（Burghardt）の許可を得た従業員の集会で，「労使協議会制度を廃止し，協議会委員は新組織が結成されることを期待している」と説明していた。第 73 部門のフォアマン助手の行動はより直截的であった。彼は，独立組合の結成に向けて活動していた従業員のウェイヤー（Joe Wayer）に，夜勤勤務者の前で話す機会を与えたのである。ウェイヤーは，「他の工場における CIO の組織活動について話をし，どの程度の組合費が必要なのかを示した上で，『我々もある組織を結成するつもりである。我々は誰一人として部外者（outsider）を必要としていない。彼らはただ諸君たちに 25 セントの犠牲を強いるだけである』」と話していた。この「ある組織」は，4 月 21 日の数日後に開催された従業員の大衆集会で組織され，マコーミック従業員共済組合（Employees Mutual Association of McCormick Works）と正式に命名された。

　以上のマコーミック工場の事例は，マカリスター社長の手紙が従業員に公表

される前に，協議会委員が労使協議会制度の廃止と工場協議会の解体を知り，協議会委員の立場で次の組織の結成を主導し，それをフォアマンやフォアマン助手といった管理職層が積極的あるいは暗黙裏に支援していたことを示している。その意味で彼ら協議会委員を誘導していたのはハーヴェスターであった。この点について NLRB は，「何の情報もなく，かつ経営側の承認を得ることもなく，（将来の代表選挙で—注，伊藤）競争相手となる独立組織の結成に突然取り掛かると信じることは非合理である(52)」と結論づけている。

では，なぜ彼ら協議会委員はハーヴェスターに忠誠を示す行動をとったのであろうか。1つは，セムバックとサトラーが「安全インストラクター（safety instructor）(53)」として半管理者的な権限を託されていたこと，つまり彼ら自身は管理職層であるとの意識をもっていたことにある。もう1つは，協議会委員になり，そこで経営側の意に添った行動をとることが昇進の近道だったのである。

第3節　全国労働関係局代表選挙と農機具労働者組織委員会の勝利

NLRA 合憲判決後，ERP を導入していた企業の従業員には，それに代わる交渉団体として2つの選択肢があった。1つは全国組合（national union）の傘下組合を選択する方法，もう1つは独立組合を組織する方法である。もちろん，交渉団体を作らないという選択肢もあるがここでは取り上げない。ハーヴェスターの場合，従業員は先にみたマコーミック従業員共済組合を含めて各工場毎に独立組合を結成し，外部組合（outside union）の影響を排除する，という選択を行った。ただし，この選択の背後には，既述のように同社の画策があった。その意味で，独立組合という選択肢は同社従業員が積極的に採択したものとはいい難いのである。

協議会委員を使って労使協議会制度の延長線上に独立組合を結成し，それに排他的交渉権（exclusive bargaining rights）を与えることで，NLRA 合憲判決後も1920年代と同様協調的な労使関係を構築・維持するというハーヴェスターの目論見は，トラクター工場での組合活動の下で崩壊する。しかしそれは，同社の協調的な労使関係に対する希求と NRLB の命令すら無視するというした

たかさが消え去ったことを意味するものではなかった。

　1937年初め（正確な日時は不明），他の工場同様トラクター工場にも独立組合（Tractor Works Employees' Mutual Association, TWEMA）が結成された。その背後にハーヴェスターの意図があったことは，独立組合結成に向けてCIO系組合を誹謗中傷するビラが撒かれていた事実からもわかる。それは，「確かな仕事，良い賃金，良い労働条件を約束するTWEMA，……利益が保証するならボーナスも。利益は，不必要なストによる仕事の遅れを通しては生まれない……。CIOが支持するのは，争いと飢えと共産主義的なストである（傍点は原文が強調）」といった内容であった。

　こうした経営側の露骨な戦略に対し，FEWA・FEWOCが採択した戦術は，ハーヴェスターが独立組合に一方的に供与していた排他的交渉権をNLRB監視下の選挙によって奪い取るというものであった。この戦術は，FEWA・FEWOCが同社工場網に張り巡らしたネットワークを通して他の工場に広まっていく。FEWAが1934年以降に接触したのは，イースト・モリーン工場，ロックアイランド工場，ミルウォーキー工場，フォート・ウェイン工場，リッチモンド工場，そしてマコーミック工場を含む他のシカゴにある工場であった。

　1937年11月8日，FEWAはトラクター工場でNLRB選挙を申請し，「適正な交渉単位（appropriate bargaining unit）」を確定する作業を経て，翌38年2月24日に実施された。選挙はTWEMA，FEWA，そして国際機械工組合（International Association of Machinists, IAM）の型打工ローカル1512（Die Sinkers, Lodge No. 1512）の間で争われ，1つの選挙区でIAMが勝利したほかは，3,265票対1,812票の大差でFEWAがTWEMAに勝利した。ウェーバーは，選挙直後に，「CIOは，労働者が何年間も我慢し，真の合法的な組合と置き換えられてきた会社組合主義の束縛を，これらの工場で，そして他のすべての工場で粉砕するであろう」と断言した。だが，ハーヴェスター経営陣が1938年4月に署名した協約は，FEWOCに排他的交渉権を与えること以外は何も認めておらず，1941年1月まで賃上げ交渉すらできなかった。さらに，FEWOCは1940年までにリッチモンド工場も支配下に置いていたが，1941年までに同社が承認したのはこの2工場だけであった。1938年以降FEWOCの

第4章　ハーヴェスターにおける従業員代表制の展開

活動が思うように進展しなかった最大の要因は，当時の不況であり，従業員のレイオフが組合運動を熱望する従業員の熱狂を鎮めてしまったことにあった。

こうした事態を打開すべく，FEWOCはハーヴェスターの牙城マコーミック工場を掌中に収めることを決意する。トラクター工場の場合，工場協議会に侵入し，それを梃子に勢力を拡大するという方策がとられたが，「工場協議会で指導的な力を発揮していた古参の従業員たちは，経営側に対してほとんど封建時代と見紛うばかりの忠誠心を示していた」[58]マコーミック工場の場合は難しかった。しかも，既述のようにウェーバーがフィールドを1937年夏にSWOCに勧誘し，フィールドや他のSWOCのオルグを中心に同社での組織化運動は進展していたが，マコーミック工場では1941年1月に至っても，従業員約6,000人の内組合員はわずかに200人足らずでしかなかった。[59]その間，FEWOCは手を拱いていたわけではなかった。1938年には，マコーミック工場，ウェスト・プルマン工場，ミルウォーキー工場，イースト・モリーン工場，ファーモール工場，ロック・フォールズ工場の独立組合は会社に支配された組合であるとの訴訟を起こした。だが，法的手続きに要した時間，ならびにハーヴェスター顧問弁護士の画策で，NLRBの裁定が下りたのは1941年2月8日であった。この裁定は，6工場の独立組合を会社支配と認定し，その解体を命じるものであった。[60]

ここまではFEWOCの思惑通りであったが，この裁定を受けてAFLがNLRB選挙を請願し，しかも勝利する可能性の方が高かったのである。AFLは，産業別組織という形態での支部設立許可状（charter）をマコーミック工場とウェスト・プルマン工場に出し，それに伴い両工場の職業別組合はその管轄権の適用を停止した上で，「AFL内の農機具労働者向け国際組合」の創設を目論んだ。[61]そこで，FEWOCはGMでとられた戦術，つまり座り込みスト（sit-down strike）を通してハーヴェスターの承認を得るという戦術を選択したのである。そこには，もしストに敗北したとしても賃金面で相当な譲歩を引き出せれば，その後の選挙で勝利する公算が高まるというFEWOCの思惑もあった。CIOはGM座り込みストの策士トラヴィス（Robert Travis）をFEWOCに派遣した。

NLRBの裁定が発表された1941年2月8日，トラクター工場従業員は1月29日からストに入っていたし，ロック・フォールズ工場も1月19日から閉鎖されていた。しかし，マコーミック工場，ウェスト・プルマン工場，ミルウォーキー工場，イースト・モリーン工場，ファーモール工場ではFEWOCはなすすべがなかった。しかも，独立組合の役員が前組合員をAFLの直属組合に送り込み始めたのである。その背後には，すでにみた独立組合結成前後のハーヴェスターサイドに立つ協議会委員を中心としたCIO系組合の徹底的な排除に示されるように，CIO系に比べればまだしもAFL系の組合を選択するという同社の意向があった。とりわけ，マコーミック工場ではAFLがNLRBに選挙を請願し，そこで勝利するだけの力を有していた。万が一この選挙でAFLに敗北するような事態になれば，FEWOCのそれまでの取り組みは灰燼に帰してしまう。FEWOCの窮地を救ったのはトラヴィスであった。トラヴィスは，「ほんの一握りの組合員しかマコーミック工場にはいないことで行動を思い留まるのではなく，ハーヴェスター帝国の心臓部を封鎖する計画を進めた」[62]のである。その目的は，「工場を再開する代償として組合の承認を要求し，そうすることで代表選挙を避けること」[63]にあった。

　マコーミック工場は1941年2月28日にストに突入し，トラクター工場，リッチモンド工場，ロック・フォールズ工場を含む4工場総勢約1万5,000人の従業員が参加した。このストは，ハーヴェスターが国防生産で演じていた役割もあり政府の注目するところとなった。労働長官パーキンス（Frances Perkins）は，3月3日に同社と組合との協議の場を設定することでこの争議に介入した。AFLの代表はこの協議に出席せず，FEWOCの代表は，①マコーミック工場とロック・フォールズ工場での承認，②1時間あたり12.5セントの賃上げ，③スト参加者が差別なく仕事に復帰できること，を要求した[64]。同社代表ファウラー・マコーミック副社長（Fowler McCormick）はFEWOCの承認を断固拒否し，賃上げも認めなかった。結局，この会議でFEWOCが得たのは，マコーミック家の一員を交渉テーブルに着かせたという「象徴的な勝利」[65]だけであった。

　1941年3月7日，AFLはマコーミック工場でのNLRB選挙を請願した。さ

らに，リュー判事（John C. Lewe）はスト中の FEWOC に対するハーヴェスターの争議差し止め要請を 3 月 22 日に受け入れ，翌 23 日にはシカゴ市警が 1,386 人の警官をマコーミック工場の周りに配置し，スト参加者に仕事に戻るよう訴えた。ハーヴェスターは，同社の意を汲んだ AFL の存在，裁判所やシカゴ市警の応援，そして何よりも FEWOC の支持者が少数派であったことで勢いを得，マコーミック工場は 3 月 24 日に再開されると発表した。以上の結果，工場再開後 1 週間以内にマコーミック工場従業員 6,000 人の内 4,870 人が仕事に戻った。

　工場再開の 4 日後，パーキンスはこの争議の裁定を全国国防調停委員会（National Defence Mediation Board, NDMB）に委ねた。政府の介入は，表向きは陸軍用トラクターが発注されていたトラクター工場が依然封鎖されていたことにあったが，裏では CIO がロビー活動を行っていた。窮地に立たされた FEWOC は，この政府の介入によって救いの手を差し伸べてもらえた。NDMB の介入は，FEWOC にとって，敗北を表面化することなくストを中止し，わずかな組合員を仕事に復帰させることができるまさに天の賜物であった。(66) NDMB に対し，FEWOC は①出来高払い仕事の廃止，② 62.5 セントから 75 セントへの最低賃金の引き上げ，③工場間で異なる賃率の廃止，④徴兵された従業員への金銭的支援と彼らの先任権の留保，⑤マコーミック工場とロック・フォールズ工場組合員の交渉代表としての FEWOC の承認，を要求した。(67) 結局，NDMB はハーヴェスターや今回は代表を送った AFL に押し切られ，次のような勧告を行った。① NDMB は FEWOC の賃金要求と経営側からの差別に対する苦情を調査する調査員を任命する，② NDMB は同社工場で代表選挙を推進するよう NLRB に依頼する，③全従業員は先任権を失うことなく再雇用される，④起こりうる差別を避けるために，数週間前に遡って同社は全従業員にスト前の平均賃金を支払うことに同意する，⑤従業員は十分な秩序と工場規律が維持されることに同意する。(68) これらの勧告は，NDMB は AFL がマコーミック工場での代表選挙に勝利するとみていたこと，さらに賃上げを認めないことで FEWOC 勝利の芽を摘もうとした結果，FEWOC にとってほとんど益のないものであった。だが，FEWOC の作業現場の意を汲む現実的な要求

表4-1　1941年6月18日のNLRB代表選挙の結果

	従業員数	FEWOC	AFL	投票異議	組合不在
マコーミック工場	6,300	2,682	2,671	78	206
ウェスト・プルマン工場	2,800	1,138	887	10	124
イースト・モリーン工場	1,400	815	630	-	46
ロック・フォールズ工場	220	101	97	9	1
ファーモール工場	4,600	1,383	1,692	36	160
ミルウォーキー工場	3,600	910	2,067	43	92

(注)　投票異議は，投票資格に疑義があるものを指す．
(出所)　*Chicago Tribune*, June 19, 1941.

はハーヴェスター従業員の琴線に触れるものであり，それが選挙結果に影響した。

　NLRBの選挙は1941年6月18日に実施され，**表4-1**のようにFEWOCは6工場中3工場で勝利した。マコーミック工場ではFEWOCもAFLもともに有効投票の過半数を獲得できず，僅差であったため7月30日に決選選挙が行われ，2,806票対2,565票でFEWOCが勝利した。ハーヴェスターは，4月14日に全工場全部門で5セントの賃上げを発表し[69]，決選選挙1週間目の7月23日にも全従業員5万5,000人を対象に再度5セントの賃上げを行って選挙を誘導しようとしたが[70]，AFLを勝利させるまでには至らなかった。

　選挙でFEWOCが勝利した最大の要因は，その指導層やオルグがハーヴェスター出身者であったことにある。その代表は，オークスとフィールドであり，彼らは労使協議会制度の下で設置された工場協議会の協議会委員を務めていた。FEWOCの指導層は，1938年2月にトラクター工場で勝利した後，他の工場にどのように影響力を広めることができるのかを日々議論し合っていた。そこでは，次の焦点はマコーミック工場に向けられるべきこと，そして何よりもこれが勝利の鍵となったのであるが，AFLと違って組合専従のオルグではなく工場内のボランティアのオルグに組織化キャンペーンを任せることを決定した。マコーミック工場を担当することになったオルグは，大衆集会では英語以外の言葉が話せる者が登壇すべきことや，組合の種々の文書は英語以外にポーランド語やチェコ語などでも印刷するべきこと，を示唆していた。FEWOCの勝

第4章 ハーヴェスターにおける従業員代表制の展開

利は，こうした現場の草の根的な取り組みがもたらしたものであった。こうした地道な活動は，1941年ストにおけるFEWOCの要求を同社従業員が最重要課題としていた内容と合致させるものとなったのである。この点は，FEWOCが出来高給制度の修正にあくまでも固執したことに具体的に現れている。

　一方，AFLが敗北した要因はどこにあったのか。まず第1に，従業員がハーヴェスターとAFLとの関係を察知していたことである。この点で，AFLが勝利したファーモール工場の従業員ボイントン（John D. Boynton）の体験は興味深い。AFLは，1941年に同工場の独立組合を打ち破った。ボイントンは，彼を代表してくれるはずの組織を信頼できず，AFLがどのような活動を行うのかを確認できるまで加入を先延ばししていた。そうしている間に，彼は，FEWOCの組織化攻勢の下，ハーヴェスターとAFLが契約を結んでファーモール工場従業員にAFL加入書への署名を強いていたことを知ったのである。渋っているボイントンを呼び出した同工場の雇用管理者（employment manager）は，「ジョン，AFLは我々とうまくやっている。君には署名までに30日の猶予があったが，現在約60日が経過した。それで君を呼び出さないといけない事態になった（傍点，伊藤）」と語りながら，組合への加入を勧めていた。同社の雇用管理者がAFLの組合員勧誘を行っていたのである。

　第2に，ハーヴェスター従業員は，AFLが代表する典型的なユニオニズムの本質を理解していた。なぜなら，多くの工場にいたAFLの「新しい」組合役員は工場協議会にいて，経営側に忠実な態度をとり続けていた協議会委員と同じ人物だったからである。多くの従業員は，自分たちの利害を代表するはずであったこうしたリーダーに幻滅していた。それは，裏返せば，労使協議会制度がもたらしたものでもあった。彼らと対照的に，FEWOCの指導層は明瞭な原則と具体的戦術によって多くの従業員の共感を得るのに成功していた。多くのハーヴェスター従業員にとって，工場で労使協議会制度とともに過ごした年月は，同社が利益を上げ続けているにもかかわらずその恩恵に与れなかった年月であった。その怒りは労使協議会制度とその下での工場協議会に向けられていた。こうした工場協議会の残照を残しつつ登場したAFLの「新しい」組合は選ばれるはずもなかったのである。1941年6月18日の代表選挙と7月30

日の決選選挙は，ハーヴェスター労使協議会制度に終焉を告げるものとなった。

（1）　伊藤健市『インターナショナル・ハーヴェスター従業員代表制の研究』関西大学出版部，2008年，第2部を参照のこと。
（2）　Robert Ozanne, *A Century of Labor-Management Relations at McCormick and International Harvester*, Unversity of Wisconsin Press, 1967, p. 127. 伊藤健市訳『アメリカ労使関係の一系譜──マコーミック社とインターナショナル・ハーヴェスター社』関西大学出版部，2002年，179ページ。
（3）　伊藤健市，前掲書，第12章を参照のこと。
（4）（5）（6）　"Report on the Study of the Background and Development of the United Farm Equipment and Metal Workers Union," 25 April, 1952, pp. 26-28. (Toni Gilpin, *Left by Themselves : A History of the United Farm Equipment and Metal Workers Union, 1938-1955*, Ph.D. dissertation, Yale University, 1992, pp. 73-74.) 以下，"Report" と略す。
（7）　T. Gilpin, *op. cit.*, pp. 75-76.
（8）　"Report," p. 34. (T. Gilpin, *op. cit.*, p. 77.)
（9）（10）（11）　U. S. Congress, Senata, Committee on Education and Labor, *To Create a National Labor Board, Hearing before the Committee on Education and Labor*, Government Printing Office, 1934, pp. 917-918.
（12）　S. Yandrich, "Open Letter an Instrument for Penetrating into the Basic Industries," *Party Organizer* 7, March 1934, p. 24. (T. Gilpin, *op. cit.*, pp. 78-79.)
（13）（14）　Barbara W. Newell, *Chicago and the Labor Movement : Metropolitan Unionism in the 1930's*, University of Illinois Press, 1961, pp. 179-181.
（15）　R. Ozanne, *op. cit.*, p. 154. 前掲邦訳書，218ページ。
（16）　*Ibid.*, p. 197. 同上邦訳書，273ページ。
（17）　FEWOCの作業現場ユニオニズムについては次の文献を参照のこと。Victor G. Devinatz, "An Alternative Strategy : Lessons from the UAW Local 6 and the FE, 1946-52," in Cyrus Bina et al. eds., *Beyond Survival : Wage Labor in the Late Twentieth Century*, M. E. Sharpe, 1996.
（18）（19）（20）　*Decisions and Orders of the National Labor Relations Board*, Vol. 29, January 16 to February 28, 1941, p. 479. 全訳は，伊藤健市，前掲書，資料7を参照のこと。
（21）　*Ibid.*, p. 473.
（22）　『裁定と命令』には姓しかわからない人物が多い。以下同様。また，FEWA，FEWOC，そしてABC組合が併用されている。
（23）　*Decisions and Orders of the National Labor Relations Board*, Vol. 29, p. 489.
（24）　*Ibid.*, p. 481.
（25）（26）（27）（28）（29）　*Ibid.*, pp. 477-478.
（30）（31）（32）（33）（34）　*Ibid.*, pp. 474-475.
（35）（36）（37）（38）（39）　*Ibid.*, p. 476.
（40）　*Ibid.*, pp. 470-472. 伊藤健市，前掲書，資料7を参照のこと。
（41）　*Ibid.*, p. 470.

第4章　ハーヴェスターにおける従業員代表制の展開

(42)　セムバックについては，伊藤健市，前掲書，第6・9章を参照のこと。
(43)(44)(45)(46)(47)(48)(49)　*Decisions and Orders of the National Labor Relations Board*, Vol. 29, pp. 482-484.
(50)(51)　*Ibid.*, p. 485.
(52)(53)　*Ibid.*, p. 483.
(54)　T. Gilpin, *op.cit.*, p. 85.
(55)　FEWA, minutes, 25 May, 27 July, 26 October 1934; 17 May, 31 May 1935; 10 April, 9 December 1936, David Rothstein Papers (T. Gilpin, *op.cit.*, p. 83.).
(56)　この間の経緯は，伊藤健市，前掲書，第11章を参照のこと。
(57)　*Midwest Daily Record*, Feb. 25 1938; March 12, 1938. (T. Gilpin, "New Feet under the Table: International Harvester's Industrial Council Plan," *Labor's Heritage*, Vol. 4, No. 1, Spring 1992, p. 6.)
(58)　R. Ozanne, *op.cit.*, p. 196. 前掲邦訳書，272ページ。
(59)　*Ibid.*, p. 197. 同上邦訳書，274ページ。
(60)　伊藤健市，前掲書，資料7を参照のこと。
(61)　*Chicago Tribune*, 6 March, 1941.
(62)(63)　R. Ozanne, *op.cit.*, p. 198. 前掲邦訳書，275ページ。
(64)　*Ibid.*, p. 200. 同上邦訳書，277ページ。
(65)　Barbara Marsh, *A Corporate Tragedy: The Agony of International Harvester Company*, Doubleday, 1985, p. 68.
(66)　伊藤健市，前掲書，第14章を参照のこと。
(67)　R. Ozanne, *op.cit.*, p. 203. 前掲邦訳書，282ページ。
(68)　*Ibid.*, p. 204. 同上邦訳書，283ページ。
(69)　*Ibid.*, p. 205. 同上邦訳書，285ページ。
(70)　*Ibid.*, p. 206. 同上邦訳書，286ページ。
(71)　B. Marsh, *op.cit.*, p. 69.

（伊藤健市）

第5章

GEにおける従業員代表制の再編と廃棄
──労働者評議会と産業別組合──

第1節　前史:スケネクタディ事業所における従業員代表制の形成と定着

　本章では,1930年代にGE最大の事業所であったニューヨーク州スケネクタディ事業所(Schenectady Works)における従業員代表制(ERP)の再編成と解体の過程を,生成しつつある産業別組合のローカル組織との関係において考察する。

　GEでは,第1次世界大戦中から1920年代初頭にかけ,マサチューセッツ州のリン事業所(Lynn Works),本章の対象とするスケネクタディ事業所など,主力事業所に相次いでERPが導入された。導入されたERPのタイプは,事業所ごとの導入の事情の違いにより,かなり多様であった。

　スケネクタディ事業所では1922年に1度,従業員多数の賛同が得られず,導入に失敗した後,1924年に,「事業所評議会(Works Council)」と呼ばれる,合同協議会型のERPが導入され,定着した。このERPはGEにおけるいわゆるウェルフェア・キャピタリズムの最も重要な柱となった。

　事業所評議会は事業所内の各職場を単位とした選挙区から従業員の無記名投票によって選出された130〜160名ほどの「事業所評議員(Works Councilmen)」が,事業所長(Works Manager)他数名の事業所側代表者とともに,月一度定期的に開催される「評議会」に参加し,事業所の従業員にとって共通の利害にかかわる事項について,協議する,というものであった。

　評議員は,規定上は,評議会に参加し発言すること,また,評議会内に設けられた委員会に出席することのみを,その固有の任務としているが,その後次第に,ショップ・スチュワード(shop steward)的な役割を果たすようになり,

事業所側もそうした役割を公認するようになっていった。

結果として，評議会の場においては，必ずしも全従業員に「共通」の事項ばかりでなく，実質的に個別の苦情や要求も取り上げられるようになり，また職場においては，評議員が現場監督者と一般労働者の間の苦情処理などに立ち会ったり，要求の伝達役を務めたりするようになっていった。

これらの結果，1920年代末には，事業所評議会はスケネクタディ事業所の労使にとって，不可欠の問題処理のメカニズムとして定着していった。[1]

第2節　大不況下のGE

1929年秋にアメリカを襲った恐慌は，他国に比べても特に深刻かつ長期的な影響を経済と社会にもたらした。持続すると思われた繁栄の時代は突如幕を閉じ，長い不安と困窮の時代が始まったのである。この環境の激変は，GEの経営にも深刻な影響を与え，従業員の労働と生活も様変わりした。そして，深刻な不況からの回復を目指す連邦政府の政策転換によって，スケネクタディ事業所の事業所評議会も大幅な組織の変更を余儀なくされ，その機能も大きく変化したのである。

長く深刻な経済不況はGEにいかなる影響を与えたのだろうか。図5-1は1915年から1941年までGE全社の売上高の推移を示したものだが，ここから，1921，22年の戦後不況以後ほぼ順調に増大してきた売上高が，1930年以後急速に落ち込み，1933年には，ピーク時（1929年＝約4億1,000万ドル）の32％（1億4,700万ドル）にまで低下したことがわかる。この過程で，やはり1929年に7,000万ドル以上と史上最高を記録した収益も1,300万ドルという第1次世界大戦前の水準にまで急落した。結局売上高，収益とも，1929年の水準を回復するのは，1940年代に入って，戦時の需要拡大をみるに至って以降であった。[2]

こうした業績の極端な不振は，大幅な従業員数の減少と人件費の削減をもたらした。図5-2は1921年から1941年までのGE全社の従業員数の推移を示したものだが，ここから，1920年代においてほぼ7万人以上を維持し，1929

第5章　GEにおける従業員代表制の再編と廃棄

図5-1　GEの売上高推移（1915〜1941年）

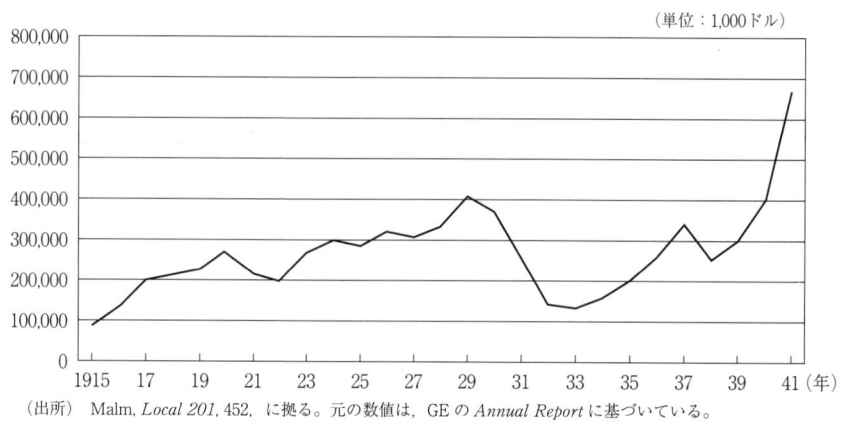

（単位：1,000ドル）

（出所）Malm, *Local 201*, 452, に拠る。元の数値は，GEの *Annual Report* に基づいている。

図5-2　GEにおける従業員数の変化

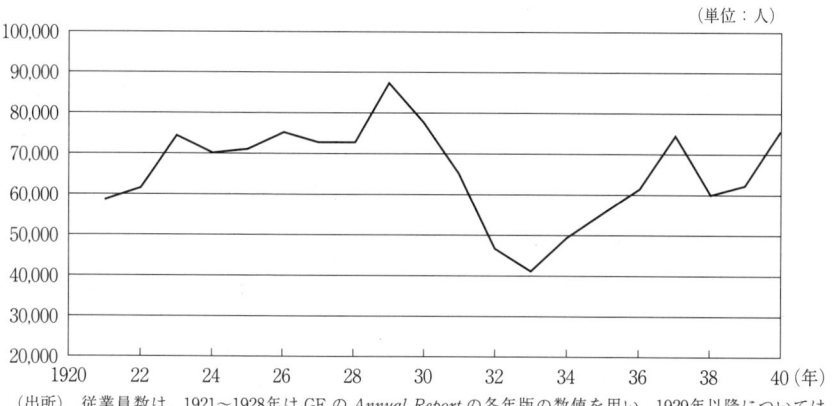

（単位：人）

（出所）従業員数は，1921〜1928年はGEの *Annual Report* の各年版の数値を用い，1929年以降については Malm, *Local 201*, 452, に拠った。

年には8万8,000人近くまで増加した従業員数が，1930年以後急減し，1933年にはピーク時の半分以下の水準にまで達した。その後，従業員数は徐々に回復するが，1938年に再び一時的な減少をみたため，1920年代水準に回復するのは1940年になってからであった。この傾向はほぼ本章の対象とするスケネクタディ事業所の従業員数にもみられる。特に1928年から1929年にかけての従業員数の増加が著しかったスケネクタディ事業所では1930年以降の従業員

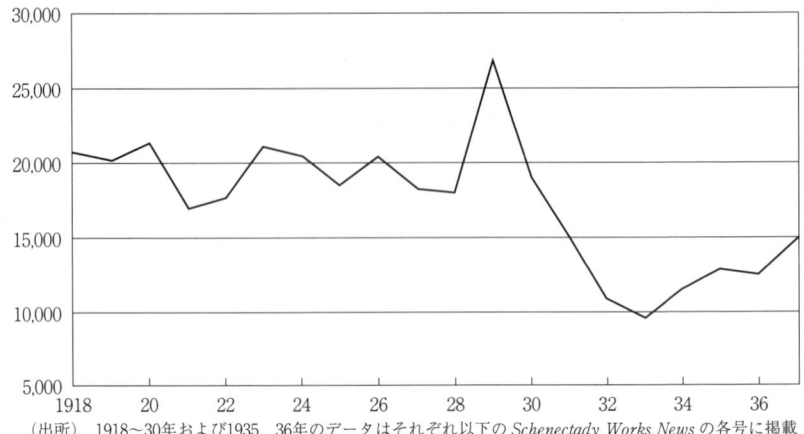

図5-3　スケネクタディ事業所における従業員数の変化（1918～1937年：人）

（出所）1918～30年および1935，36年のデータはそれぞれ以下の Schenectady Works News の各号に掲載された記事に拠った。また，直接のデータを入手できなかった，1931～34年については，GE全社の従業員数の推移から推定して補完した。Schenectady Works News, 5-18(1921), 6-23(1922), 8-7(1924), 10-8(1926), 11-9(1927), 12-4(1928), 13-2(1929), 14-20(1930), 17-6(1935), 18-44(1936), 19-36(1937).

数の減少は一層顕著であり，度重なる大量のレイオフなどによって1933年までにピーク時の3分の1の9,000人強にまで落ち込んだ（図5-3）。

スケネクタディ事業所の労働時間に関しては時系列的な総括的データがないが，この間，操業率も相当低下し，それに応じて労働時間も大幅に短縮された。例えば，1934年の時点で，労働者評議会（後述）の会合で，1920年代には週48時間であった日勤体制が，すでに週40時間体制にされていたものを，さらに36時間勤務体制へ移行させることが議論されたり[3]，あるいは，同事業所の平均実動時間が36時間から34時間に低下したことが報告されたり[4]，1935年秋になっても，冷蔵庫製造部門では週28時間勤務体制が続いているという事業所長の報告があったりしたこと[5]，などをみてもわかるように，労働時間は大幅に縮減されていた。

こうした労働時間の短縮によって，そのほとんどが時間給か出来高給であったブルー・カラー労働者の平均年間所得は大幅に低下した。この点を，少し詳しくみておこう。表5-1①および②は，不況直前の1929年，不況が最も深刻になった1932年，そして不況からの回復の端緒的過程にあった1934年の，

第5章　GEにおける従業員代表制の再編と廃棄

表5-1①　スケネクタディ事業所における大不況期の賃金低下の実態

	1929年後半			1932年後半			1934年10月		
	賃　率（ドル）	稼得賃金（ドル）	週労働時間	賃　率（ドル）	稼得賃金（ドル）	週労働時間	賃　率（ドル）	稼得賃金（ドル）	週労働時間
男性	0.735	36.64	49.9	0.63	17.17	27.3	0.778	24.4	31.4
女性	0.445	18.53	41.6	0.337	7.37	21.9	0.481	12.79	26.6

（出所）　副社長バロウズ（Burrows）からスウォープへの手紙に添付された表より作成（Letter from Burrows to Swope, [DC 113.2 #2]）。

表5-1②　スケネクタディ事業所における大不況期の賃金低下の実態：賃率・稼得賃金の変化

	1929年から1932年の変化率（％）		1932年から1934年の変化率（％）		1929年から1934年の変化率（％）	
	賃　率	稼得賃金	賃　率	稼得賃金	賃　率	稼得賃金
男　性	-14.3	-53.1	23.5	42.1	5.9	-33.4
女　性	-24.3	-60.2	42.7	73.4	8.1	-31.0

（出所）　表5-1①に同じ。

GEの各事業所における，男女別の時間賃率と週稼得賃金の平均を比べたものである。ここに示されているのは，1920年代の最高の賃金水準に達した1929年から，1932年にかけて，男性の賃金率で，9.1〜18.9％（女性の賃率は4.5〜28.8％：以下括弧内は女性の数値），週あたり稼得賃金で23.4〜53.1％（19.6〜61.4％）という極めて大幅な低下が生じていたという事実である。この内，特に顕著な週あたり稼得賃金の大幅な低下は，賃率の切り下げとともに，1929年におよそ47時間から51時間（女性の場合42から51時間）あった週あたり労働時間が，短い場合には26〜27時間にまで削減されたことの結果であった。特にスケネクタディ事業所では，賃率は73.5セント（44.5セント）から63セント（33.7セント）へと14.3％（24.3％）の低下だったが，労働時間が49.8時間（41.6時間）から，27.3時間（21.9時間）へと約22時間（約20時間）も減ったため，週あたり稼得賃金は全事業所中最も大幅な53.1％という減少をみたのである（女性の低下は60.2％でブルームフィールド事業所（Bloomfield Works）の61.4％に次ぐ大幅なものであった）。

　この1人あたり所得の低下と，最初に述べた従業員数の減少とによって，

GEの年間支給給与総額（payroll）は，1929年の1億6,000万ドルから，6,100万ドル（1932年），5,500万ドル（1933年）へと急減した[6]。
　賃金以外にも，GEは1930年代初頭に，5年以上の長期勤続者への5％ボーナス，工場労働者に付与される有給休暇，住宅取得への援助，夜勤ボーナスなど，長い間維持されてきた手厚い福利厚生施策を相次いで停止せざるを得なくなった[7]。
　この賃金の低下と労働時間の減少傾向は，1934年にかけて反転し，若干の改善をみた。すなわち，1932年から1934年にかけて，各事業所では，賃率で，16.9～34.2％（19.6～42.7％）の上昇，週あたり稼得賃金でも9.6～53.7％（3.3～73.4％）の増加があった。これは，主に1933年7月1日以後のおよそ1年1ヶ月の間に3度，計25％の大幅な賃率の一斉引き上げ改定が行われたこと，また労働時間が若干長くなったことによるものであった。
　1932年を底として賃金水準の改善の傾向がみられたとはいえ，事業所毎に差があるものの，賃金率では6～13％程度上昇しているが，週あたり稼得賃金では依然として1929年の水準を16％から33％下回っていた（女性の賃率で1事業所を除き0.2から22.4％の上昇，週稼得賃金では5.3～41.2％の低下）。
　GEにおける賃金水準の低下，福利厚生施策の廃止などの労働条件の悪化は，1933年半ばで底を打つ。また雇用も拡大に転ずる。一時停止していた各種の福利厚生施策の復活，そして，1920年代にはなかった新たな政策展開（1936年10月から賃金の「生計費調整」〔Cost of Living Adjustment：COLA〕を実施など）も開始された。労働条件は上向きつつあったのである。とはいえ，支給給与総額が，1940年になって，ようやく1億5,000万ドル台と，1929年水準にまで回復することにみられるように，1930年代半ばの時期にはまだGEウェルフェア・キャピタリズムは大不況による深刻なダメージを完全に回復するまでには至らなかった[8]。
　深刻な不況によるこうした雇用・労働環境の急変は，1920年代を通じて安定を維持してきたスケネクタディ事業所の労使関係の土台に大きな動揺を与えることになった。ただし，この動揺は暫くの間は，深層の変化としてのみ存在し，極めて大きな雇用環境の変化にもかかわらず，表面上は1920年代と変わ

第5章　GEにおける従業員代表制の再編と廃棄

らぬ労使関係の安定が維持され続けたかにみえた。

第3節　スケネクタディ事業所における労働組合組織の再生

表面的には平穏にみえたスケネクタディ事業所の労使関係にも，底流では大きな変化の萌芽が生じていた。

不況とNIRA第7条a項がアメリカ企業の労使関係にもたらしたものは，本書の各章にみられるような主要企業におけるERPの再編成にとどまらなかった。むしろ，アメリカ社会と経済全体を考慮すれば，労働組合の活性化と再生のほうがより大きな影響であったといえよう。労働組合の再生はスケネクタディ事業所においても生じた。1920年代から30年代初めまで，実質的に労働組合の存在しない状態が続いた同事業所においても1932年頃から，労働組合再生への動きが開始されたのである。[9]

シャッツ（Ronald Schatz）によれば，1932年には中欧からの移民労働者たちによってアメリカ共産党系の労働組織である「労働組合統一連盟（Trade Union Unity League，TUUL）」の支部（local）がスケネクタディ事業所の労働者によって結成された。工具・治具工（tool and die makers）を中心とした熟練工が多く，150人程度のメンバーはほとんどがアメリカ共産党かその外郭団体であるInternational Workers Orderのメンバーであったといわれている。[10]次いで1933年に，イギリス生まれのタービン検査工（turbine inspector）ターンブル（William Turnbull）によって2つ目の組合が結成される。組合員は150人程度であった。この組合は，公然たる活動は行えなかったようであり，従業員への影響力は小さかったと考えられる。[11]

この2つの小さな組合は，1934年に共産党の方針転換により，TUULが解消することによって，そのメンバーがターンブルの組合に合流する形で統合された。この合計300人程度の組合は，しかし，1936年5月の統一電機・ラジオ・機械労働組合（UE）の大会で，そのスケネクタディ事業所支部であるローカル301となった時点でも650人程度のメンバーを擁するにすぎなかった。[12]この少数派の組合が，「長期にわたり根を下ろした，高度に完成したGEの会

107

社組合である，労働者評議会」(ローカル 301 指導者ターンブルの発言)[13]に代わって同事業所における団体交渉の排他的交渉代表となる過程については，後に詳しく触れることにしたい。

第 4 節　全国産業復興法と労働者評議会の形成

　不況の影響が最も深刻になった 1932 年から 1934 年のスケネクタディ事業所の労使関係の状況を知る上で最も重要な制約は，この点に関しての最も包括的な情報源である，*Schenectady Works News*（以下 *Works News* と略記）が 1932～33 年の丸 2 年間休刊され，1934 年に復刊されたが，休刊前に比べて格段に情報量が少なくなってしまったということにある（なお，*Works News* は 1935 年からは，版を大型にして再び従業員と労使関係に関する豊富な情報を掲載するようになる）。

　先に，急激な雇用環境の変化にもかかわらず，表面上は労使関係の安定が維持されたと述べたが，それは一面では，長期勤続者の優遇，従業員の合意によるワークシェアリングとレイオフの選択など，スケネクタディ事業所の周到な労務政策の結果であった。同時に，それは事業所の従業員の中に，長期化し，深刻さを増す不況の影響から自らを防衛するための組織的取り組みを行う主体的な条件が整っていないことの結果でもあった。

　とりあえず，変化の兆しはスケネクタディ事業所の外部から訪れた。NIRA の成立，その第 7 条 a 項の規定により，労働者が自らを組織化し，自分たちが選んだ代表を通じて団体交渉を行う権利が公に認められことによって，同事業所における擬似集団的労使関係システムの枠組みであった事業所評議会は，他社におけるほとんどの ERP と同様に，大幅な改組を余儀なくされたのである。

　スケネクタディ事業所の管理者たちの間の手紙のやりとりから判断して，同事業所を含む GE における ERP 事業所評議会の改組の取り組みは，NIRA の成立前後から開始されたと思われる[14]。

　大統領が NIRA にサインした 4 日後の 1933 年 6 月 20 日の製造担当副社長バロウズ（W. R. Burrows）の GE 社長スウォープ（Gerard Swope）宛ての手紙

では，早くもカーネギー・スティール社（Carnegie Steel Company）が導入した新しいERPの規程をGEのものと比較して議論している[15]。また，その1週間後の26日，スケネクタディ事業所の労使関係担当の管理責任者デラック（B. L. Delack）は，ブリッジポート事業所（Bridgeport Works）のクラーク（W. S. Clark）宛ての書簡で，従来のスケネクタディ事業所の事業所評議会に設けられていた3つの委員会に加えて，改組後のERPには，「調停と労働条件委員会（a committee on Adjustment and Working Conditions）」を設けることを提案するなど，改組案の具体的な検討が開始されていたことがわかる[16]。

　本章の対象であるスケネクタディ事業所における事業所評議会の改組案は，この後，8月3日の事業所評議会の定期会議で「基本規程と細則（constitution and by-laws）」の見直しのための5人の事業所評議員による委員会を設置する決議が承認され，同年9月14日の定例の事業所評議会の会合で新たな「基本規程と細則」が採択され，事業所評議会は労働者評議会として再出発することになる[17]。NIRAの成立後から，この労働者評議会の成立に至る経緯に関する資料は極めて限定されており，この改組の過程の全貌を示すことはできないが，ただそのわずかな資料の中でも同事業所のERP改組の性格を知る上で重要と思われる点をいくつか確認することができる。

　まず，第1は，個々の事業所の労務政策にもきめ細かな関心を払ってきた社長スウォープは，1933年のNIRA成立後の時点でも，スケネクタディ事業所におけるERPの機能を高く評価していた[18]。他のGEの幹部・管理者の間のコミュニケーションからも事業所評議会に改組すべき内在的な問題のあることが認識されていたことはうかがえない。GEの経営陣，スケネクタディ事業所の管理者側は，NIRAがなければ，それまでの事業所評議会に大幅な制度的な変更を加える意図はなかったと考えてよいであろう。したがって，1933年9月の事業所評議会の労働者評議会への改組は，同事業所の労使関係の内的な要因によるというよりも，NIRAの成立による外的な条件の変化によって行われたということになる。

　第2に，8月3日の事業所評議会定期会議で「基本規程と細則」の見直し委員会設置が決議され，9月14日の定期会議で労働者評議会の「基本規程と細

則」が承認されるのだが，実際には，少なくとも9月1日の時点では，事業所評議会の有力な2つの改組プランが存在し，管理者サイドはそのうちの1つを強く推していたが，実際に採用されたのは，事業所評議会内に設けられた「基本規程と細則」の見直し委員会が作成した案だったことである。この点は，1933年以降のGEのERPの基本的な性格にかかわる問題を含んでいるので，ここで少し詳細にみておくことにしたい。

NIRAの成立によりERPの再編が必至となった中で，事業所評議会は，8月初旬に設置した「基本規程と細則」の見直し委員会が起草した案の採用を目指したが，それ以前から制度変更案を検討していた経営側は，すでにブリッジポート事業所で採用されていたものを若干修正した別の案を作成し，その採用のために，事業所評議会に働きかけを行っていた。

表5-2は，事業所評議会が選出した3人の事業所評議員によって起草され，実際に採用された「労働者評議会（Workers Council）案」と，事業所管理者側によって作成された「従業員評議会（Employees Council）案」とをいくつかの点で比較したものである。

主な相違点は，以下の通りである。

(1) 労働者評議会案（以下「WC案」と略記）はその目的と活動範囲として，「適切な労働条件と所得の確保」および「従業員のウェルフェアにかかわる，全般的あるいは個別的な諸問題の解決」を明示するが，従業員評議会案（以下「EC案」と略記）は活動目的などを規定していない。

(2) WC案は，労使の協議の場となる評議会の構成を，従業員側代表と管理者側代表との合同体とするが，EC案では，経営側は従業員側の要請に応じて随時協議に加わるものとされる。

(3) WC案は7名からなる「執行委員会（Executive Committee）」を置くが，EC案はこれを欠く。

(4) WC案では執行委員会が，評議員が職場で処理しきれなかった問題および従業員から持ち込まれた問題に直接対応することを規定している。

(5) WC案では，事業所長とその補佐の評議会への参加が義務づけられているが，EC案では，事業所長は評議会に参加する経営側代表を指名すると

(6) EC案では，労使協議の場において労使の代表者が，同数の議決権をもつと規定するが，WC案にはこうした規定はない。WC案では，定例の評議会は従業員側代表によって構成され，経営側代表は，ただ，「直接間接に従業員にかかわる経営上の問題について協議（consultation）し，説明するために評議会に参加する」とされ，経営側代表が議決に加わることを規定していない。

(7) 労使間の利害の調整手続の第一段階として，WC案は，職場で問題が生じた場合，労働者評議員は単独で，あるいは提訴した従業員とともに現場監督者に対し問題を提起し解決に当たることが規定されているが，EC案では，職場の問題は当該従業員が現場監督者との間で問題の解決にあたり，従業員評議員の役割は，当該従業員の「援助」を行うものとされる。

(8) EC案では，問題の調整が社長に持ち込まれた段階でも解決しない場合，三者構成の「調停員会」に委ねられる，と規定されているが，WC案はこの規定を欠く。

(9) WC案は「選挙権」のある従業員を「英語を話せる者」に限定しているがEC案ではこの限定はない。逆に，EC案では「被選挙権」を21歳以上のアメリカ市民としているが，WC案にはこの規定はない。

(10) 従業員側代表者の保護に関して，WC案では現・元の評議員がレイオフされた場合，その正当性を執行委員会が調査することになっているが，EC案では一般的にあらゆる個人的差別を訴える権利を認めるという形になっている。

(11) 両案とも，多少表現は異なるが，従業員側代表はその活動時間の賃金を会社から保証されることになっている。

事業所評議会側の起草したWC案は，労働条件や職場の個別問題処理への関与という組織目的の明示，執行委員会の設置，労働者評議会における経営側代表の役割の限定，労働者評議員の職場でのショップ・スチュワード的役割規定などの点で，EC案に比べ，大幅に労働組合的機能を強化したものとなっている。EC案の採用を推進していた製造担当副社長のバロウズはスウォープ社

表5-2 スケネクタディ事業所における

名称	労働者評議会（The Workers Council）案
目的と活動の範囲	1. 適切な労働条件の確保 2. 政府と協力して産業の安定化を図る 3. 従業員にかかわる諸問題の迅速で，秩序ある解決 4. 労使間の意見の交換 5. 上記の目的に関するあらゆる問題が討論と処理の対象となる
協議体の構成員	1. 選挙で選ばれた従業員代表 2. 事業所長（the Manager）とその補助者
役員	1. 議長，2. 副議長，3. 事務局長，4. 執行委員会（7名：議長，書記を置く）
委員会	1. 執行委員会（Executive Committee）：7人で構成・議長と書記を互選・個々の評議員が処理しきれなかった問題，労働者から持ち込まれる問題を処理する 2. 編集委員会（Editing Committee），3. 病院委員会，4. 選挙委員会
経営側代表の役割	事業所長とそれを補佐する他の管理者は，直接間接に従業員にかかわる経営上の問題について協議（consultation）し，説明するために評議会に参加する
調整手続き	1. 従業員，もしくは従業員の集団は，問題があった時には選挙区の評議員に訴えることができる。評議員は，必要なら職場助言委員会（shop advisory committee）に相談した後，自分自身もしくは関係者とともに，フォアマンに，そして満足ゆく解決が得られなければ，セクション管理者に問題を提起できる 2. もし，さらに満足ゆく結果が得られなければ，評議員と当事者は，執行委員会に訴え，執行委員会は，同数の経営側委員と合同の委員会を形成し，調停を図る。不調な場合，執行委員会は，以下のステップを通してさらに問題の処理を試みる (1)経営側代表委員会⇒(2)労働者評議会での検討⇒(3)事業所長⇒(4)製造担当副社長⇒(5)社長 3. 上記のプロセスで解決しない場合には，労働者評議会に差し戻される 4. すべての従業員に関係する一般的な問題は直接執行委員会で取り上げられる 5. 執行委員会が，問題は解決された，もしくは，重要でないと判断した場合は，評議会にその判断の是非を問う 6. 各種の委員会の決定に関して評議員または従業員は評議会に訴えることができる。評議会は，その是非を判断し，または委員会に差し戻すか，調整のための委員会に委ねるか，あるいは，執行委員会で検討することができる
被選挙権	監督者以外の従業員，事業の管理に携わっていない勤続1年以上の従業員で，英語を話せる者
評議員の報酬	勤務時間内に評議員としての義務を果たすのに費やした時間は，その従業員の平均稼得賃金率で支払われる。ただし，この報酬は公認の1日分の賃率を超えることはない

（出所）バロウズからスウォープへの手紙に添付された資料より作成（Letter from Burrows to Swope, Septem-

2つのERP改組案の主な相違点

従業員評議会（Employees Council）案
規定なし
1．選挙で選ばれた従業員代表 2．経営側代表は，従業員評議会の要請に応じて，「評議会」もしくは委員会に参加
1．議長，2．事務局長
1．規則・手続き委員会（Committee on Rules and Procedure）：3名の従業員評議会員で構成 2．調整委員会（Committee on Adjustment）：事業所の各セクションから1名の委員を選出 3．その他 Employees Council が必要と認めた場合，委員会を設けることができる
1．事業所長（Works Manager）は従業員評議会の要請に従って，経営側との話し合うべき問題を取り上げるあらゆる従業員評議会と委員会の会合に経営側代表を出席させる 2．経営側代表が出席する会合では，経営側代表は，従業員代表と等しい投票数を持つ 3．事業所長は，従業員代表との連絡を保ち，「従業員側代表」との交渉にあたる「経営側代表（a Management Representative）」を指名する
1．従業員が調整を必要とするあらゆる事項は，まず関係する直近の監督者によって取り上げられる 2．管理者や部門責任者によって調整できなかった事項は「調整委員会」⇒「事業所長」⇒「製造担当副社長」⇒「社長」の順で調整が試みられる 3．調整にあたって，従業員はセクションの従業員代表の援助を受けることができる 4．「社長」による調整が失敗した場合は，問題は従業員評議会が選出する者，社長が指名した代表，その2名によって選ばれる第三者の3名からなる「調停委員会（a Board of Arbitration）」に委ねられる。この「調停委員会」の結論が最終決定であり，全ての当事者を拘束する
勤続1年以上で，21歳以上のアメリカ市民であり，英語が理解でき，監督者の地位に就いていない従業員
通常の勤務時間内にその義務を果たした従業員代表はそれに費やした時間に対して自らの平均賃金の支払いを受ける

ber 1, 1933［DC, FF113. 4］）．

長宛の手紙で,「第二案 (EC 案―注, 関口) は, 従業員側の案 (WC 案―注, 関口) の肝心な点はすべて含んでいる」と述べているが, 実際にはかなり大きな差が存在した。そして, この差こそ, 事業所評議会の「基本規程と細則」の見直し委員会が「自ら作成した文言の使用を強く主張している」理由に他ならなかった[19]。

バロウズは, WC 案では, 事業所長が評議会に出席義務を負う点に疑問を抱き, また, すでにフォート・ウェイン (Fort Wayne), ブリッジポート, およびウェスト・リン (West Lynn) の各事業所で EC 案に近いものがすでに設定されており, またその他の複数の事業所でもこの案の採用が推進されていることから, スケネクタディ事業所でもこの案の採用を追求していた。ただし, この問題で見直し委員会と直接折衝に当たっていた労使関係担当者のデラックは委員会側に同情的で, EC 案の推進に熱心に取り組んでいなかったようであり, この点も, 結果として, 9 月 14 日の事業所評議会で WC 案が採択され, バロウズらの意図が貫徹しなかった原因かもしれない。こうして, 後に, NLRB の調査員と思われるヘリック (Herrick) が「これまでみた中で最もリベラルなプラン」と評した ERP, 労働者評議会が誕生したのである[20]。

労働者評議会は, 形式上は一種の合同協議会型 ERP であった。この点では, 1924 以後スケネクタディ事業所で機能してきた事業所評議会と基本的に変わるところがない。それでは, 何が変わったのか, 主要な変更点を示したのが, 表5-3である。この表に沿って両者の主な相違点を確認しておこう。

1つ目の大きな相違は, 労働者評議会の基本規程には, 先にも触れたように,「適切な労働条件と所得の確保」および「従業員のウェルフェアにかかわる, 全般的あるいは個別的な諸問題の解決」が明示されているのに対して, 1924 年に制定された事業所評議会の基本規程では,「工場の全労働者の全般的な利害 (general interest) に関する事項」を取り上げるとされており, 労働条件や経済条件にかかわる協議を特定していないだけでなく, 個別的な利害調整を排除していることである[21]。

2つ目の重要な相違点は, 労働者評議会に 7 人のメンバーからなる「執行委員会 (Executive Committee)」が設けられ,「労働者評議員によって職場で解決

第5章　GEにおける従業員代表制の再編と廃棄

表5-3 「事業所評議会（Works Council）」と「労働者評議会（Workers Council）」

	事業所評議会（Works Council）	労働者評議会（Workers Council）
目的に労働条件の改善を明示	×	○
職場の個別問題の処理	×1)	○
従業員だけの執行委員会	×2)	○3)
調停手続き	×	○4)
「評議員」への手当て	○	○

(注)1) 発足して暫くすると，評議員は各職場でショップ・スチュワード的な活動を行うようになり，この活動は経営側によっても公認されるようになった。この点については，関口「GEスケネクタディにおける事業所評議会の形成」を参照。
　　2) 定例評議会の議題を事前に整えるための，5人の評議員からなら「議題委員会（Question Committee）」は存在したが，その機能は極めて限定的なものであった。
　　3) 議長・副議長・書記を含める7名で構成される。
　　4) 職場の個別の問題は以下の段階を通じて解決が模索される。
　　　①労働者評議員（および，場合によっては問題の当事者）とフォアマンの協議⇒②セクション管理者（superintendent of the section）との協議⇒③執行委員会とそれと同数の経営側委員とからなる委員会で協議⇒④執行委員会と事業所長との協議⇒⑤製造担当副社長との協議⇒⑥社長との協議⇒⑦労働者評議会への差し戻し

(出所) 事業所評議会については，Works News 8-9 (May 3, 1924)に掲載された「基本規程」（Constitution）を，また労働者評議会については，パンフレット The Workers Council (GEQ-85)［発行年不詳，AOF V-11］所収の「基本規程と細則（constitution and by-laws）」に基づいて作成。
　　　なお平尾他編著『アメリカ大企業と労働者』所収の「GEスケネクタディにおける事業所評議会の形成」では，「事業所評議会具体的なプランを作成したのはエヴェレス（C. W. Eveleth）であったと考えられる」としたが，その後の調査で，この案はSCCのカウドリック（E. S. Cowdrick）によるものである可能性が極めて高くなった（Letter from Delack to W. S. Clark of Bridgeport Works, June 26, 1933 [DC FF113.5 #2]）。

できなかったすべての問題の解決を進め」また「労働者の利害にかかわる個別的ならびに全般的問題を受け付ける」役割を果たすことが規定されたことである。事業所評議会にも「議題委員会（Question Committee）」が設けられ，実質的に執行委員会的役割も果たしていたが，執行機関としてのその機能と独立性は弱く，また個別的な問題を処理することは困難であった。(22)

執行委員会は，後にみるように，数多くの労働者や労働者グループの苦情に直接対応しただけでなく，必要に応じて，製造担当副社長，事業所長などの管理者との折衝を行い，また，苦情処理のための労使合同委員会に参加するなど，極めて広範な活動に従事することになる。

相違点の3つ目は，労働者評議会の基本規程において，職場における利害の相違から生ずる問題の解決のための，多段階の調停手続きが，明示されたこと

である[23]。事業所評議会の基本規程は，そもそも個別的な問題の処理を規定上排除していたこともあって，調停手続きには一切言及していない。これは，前記執行委員会の設置とあわせて労使協議の機関として性格の大きな変更である。

　基本規程の変更を総じていえば，労働者評議会は，事業所評議会に比べ，より「団体交渉機関的」，「苦情処理制度的」な性格を格段に強めることとなったのである。これは，NIRA 第 7 条 a 項が求める，「団体交渉の権利」を保障する制度として ERP を再編するという労使（この場合は，GE 経営陣・事業所管理者と事業所評議会の幹部を指す）の意図が表現されたものと考えることができる。

　それでは，NIRA 第 7 条 a 項が求めたもう 1 つの要件，労働者の団結権という点ではどうだったのだろうか。この点では，労働者評議会は，労働者側だけの執行委員会をもち，また，事業所内の地区ごとに労働者評議員と 2 名の労働者からなる「地区諮問委員会（District Advisory Committee）」を設けるなど，事業所評議会に比べ，労働者組織としての独立性を多少強めていた。しかし，メンバーシップ制の労働者の独自組織をもたず，基本的な協議の場である労働者評議会で，選挙で選ばれた従業員側の代表と経営側の代表が労使の合同の協議機関を構成すること，そして，労働者評議員としての活動には，会社から賃金相当分の支払いがなされていたことなど，依然としてその基本的な性格は維持されていたといえる[24]。

　労働者評議会の制度を，基本規程に従って整理して示すと以下のようになる。

(1) 約 100 人から 110 人程度の労働者評議員が，事業所内の建屋（building）や工場（plant）・職場（shop）ごとに区分された定数 1 から 3 の選挙区において[25]，毎年 1 回の，予備選挙（primary election），本選挙（election）の 2 段階の選挙＝無記名投票で選出される[26]。

(2) 労働者評議会で執行委員会（Executive Committee）を始め，編集委員会（Editing Committee），病院委員会（Hospital Committee），選挙委員会（Election Committee）が評議員会で互選される[27]。

(3) 執行委員会は，議長（Chairman），副議長（Vice-Chairman），事務局長（Secretary）の三役を互選によって選び，各職場の評議員および従業員から提起された問題を中心に，毎月開催される労働者評議会の議題を決定すると

ともに，議長が評議会を司る。また，議長は，必要に応じて，個別の案件について経営側と協議を行う。

(4) 労働者評議員と経営側代表（事業所長とその補佐）で構成される労働者評議会の定例会（regular meeting）では，最初に事業所長が事業所の全般的な状況，雇用の増減，労働時間，賃金などに関して報告を行い，次いで評議会議長が，執行委員会報告を行い，次いで各種委員会の報告が行われ，その後，報告に関して質疑・討論が行われる。

(5) 個々の評議員は，各職場において労使間で生じる問題について，基本規程に定められた調停活動を行い，解決できない場合は，問題を執行委員会に引き渡す。

これはあくまで基本規程に示された限りでの労働者評議会の制度的に予定された機能である。次に，実際の選挙と活動がいかなるものだったのか，その実態を確認しておこう。

第5節　労働者評議会の活動と従業員

事業所評議会の労働者評議会への改組は，評議会の活動をどのように変化させ，また，その変化はスケネクタディ事業所の従業員にどのように受け止められたのであろうか。限られた資料を基に，その実態に迫ることにしたい。

まず，選挙に関していえば，事業所評議会の時代から，選挙に対する経営側の目だった介入や干渉はみられない。経営側の文書はもとより，労働組合（UE Local 301）側の文書にもこうした問題への言及を確認することはできなかった。[28] 選挙はおおむね公正に行われていたといってよいであろう。後に述べるように，労働組合が1936年に労働者評議員選挙への参加戦術に転換したのも，選挙が基本的な点で公正さを保っていたがゆえであろう。

表5-4 は，1924年の最初の事業所評議会の選挙から，労働者評議会の最後の選挙となった1936年までの選挙結果を一覧にしたものである。1932年までは事業所評議員選挙（1933年については選挙についての記述も記録も確認できなかった），1934年以後の黒枠で囲んだ部分が労働者評議員選挙の結果である。

表5-4 事業所評議員および労働者評議員選挙結果（1924～1936年）

年	予備選挙有権者数	予備選挙投票総数	予備選挙投票率	本選挙有権者数	本選挙投票総数	本選挙投票率
1924	14,863	6,275	42.2	n.a	8,642	58.1
1925	13,106	7,417	56.6	n.a	8,590	65.5
1926	14,250	7,462	52.3	n.a	9,685	68
1927	12,181	6,428	52.7	n.a	7,802	64
1928	13,733	6,452	46.9	n.a	8,757	63.7
1929	19,201	9,285	49.7	n.a	11,679	60.8
1930	16,135	8,444	52.3	n.a	10,824	67
1931	13,755	7,678	55.8	n.a	9,041	65
1932	8,972	5,179	57.9	7,974	5,713	71.6
1933	n.a	n.a	n.a	n.a	n.a	n.a
1934	8,039	5,392	67.1	8,237	6,285	76.3
1935	10,440	8,244	78.3	10,445	9,025	86.4
1936	9,425	7,723	81.9	9,388	8,342	88.9

（出所）1：1924年から1933年のデータは，スケネクタディ事業所の事業所長スパイサー（Spicer）のスウォープに対する報告の手紙に添付された表による（Letter from Spicer to Swope, May 8, 1933 [DC FF113.5 #2]）。
2：1934年と1936年のデータは，*Works News* の記事による（*Works News*, 16-10, June 8, 1934 ; 18-22, May 29, 1936）。
3：1935年のデータは，労働者評議会の議事録（minutes）による（Minutes of the regular meetings of Workers Council, June 6m 1935 [UEA D3 FF207]）。

概して，予備選挙の投票率は本選挙に比べて低いが，特に1920年代はほぼ40％後半から50％半ばであり，事業所評議会の定着とともに次第に高まるが，最高の1929年で58％弱にとどまり，本選挙も1920年代は，70％を上回ることはなかった。これに比べ，1933年9月に労働者評議会へと改組された後の3回の選挙は，いずれもかなり高い投票率を示している。特に，1935年は86％と極めて高い投票率を示し，1936年はさらにそれを上回った。後に述べるように，1935年に投票率が85％を上回ったことは，労働組合側の労働者評議会に対する方針変更へとつながることになる。事業所評議会も年を追って徐々に従業員の間に定着していったが，NIRAの成立による，より「団体交渉的」性格の強い，労働者評議会への改組によって，従業員からより広範な支持を受けることとなった，と評価できる。

次に，執行委員会の活動であるが，これについては，*Works News* の記事などに掲載された，毎月の労働者評議会の定例の会合での執行委員会報告により，

大まかな活動内容を把握できる。極めて限定されたものではあるが，これらを基に労働者評議会の活動を再現してみよう。

表5-5は *Works News* の記事などを元に作成した，労働者評議会の執行委員会が毎月どのような活動に従事していたかを示す表である。執行委員会は，この表にはないが，毎月の第1週目に，経営側代表を交え，定例の労働者評議会の会合を開催し，1ヶ月の活動報告を行い，解決された問題と未解決の問題を評議員に示し，経営側からの事業所の経営状況と運営方針に関する説明を受け，評議員からの新たな問題の提起を受け付けている。これが，基本規程に示された最も基本的な活動である。これに加え，執行委員会は，表5-5のように必要に応じ，製造担当副社長，事業所長，事業所総括管理者（general superintendent）などと会談し，折衝を行う。特に，事業所長との会談は，ほぼ恒常化しており，最低でも月1回，多い月は7回も行われていた。また，事業所に関する全社的な責任者である製造担当副社長とも，定例ではないが，何度か会談を行っていることも注目される[31]。

また，執行委員会は，個々の職場で起きた問題の解決のための労使合同委員会や，現場で問題の事実を確認するための委員会（Sub-Committees appointed for investigation）にも関与し（1935年3月から1936年11月の間の記録が確認できた17ヶ月で34回開催されている），さらに執行委員会に直接問題を訴えてくる個人や従業員グループとの対応も極めて活発に行っていた（記録の確認された上記17ヶ月で総計759件。月平均44件）。この個別対応は，1936年になると急増し，10ヶ月で計537件，月平均53.7件となっている。活発な労働組合の職場活動に相当するようなレベルの活動が行われていたことが窺われる。

次に，労働者評議会の活動の特質をより鮮明にするために，事業所評議会の活動と比較しながら，検討することにしたい。表5-6は1927年1月の事業所評議会の議事概要の要点をまとめたものであり，表5-7は1936年9月の労働者評議会の議事概要の要点をまとめたものである。

一見してわかるのは，取り上げられている事項の多寡である。労働者評議会では，事業所評議会に比べ，はるかに多くの多様な事項が取り上げられ，しかも，それぞれについて必要に応じて，経営側からの回答が行われている。

表5-5 労働者評議会執行

活動の種類／年	1935年						
評議会で報告のあった月次[1]	3月	5月	7月	8月	9月	10月	12月
定例評議員会の開催[2]	1	1	1	1	1	1	1
副社長との会談	0	2	0	0	0	0	0
事業所長との会談	7	2	2	2	4	2	7
事業所総括管理者との会談	4	2	0	2	3	2	3
合同委員会の開催	2	2	2	1	1	2	0
調査小委員会の開催	11	12	11	11	15	16	9
部門集会の開催	0	2	3	4	4	4	4
個人・従業員グループとの面談	27	25	32	24	39	46	29
その他の会合	0	0	0	0	0	1	2

(注)1) 1935年4月分については資料が欠落していたため，不明。11月は該当記事中に会議回数の記載がない。
　　2) この間，何回かの臨時の評議会が開催されているが，その総数は不明である。
(出所)　1935年3〜9月は，UEA D3 FF208，それ以後は *Works News* の各号に掲載された労働者評議会定

　また，基本規程にも示されているように，労働者評議会で取り扱われた事項の多くが労働条件にかかわる事柄（一律賃上げ，個別賃金改定，時間外手当，賃金格付け，労働時間管理，作業条件，福利厚生など）であり，なおかつ，そのうちの少なくない事項が個別の職場，職種，労働者グループ，そして個人にかかわるものであることも，特徴的である。これは，労働者評議員が職場でショップ・スチュワード的な機能を果たし，その結果解決をみない問題を執行委員会に持ち込み，執行委員会と経営側の協議の結果が評議会の会合に提示されることになっているがゆえの現象であった。

　労働者評議会が一般的な雇用・労働条件に対する発言だけでなく，職場で日々生じる個別の利害をめぐる問題にもきめ細かく対処していたこと，これが，先に見た評議員選挙の投票率の上昇の1つの重要な要因だったのではないだろうか。スケネクタディ事業所の労働組合（UE Local 301）が，それまでの方針を一転させ労働者評議員選挙に参加する戦術に転じたのも，労働者評議会が労働者の多くにとって有効に機能する機関として認知され，広範な支持を得るようになったことの結果であったと考えられる。[32]

第5章　GEにおける従業員代表制の再編と廃棄

委員会の主要な活動

1936年									
1月	2月	3月	4月	5月	6月	7月	9月	10月	11月
1	1	1	1	1	1	1	1	1	1
0	1	0	0	0	0	2	4	1	1
1	4	2	3	3	1	3	2	4	6
0	5	3	5	2	2	0	0	0	0
1	0	1	0	0	3	2	2	3	3
8	20	7	10	24	15	22	16	16	18
0	4	4	0	4	0	0	0	0	1
29	74	24	22	27	25	91	85	73	87
1	2	1	1	0	0	0	0	0	0

1936年8月は労働者評議会の定例会が開かれなかった可能性がある。

例会の議事概要による。

第6節　労働者評議会と労働組合

　多くの論者が認めるように，スケネクタディ事業所においては，事業所評議会が職場の苦情処理を中心として，かなり効果的に機能していた。「会社がすべての最終的な決定権を握っているとはいえ，労働者が自らの発言権を取り戻していた」のである。(33) 労働者評議会による労使協議と苦情処理の体制が定着するかにみえた。しかし，事業所の外部で進行した大きな変化は，事業所の内部に再生した労働組合の活動と相俟って，労働者評議会をベースにした労使関係が長期的に存続することを許さなかったのである。1935年5月27日に連邦最高裁でNIRAに対する違憲判決が下され（*Schechter Poultry Corp. vs. US*），6月5日にNLRAが議会で成立する。スケネクタディ事業所の労働者評議会をめぐって，再度の大きな環境変化が生じたのである。

　先に紹介した，スケネクタディ事業所に再生した労働組合が，その後どのような活動を展開したかについての資料は極めて乏しい。後に，UEのローカル301となる組織は，事業所評議会とその後継組織である労働者評議会を，「偽

表5-6　事業所評議会定例会のの議題と結果（1927年1月）

冒頭の記号は議題の性格とその討議の結果を示している。（・＝単なる報告や説明，◎＝その場で経営側に了解されたもの，あるいは動議の可決，○＝は経営側が検討もしくは調査を約束したもの，△＝は従業員の要求が部分的に認められたもの，◇＝継続審議，×＝は経営側に認められなかったもの，あるいは動議の否決）
1927/01/10
・1月の事業活動見通し（報告） △1927年のカレンダーの配布要求 ○band roomの空調の不具合 ○大工職場（Carpenter Shop）の西日の処置 ◎評議員が提出した要望の取り扱い方 ×月例合同会議の前に従業員だけの会議をもつという提案 ◎生産部門の移転の事前通知要求→（これまでの慣行通り継続する） ×GE Employees Security Corp.債の500ドル以上の購入 ・"Pass Out System"の説明 ◎「評議会」の開始時間の30分繰り上げ ・集団能率システム（Group Efficiency System）の適用についての説明 ・休職制度（leave of absence）の適用範囲についての説明 ・評議員の委員会兼職の制限について ◎改善提案の確認への評議員の立ち会い（決議）＝提案がフォアマンに委ねられる時はいつも，決定がなされる以前に速やかに評議員に意見を求めること ・疾病保険をめぐる保険会社とのトラブルに関する情報提供 ◎駐車場への交通整理員の配置 ・「産業における人間関係（Human Relations in Industry）」に関するシルバー・ベイ会議（Silver Bay Conference）の報告集の入手方法 ×従業員向け店舗での修理用部品の販売 ×工場内の有料電話ステーションの設置 ×ラジオ製品の従業員割引 ◎付加生命保険の新規加入 ◎事務部門の従業員代表を同部門の労働者の要請があった場合に認める（決議） ◎「評議会」に代表権を望むいかなる従業員グループからの申請でも受け付ける（決議） ・スケネクタディ地域の市民委員会（Citizen' Committee）に協力する10人委員会の報告

（出所）　*Works News*, 11-2, January 21, 1927の記事より作成。

の組合（company union）」として批判し，その活動へのかかわりを回避していたと思われるが，1936年に入るまでは，目立った活動の記録は残されていない。

しかし，事業所内に組合組織が存在するようになったことは，それ自体経営側に大きな刺激となった。「会社側は，従業員にそれまでより多くの妥協を提

第5章　GEにおける従業員代表制の再編と廃棄

表5-7　労働者評議会の定例会の議事概要（1936年9月3日開催）

(1) 10％賃上げ問題
　・会社側の拒否回答についての説明（Burrows 副社長）
　・［動議］社長へ問題を提訴（E. Wallingford 評議員）⇒　否決
　・［動議］執行委員会は体制を強化し，交渉継続する（E. O'Rourke 評議員）⇒　可決
(2) 執行委員会報告
　① 10％賃上げへの会社側拒否回答
　② 出来高労働者の時間外賃金（過去6週間の平均稼得賃金を基礎として，その1.5倍）
　　⇒　経営側委員会（the manager's committee）回答：9月3日と4日から出来高労働者への，当該週の時間あたり賃金に基づく，時間外割り増し（overtime premium）の支給開始を勧告
　③ 土曜の7時半から月曜の7時半の労働に対する1.5倍の割増賃金を受け取る資格の無い労働者への5％ボーナスの支給
　　⇒　経営側委員会回答：これらの労働者の状況は，彼らの職務に対する賃率を評価する時に考慮されている。これらのシフトはローテーションのため毎週ではなく，5％のボーナスを払ったとしても，週15セントほどの増額にしかならない。
　④ 従業員に対して，年2回賃率格付けの説明書を発行すべきだ。
　　⇒　経営側委員会回答：このやり方は賢明ではない。従業員はいつでもフォアマンから自分の格付け表を入手することができる。
　⑤ 経営側は部門管理者（Sectional Superintendents）に対して，労働者評議員に，週あたりの労働時間情報，部門の仕事量の情報を提供し，仕事を可能な限り拡大するよう指示すべきだ。
　　⇒　経営側委員会回答：これに同意するが，情報はあくまで部門管理者の予測であり，個々人に対する保障ではないことをはっきりさせておきたい。
　⑥ 従業員の家族も，従業員と同額の費用で，事業所付属病院でX線写真を取る権利を認めよ。
　　⇒　経営側委員会回答：会社はそれに関する責任は負わない。
　⑦ 37号棟の排気作業員（exhaust operators）に対する均等賃金水準の適用問題（8月21日から，7人の従業員が賃金の引き上げ調整を受けた）。⇒　経営側委員会の Schulte 氏の説明：＜略＞
　⑧ 発電所の油圧装置（hydraulics）操作員などの賃上げ問題。
　　⇒　現在まで，なんらの満足のゆく合意はできず，今後も取り組みをすすめる。
　⑨ 電気工の賃上げと格付け区分の減少。
　　⇒　執行委員会は数ヶ月前に，一定の賃上げは認めさせたが，格付け区分の減少には成功しなかった。今回は，この職種グループの7割の人の賃上げと，格付け区分減少に成功した。電機工の数は68人。
　⑩ 他の職務を遂行することを求められている廃棄物運搬トラック運転手の賃上げ。
　　⇒　＜運転手には2つのグループがあり，時給が62セント，64セントと異なっている。＞他グループの仕事をした場合はその賃率が支払われる。
　⑪ 女性従業員が退社する際，タイムレコーダを押す前5分間のアロワンスを認めよ。
　　⇒　経営側委員会回答：男女同じコンベアで働いており，女性だけにアロワンスを与えることはできない。
　⑫ 採用された「提案（suggestion）」に対して，初年度の節約分の75％を褒賞として支払う。
　　⇒　経営側委員会の Mr. Harnden の回答：＜詳細略＞否定的な内容
　⑬ 73号棟のブリキ工（Tinsmith）の屋外作業。
　　⇒　経営側委員会回答：これは会社の方針として行われたものではない。

⑭通勤路の交通混雑と従業員の安全。
　⇒　経営側委員会回答：市当局に提起し，交差点に白ペンキで縞模様を書かせるなどの対処を行う。
⑮21歳以上の男性の50セント，女性の45セントの最低賃金。
　⇒　経営側委員会回答：この問題が提起されて以後，給与台帳の見直しを行い，これに該当する男性302人のうち，42人については賃金を引き上げた。このグループのうち25人以外は，48から50セントを受け取っており，平均は51セントであった。25人中19人は新人で，賃率は今後定期的に見直される。基準に満たない6人は，何らかの障害があり，仕事を与えることが目的で雇われている。定期的な賃率見直しと新採用者との関係で，上記の数字は週ごとに変化する。
　　時給（day work）の女性に関しては，40から45セントの間の者が100人いる。この数字には，見習い（learners）とレストランの従業員は含まれない。出来高では，最低のインセンティヴ賃率が44セントであり，平均稼働賃金は時給で40セントである。委員会は，上記の最低賃金の確立に向けて必要な努力を続ける。
⑯配管工・鉛管工（steamfitters and plumbers）の賃金引上げ。
　⇒　上記グループを代表する評議員との協力のもと，執行委員会は，36人の賃上げに成功（34人は4セント，2人は8セント）。
⑰48号棟のレストランの労働条件。　⇒改善をみる。
⑱半年後との利潤分配問題。　⇒1936年前半期分は間もなく支給される。
⑲団体保険のキャンセル問題。　⇒給与部（Payroll Dept.）の回答。＜略＞
(3)討論　①利潤分配の公平化　⇒［動議］（2件）

（出所）　Works News, 18-35, September 11, 1936より作成。

示し，苦情の処理は迅速になり，レイオフにおける先任権のウェイトが高まり，1934年4月には，2年前に廃止された制度に代わる新しい利潤分配制度が導入された」のである。同月には10％の一律賃上げも行われた。その後も1935年に入ると，週40時間労働制への復帰とともに，土曜出勤者の賃率の1.5倍化，11月には翌年1月からの年次有給休暇の復活が発表され，また，同月22日には実質的な先任権などを規定した，当時としては極めて高水準の労働条件の保証を含む，GEの基本的労務政策の宣言ともいうべき，*General Electric Policies Governing Wages, Hours and Working Conditions for Shop Employees*（GEQ-105）が発表された。重要なのは，これらの多くが，労働者評議会との協議を経て実現された，という形式をとっていたことである。GEの経営陣は，こうした一連の労働条件改善，福利厚生の復活・強化策を通して，従業員の労働者評議会と会社そのものに対する従業員の支持を強化することを狙っていたのである。1935年，36年の労働者評議会選挙の結果からは，この戦術が功を奏していたようにみえた（表5-4参照）。

スケネクタディ事業所に再生した労働組合は，1936年3月に結成されたUEに加入し，正式にUEローカル301となるが，依然として組織を拡大できず，伸び悩んでいた。スケネクタディ事業所における排他的交渉代表者を決めるNLRBの選挙が行われた1936年の5月頃でも，その組合員は650人程度であり，組織化可能な従業員の10％にも満たない組織率であった。[36]

圧倒的な少数派であったUEローカル301がまず選択したのは，それまでかかわりを避け，批判の対象としてきた労働者評議員選挙への参加戦術への転換であった。直前の参加決定にもかかわらず，組合は1936年5月の選挙で組合推薦候補29人中，20人を当選させ，得票総数の20％を獲得した。[37] ただし，当選した20人のうち14人は，以前に事業所評議員あるいは労働者評議員を経験したことのある従業員であり，20％という得票率が組合への組織的な支持の広さを示すものでは必ずしもなかった。[38] 組合は，依然として会社と労働者評議会に対してかなりの劣勢に立ったままだったのである。[39]

劣勢に立った組合が採った戦術は，当初，①成立したNLRAに照らして，労働者評議会の経営からの独立性，経営側の不当支配の有無の確認をNLRBに求めること，②組合の影響力の強い線材工場（第109工場）での労働者の自発的な賃金引上げ要求中心とした闘争を支援し，[40] 企業内に闘争の突破口を見出すこと，であった。[41]

結果からいえば，この2つとも，組合の影響力拡大に貢献しなかった。①に関しては，組合は，労働者評議会がその基本規程で，労働者評議員の活動時間に対して，各自の時間賃率相当の支払いをしていることを，評議会に対する会社支配として提訴し，実際に，1936年7月末から8月初めにかけて，NLRBの調査員が事業所を訪れ，会社側，労働者評議会側，組合側から事情を聴取した。[42] この調査の結果をNLRBがどのように判断したか，その結末を示す資料を見出せないが，その後も労働者評議会が通常通り活動を続けていることをみると，NLRBが特に明確な判断を下さなかったことも考えられる。

②の線材工場（第109工場）での争議については，紙幅の関係でその詳細に立ち入ることは避け，結果だけをみれば，組合の指令で，当時他産業で行われていた，座り込みスト（sit-down strike）まで実施しながら，敗北に終わり，

組合は多大なダメージを受け，結果として1936年の7月には，組合員は300人にまで減少してしまったといわれる[43]。ローカル301は，決定的な窮地に陥ったのである。

この窮地からの打開策とされたのが，1936年の夏前から組合が掲げた，時間あたり賃率（hourly wage rates）の一律10セント賃上げという要求であった。この賃上げ要求は，元々は，労働者評議会が1935年の春から会社に対して求めていながら，実現されていない懸案事項であった。戦術転換した組合が狙ったのは，この懸案を取り上げ，組合は独自に会社に対して一律10セントの賃上げを要求する。同時に，労働者評議員に選出された組合員は，労働者評議会が同じく一律10セント賃上げを再度会社に求めるよう内部で活発に活動する，という二重要求運動とでも呼ぶべき戦術であった。会社は，要求を呑めば，組合の求めに応じたことになり，拒否を続ければ，労働者評議会の立場を弱くすることになる，という巧妙な作戦であった。組合は併せて，労働者評議会の交渉力の弱さをアピールする広報活動を活発に展開した[44]。

経営側は，こうした戦術に対して，正面からの賃上げの可能性を留保しつつ，1936年8月28日に1920年代に確立されていたが大不況で実質を失っていた「コミュニティ賃金（Community Wage）政策」（事業所が所在する地域の他の企業の賃率と同一かそれ以上の賃率を支払う）を堅持することを表明し[45]，次いで，10月5日には，第2次世界大戦後にアメリカ製造業で広く採用されるようになる賃金の「生計費調整」を先駆的に実施することで，これに対抗した[46]。

一切は，経営側に利があるようにみえた。1936年9月30日に組合側が乾坤一擲の思いで，NLRBに交渉代表権選挙実施の申し立てをした時点で，組合側の勝利を予想したものはなかった。会社側も，それまでのリベラルな態度を一貫して，さらに組合との力関係を見越して，最終的にNLRBの選挙実施を受け入れ，その結果に無条件で従うことを表明した。

1936年12月に行われた交渉代表選出の選挙は，ロール301が5,111票，労働者評議会が4,033票という，「誰もが驚く」結果となった。GEは間を置かずこの結果を受け入れ，ここに，22年にわたるスケネクタディ事業所のERPによる労使関係が終焉を迎えたのである[47]。

第7節　労働者評議会解体の原因

　スケネクタディ事業所の労働者評議会は，たとえかなりの組織的な変更を加えたとしても，早晩解散せざるを得なかったことは間違いない。UEローカル301という，NLRAによって正当化された対抗組織（事業所内労働組合組織）が存在したため，デュポンやAT&T，NJスタンダードなどのようにERPが独立組合（independent union）に転化して存続する道が極めて狭められていたからである。その後のNLRA合憲判決とNLRBのERPに対する極めて厳格な取り扱いを考えれば，労働者評議会の運命はすでに定まっていたともいえよう。しかし，1936年12月の時点では，未だその未来には異なる可能性が残されていたかにみえたのである。この可能性を突然遮断したのがNLRBの選挙であった。この結果をどのように理解すればよいであろうか。

　これまで検討してきた資料の限りでは，この問題に対する的確な答えを見出すことは困難である。残された記録からみれば，スケネクタディ事業所の労働者評議会は，極めて活発に活動し，労働条件に関して職場で発生する問題の解決に精力的に取り組んできた。見方によれば今日の日本の製造業大企業の企業別組合的な働き方は，十分にしてきたといっても過言ではないであろう。それでは，何が，極めて弱い組合が，大方の予想を覆して，NLRBによる排他的交渉代表選挙で勝利することを可能にしたのであろうか。

　まず考えられるのは，1936年11月にローズヴェルト大統領（Franklin D. Roosevelt）が再選され，政権の推進してきたニューディール政策への国民の支持が確固たるものになったという，NLRB選挙の直前に起きたマクロ政治的な出来事である。この点はシャッツも強調している論点である。[48] プロレイバーの旗幟を鮮明にしたローズヴェルトの再選が，スケネクタディ事業所の労働者にどのようなインパクトをもったのか，それが彼らの，極めて弱体な組合に対する支持の急速な拡大にどの程度影響したのか，残念ながらこれらを資料によって確かめることはできない。しかし，このような外部的な大きな政治的，社会的な変動が事業所の労働者の心理に与えた影響（労働者評議会への失望という

よりも，ローズヴェルトが支持する「労働組合」という理念へのシンパシーの急速な広がり）を考慮しないと，36年12月の組合の劇的な勝利を説明することは難しい。

おそらく，会社側の対応も，労働者評議会のあっけない幕切れのもう1つの重要な要因であろう。GE経営陣は，労働者評議会が機能している間も，事業所内で活動するローカル301に対して，他のいくつかの企業でみられたような抑圧的な対応をほとんどしていない。また，組合の要求に基づくNLRBの交渉代表選挙の実施にもそれほど抵抗なく応じた。こうした，いわば「あっさりした」対応は，社長スウォープの個人的な労使関係観とその下で育成されたスケネクタディ事業所の管理者たちの姿勢が強く影響しているかもしれない。

スウォープは当時の経営者としては例外的に，AFL会長ゴンパーズ（Samuel Gompers）の葬儀に，GE会長であったヤング（Owen D. Young）とともに出席し，また，後日ゴンパーズの後継者であるグリーン（William Green）に対しては，電機産業における産業別組合の組織化を直接提起し（クラフト・ユニオニストであるグリーンは当然これを受け入れなかった），あるいはGEとUEの最初の全国協約交渉が難航すると，初代全国委員長であるケアリー（James B. Carey）と，経営陣の反対を押し切って，個別に接触し，膠着状態の打開を図るなどなど，といった行動にも現れている。[49]

スウォープは，GEの福利厚生政策を展開する際も，上からの恩恵の付与という形をよしとせず，何らかの形での従業員の寄与や参加を求めた。従業員の主体的な関与を重視したのである（これを「参加型パターナリズム」と呼ぶこともできる）。スケネクタディ事業所での労使関係の展開に関して，彼自身が実際にどれほどの政策的な関与をしていたのか，その全貌は不明である。しかし，様々な資料は，彼が従業員問題に並々ならぬ関心を抱き続けたことを示していることからすれば，スウォープ自身の，従業員の主体的な選択を妨げない，という考え方が，極めて控えめな労働組合への介入，適度の労働者評議会へのサポート，NLRB選挙とその結果の摩擦なき受容へとつながっていたと考えて，無理はないであろう。[50]

だが，こうしたマクロ的な政治状況の変化や経営陣の寛容な態度が重要な意

味をもったとしても，それだけであれほどの活力をもち，組合のコアメンバーも認めざるを得ないほどの支持を従業員から集めていた労働者評議会が一瞬のうちに終末を迎えた要因を検討する際には，やはりその内的な組織的問題にも言及すべきであろう。

先に，労働者評議会の活動は，現代日本の企業別組合にも匹敵する水準だと述べた。NIRAによる事業所評議会から労働者評議会への再編成は，スケネクタディ事業所の従業員代表制の性格をより「交渉的」，「労働組合的」なものとした。そして，ライバル組織である事業所内労働組合UEローカル301の活動は，労働者評議会の活動をさらに「交渉的」，「労働組合的」なものとした。実は，ここにあっけない幕切れの鍵があるかもしれない。

スケネクタディ事業所内の労働組組合であるUEローカル301は，UEの指導部などと連携しながら，極めて巧妙な戦術を採用し，組織的な弱さをカバーして労働者評議会の権威の弱体化に向けて精力的に取り組んだ。特に1936年春からの労働者評議会への参加戦術と二重要求戦術は組合員の多い職場などにはかなりの程度アピールしたがその範囲は限定されており，また，線材工場ストなどの戦術的な失敗も多く，組合の政策と運動が事業所内全体にわたる組織勢力の拡大という点で顕著な成功をもたらすことはなかった。しかし，この「真の組合 (bona fide union)」が事業所内に存在したことは，労使合同協議体としての労働者評議会の活動に目に見えぬ影響を与えていたのではないだろうか。

ERPは一般に，①基本的労働条件の集団的決定機能，②職場での苦情処理機能，③従業員の参加・コミットメント促進機能，④労使コミュニケーション改善機能，という4つの主要な機能をもつと考えられるが，このうち，①，②の機能（特に①の機能）については，企業から独立した組織としての労働組合，特に企業横断的に組織された職能別組合や産業別組合には及ばない。③，④の面では，労働組合にはない役割を果たしうるが，これらの機能は，①および②の機能と時として強いトレードオフの関係を形成する。

労働者評議会は，ローカル301の参加戦術と二重要求戦術の中で，より「交渉的」，「組合的」役割を強調せざるを得なかったが，不況から回復しきってい

なかった経済環境の中では，その面での達成には大きな制約があった。それでもなお，労働者評議会が，より「交渉的」，「組合的」になることは，参加やコミュニケーションという機能を後景に押しやりながら，同時に得意としない①や②の機能で「真の組合」との力比べを強いられるという，極めて困難な状況に追いやられることになった。こうした状況は，労働者評議会支持層の縁辺部分にとっては，極めて中途半端な組織，頼りがいのない組織と写ったのかもしれない。それが，1936年12月の選挙における約1,000票の差となって現れたと考えられないだろうか。

<資料>
本章で用いた主な未公刊資料は以下の通りである。
① The Downs Collection : Schenectady Museum Archive 所蔵：1922年からGEの社長をつとめた，Gerard Swopeの個人文書などを収集した文書ファイル。[DC FF] と略記。
② Archives of Organizational Files (AOF) Ⅰ～Ⅴ : Keel Center, New York State School of Industrial and Labor Relations, Cornell University 所蔵の企業文書関係ファイル。[AOF] と略記。
③ The United Electrical Workers Archives : Hillman Library, University of Pittsburgh；電機労連（UE）関連の文書ファイル。[UEA FF] と略記。

<定期刊行物>
Schenectady Works News：スケネクタディ事業所で1917年から定期的に発行されていた従業員向けの刊行物。刊行の間隔や体裁は何度も変更されるが，大不況期の1931～32年の2年間を除いて，継続して発行されていた。本研究では，New York State School of Industrial and Labor Relations, Cornell University の図書館所蔵のもの，および，State University of New York, Albany 所蔵のものを利用した。

注
（1） 以上の詳細については，関口定一「GEスケネクタディにおける事業所評議会の形成──参加・コミュニケーション型従業員代表制の成立過程」平尾武久・伊藤健市・関口定一・森川章編著『アメリカ大企業と労働者──1920年代労務管理史研究』（北海道大学図書刊行会，1998年，所収）を参照のこと。
（2） Finn Theodore Malm, *Local 201, UE-CIO : A Case Study of a Local Union*, Ph.D. dissertation, Massachusetts Institute of Technology, 1946, p. 440.
（3） 1934年7月5日開催の労働者評議会における経営側の報告（*Schenectady Works News*, 16-12, 7/13, 1934）。
（4） 1934年11月1日開催の労働者評議会の経営側報告（*Works News*, 16-20, 11/9, 1934）。
（5） 1935年10月3日開催の労働者評議会における事業所長スパイサー（E. D. Spicer）の報告（Workers Council Meeting Minutes of 10/3 [UEA D3 FF208]）。

第5章　GE における従業員代表制の再編と廃棄

(6)　F. T. Malm, *op.cit.*, p. 452.
(7)　Ronald Schatz, *The Electrical Workers: A History of Labor at General Electric and Westinghouse, 1923-60*, University of Illinois Press, 1983, p. 61.
(8)　F. T. Malm, *op.cit.*, p. 452.
(9)　極めて小さな組織ではあるが，steamfitter と patternmaker のクラフトユニオンは，1920年代もスケネクタディ事業所において組織を維持し続けたと思われる（Letter from C. E. Eveleth to Swope, June 6, 1923 [DC FF113.2 #1]）。
(10)　R. Schatz, *op. cit.*, p. 83 ; Henri Antonelli and Helen Quirini, *The Story of Local 301 : Reflections*, (Helen Quirini), 1987, p. 9.
(11)　R. Schatz, *op.cit.*, pp. 67-68 and 83 ; H. Antonelli and H. Quirini, *op.cit.*, p. 10.
(12)　この後，組合組織がどのように展開したかについては，諸説がある。ダーバー（Milton Derber）は「NRA が組合を電機産業従業員組合（Electrical Industry Employees' Union）として公然化するチャンスとなった。組合の指導者は，事業所の管理側と会談したが，苦情はほとんど解決されず，大きな前進はなかった」としている（Milton Derber, "Electrical Products : Local Survey of Four Leading Companies" in Harry A. Millis, ed., *How Collective Bargaining Works*, reprinted New York, Arno, 1971, originally published 1942, p. 750.）。マトレスとヒギンス（James J. Matles and James Higgins）は，「1935 年に，金属関連組合連合（Federation of Metal and Allied Union）が結成されると，スケネクタディの GE の電気工のローカル組合（electrical worker's local）は方針を変え，スウォープによる転換［労働者評議会への転換か—注，関口］に対応することにした。そのメンバーは労働者評議会の内部で活動する戦術—これは UE ローカル 301 に引き継がれる—をとることにしたのである」と述べている（J. J. Matles and J. Higgins, *Them and US : Struggles of a Rank-And-File Union*, Prentice-Hall, 1974, p. 63.）。
(13)　William Turnbull, "Report of District #3 at the National Convention of the United Electrical & RadioWorkers of America," in Proceedings of the 2nd Annual Convention (1937) [American labor unions' constitutions and proceedings, 1836-1974, Microfilming Corporation of America, Glen Rock, N. J., 1975].
(14)　他の SCC 参加企業もこの時期に従業員代表制の改組もしくは未適用事業所・工場への導入を開始している。この素早い対応は，多くの経営者たちが NIRA，特にその第 7 条 a 項をどう理解し，対応するか決めかねていたのと対照的である。National Industrial Conference Board, *Individual and Collective Bargaining under the N. I. R. A. : A Statistical Study of Present Practice*, November 1933, pp. 7-9.
(15)　Letter from W. R. Burrows to Gerard Swope, Jun 20, 1933 [DC, FF113.7].
(16)　Letter from B. L. Delack to W. S. Clark, June 26, 1933 [DC, FF113.4 #3].
(17)　*Works News*, 16-2, February 23, 1934, 16-6 (April 13, 1934).
(18)　Letter from Swope to Rolland J. Hamilton, June 30, 1933 [DC, FF113.5, #2].
(19)　Letter from Burrows to Swope, September 1, 1933 [DC, FF113.4 #3].
(20)　Letter to Leo Jandreau, July 30, 1936 [UEA D3 FF 159].
(21)　ただし事業所評議会でも，実質的には個別的な利害調整が行われていた。この点については，関口「GE スケネクタディにおける事業所評議会の形成」の 212～216 ページに詳しい。
(22)　同上，212 ページ。

(23) 調停の段階については表5-3の注4）を参照。
(24) 後述のように，この最後の点は，NIRA第7条a項にある，「従業員は，使用者によるいかなる介入，制限，強制を受けずに……」という但し書きとの関係で，後に労働組合らから強く批判され，NLRBの調査からも調査を受けることとなるのである。
(25) 選挙区の数は，1935年選挙で97，1936年選挙では92であった（*Works News*, 17-9, May 24, 1935 ; 18-22, May 19, 1936）。
(26) 予備選挙では，自由投票により，多数得票者の上から，各選挙区の労働者評議員定数の2倍（定数1なら2名）が本選挙の候補として選ばれ，本選挙はこの候補に対する投票が行われた（*The Workers Council* (GEQ-85) [AOF・V—11]）。
(27) 「基本規程と細則」には委員の選出方法の規定はないが，1936年の評議員選挙後の最初の評議会の記録によれば，選出は，労働者評議員を，10から15の選挙区を束ねた5つの地区に区分し，地区ごとの評議員の投票によって行われていたことがわかる（*Works News*, 18-24, June 12, 1936）。
(28) マトレスとヒギンスは，労働者評議会の選挙に批判的な立場から「管理者と監督者たちは選挙を厳重に監視していた」と述べているが，その根拠は示されていない（Matles and Higgins, *op. cit.*, 63）。
(29) 労働者評議会の選挙は，1934年以後，全体として70～80％以上の投票率を維持したが，職場や職種によってかなり大きな得票率のばらつきがあったと思われる。労働者評議会になって以後の3回の選挙についてのデータは入手できなかったが，手元にある，事業所評議会の最後の選挙となった1933年5月のデータによれば，全体の平均は76％を超え，87の選挙区のうち，投票率が5割未満の選挙区が9，最も投票率の低かった選挙区では，73人の有権者中8人しか投票しなかった（投票率9.6％）のである。このバラつきの大きさの原因は何か，そして，この傾向はそれ以後も続いたのかどうかは確認できなかった（Workers Council Election 5-18-34 Distribution Ballot Cast [DC FF123.5 #2]）。
(30) シャッツは，この85％を超える投票率の高さにより，ERPを馬鹿にし，選挙をボイコットしてきた組合の戦術の失敗が露わになったと指摘している（R. Schatz, *op. cit.*, p. 68.）。
(31) 製造担当副社長との会見の議題は，時給10セントの一律賃上げ（1935年5月，1936年9月），12時以後の深夜シフトの時給5セント賃上げ（1936年10月）などであった（Executive Committee Report for May 2nd, 1935 [UEA FF 207] ; *Works News*, 18-35, September 11 ; October 1st 18-39.）。
(32) 事業所評議会，労働者評議会への従業員の支持の高さは，選出された評議員が多くの場合ベテランの労働者であり，熟練工も多く，職場で個人的な信望を得ていたことも大きな要因であったと思われる。ちなみに，最初の労働者評議員の選挙となった1934年5月に選出された77人の評議員のプロフィールは次のようなものであった。長期勤続で，何回かの評議員の経験のある労働者が中心であったことがわかる。

平均年齢	平均勤続年数	平均入職年齢	評議員選出回数
44.8歳	17.3年	27.5歳	3.7回

また，この中には，機械工（machinist）9人，工具・治具工（tool and die makerなど）4人，鋳造工（molder）2人のほか，大工（carpenter），金型工（patternmaker）など，かなりの数の熟練工が含まれていた [DC FF 113.5 #2]。

(33) M. Derber, *op. cit.*, p. 750. ダーバーはこの状態を「統制された発言権の復活（"controlled reassertion"）」と名づけている。
(34) M. Derber, *op. cit.*, pp. 750-751.
(35) *Works News*, 17-22, December 9, 1935；17-24, December 20, 1935；R. Schatz, *op. cit.*, pp. 151, 158. また，GEQ-105 として知られるこの労務政策の宣言については，関口定一「ジェネラル・エレクトリック社における先任権の形成——労働組合的慣行の経営的起源」『企業研究（中央大学企業研究所）』5，2004 年がその意義について論及している。
(36) William Turnbull, *op. cit.*. シャッツは，1936 年 4 月の組合員数を 300 人としている（R. Schatz, *op. cit.*, p. 68)。
(37) シャッツは，ローカル 301 が労働者評議員の定数の半分を獲得したとしているが，これは過大な評価である（R. Schatz, *op. cit.*, p. 69.)。もし，この段階で，組合が評議会の半数を占めていたとすれば，この後の事態はかなり違ったものになったであろう。また，この選挙では従業員の投票率が前年に比べさらに高まって 9 割近くなったが，これには組合の参入戦術への転換の結果でもあった。こうした高い投票率＝従業員の支持という現象は，後に NLRB が労働者評議会の独立性の確認のために調査員を派遣した際に，調査員の判断に影響を与えたかもしれない。
(38) 1936 年末のローカル 301 の資料が示しているのは，組合の中心メンバーがいる工場（ボイラー工場，線材工場など）に三桁の組合員がいる反面，組合員が一人もいない事業所内建屋（ほぼ工場に相当）が 33 もあったという，組合組織の偏在である［UEA D3 FF208]。
(39) Executive Board, United Electrical & Radio Workers of America, *Local 301*, 'Workers' Council Election (company union), May 21-22, 1936 [UEA D3 FF208].
　ローカル 301 の候補者の過去の評議員経験については，1924 年から 31 年および 1934 年から 35 年の *Works News* に掲載された評議員選挙結果に記載された従業員氏名から判断した。氏名綴りの誤記・誤植などもあり，多少の誤差があるかもしれない。
(40) スケネクタディ事業所の第 109 工場の労働者たちが要求したのは，以下のような点であった（Letter from Leo Jandreau to Julius Emspak, April 24, 1936, Re : grievances, wages, safty, speedup, women[UEA D3 FF160]）。
(1)伸線加工機（Heavy Wire Drawing Machines）担当者の賃率の 5 セント引き上げ，(2)終業前に体を洗う時間を許容する，(3)機械運転工の仕事配置の改善，(4)女性の出来高賃金の改善，(5)電機トラック運転手の賃金改善，(6)線材加工工の損失時間の補填。
(41) これ以前の 1935 年 2 月 27 日に，NIRA の産業コードの実施に関連して，連邦議会下院の労働委員会（Committee of Labor）に，リン事業所の組合代表スミス（G. E. Smith）とともにスケネクタディ事業所の組合を代表して，ターンブルが招請され，組合の産業コード策定への関与などについて証言している。
　会社側は，この証言にかなり神経質になったようだが，スケネクタディ事業所の労使関係に直接的な影響は与えなかったようである（DC FF113.2 #2 所収のスウォープを中心としたやりとり，および下院労働委員会での証言の記録を参照)。
(42) Letter from unknown to Leo Jandreau, July 30, 1936 [UEA D3 FF 159]；Letter from Julius Emspak to Sal Vottis, August 4, 1936 [UEA D3 FF179] 他。
(43) R. Schatz, *op. cit.*, pp. 69-70.
(44) William Turnbull, *op. cit.*；Schatz, *op. cit.*, pp. 68-69；Matles ans Higgins, *op. cit.*, pp. 64-68.

(45) *Works News*, 18-33, August 28, 1936.
(46) *Works News*, 18-40, October 9, 1936.
(47) *Works News*, 18-49, December 18, 1936.
(48) R. Schatz, *op.cit.*, pp. 71-72.
(49) David Goldsmith Loth, *Swope of G. E. : The Story of Gerard Swope and General Electric in American Business*, Simon and Schuster, 1958, pp. 168-172 and pp. 256-260.
(50) R. Schatz, *op.cit.*, pp. 170-171.

(関口定一)

第6章

USスティールにおける従業員代表制の展開

第1節　従業員代表制導入の背景と経緯

(1) アメリカ鉄鋼業における従業員代表制の普及

　アメリカにおける従業員代表制（ERP）の推移を辿ると，第1次世界大戦期に最初の波が押し寄せた後，ニューディール期に至り爆発的ともいえる普及振りを示した。特に1933～35年の状況にはすさまじいものがあった。すなわち，この時期に合計約21万3,500名の従業員を擁する320の事業所でERPが導入されたが，これは1900年以降に設立されたERPを有する事業所数の65％，従業員総数の56％を占め，他のどの時期をも圧倒する数値だったのである（表1-1）。

　鉄鋼業においてもこれとまったく同じような趨勢がみられた。ドーハティ（Carroll R. Daugherty）らによると，1932年時点で鉄鋼企業に公式に導入され，機能していたERPはわずか7つにすぎず，他に従業員安全委員会（employee safety committee）ないし従業員相互共済組合（employee mutual and relief association）などを通じて苦情などを処理するための非公式の調停機関を有していた企業が10社存在していた。ところが，34年末にERPはこれら公式・非公式のものを含め，計93社にも達していた。この93社の導入時期をいま少し細かく区分すると，表6-1に示されているように，33年6～7月の2ヶ月だけで実に40社もの多くを数えたのである。

　この時期にERPの導入が集中したのは，33年6月にローズヴェルト大統領（Franklin D. Roosevelt）の下で制定されたNIRA，なかでも同法第7条a項の規定によるところが大きかった。周知のように，NIRA第7条a項は従業員の

表6-1　鉄鋼企業におけるERPの設立（時期別）―1934年1月時点―

年月	会社数	年月	会社数	年月	会社数
1933.5まで	7	1933.8	6	1933.11	4
1933.6	28	1933.9	3	1933.12	2
1933.7	12	1933.10	4	1934.1	1

（出所）Carroll. R. Daugherty, Melvin G. Chazeau and Samuel S. Stratton, *The Economics of the Iron and Steel Industry*, McGraw-Hill, 1937, p. 1008.

団結権および団体交渉権を法的に承認するとともに，最低賃金率や労働時間を含む雇用条件に関する諸規定を備えたものであった（第1章を参照のこと）。

この規定に基づいて鉄鋼業にあっても規約が作成され，33年8月19日に大統領の承認を受け，発効することになった。この鉄鋼規約（Steel Code）にはNIRA第7条a項に対応した諸規定が盛り込まれていたが，上記の従業員の団結権および団体交渉権に関しては，「従業員は，使用者の干渉，抑制，強制を受けずに，団体交渉や相互扶助のための代表者を組織し，選任する自由を保障される。また，使用者が労働者と反組合的な契約（＝黄犬契約）を結ぶことは禁止される」という内容になっていた[4]。

ところで，この鉄鋼コードの最初の草案は33年7月6日に作成され，印刷に付されたが，それは既存の労働組合など労働界がまったく参加せずに，全国復興局（NRA）とアメリカ鉄鋼協会（AISI）の両者が協議を重ねつつ練り上げられたものであり，特に鉄鋼企業の業界団体であるAISIの意向を色濃く反映する内容になっていたという点で注目される[5]。すなわち，この草案では「苦情の解決や団体交渉を行う機関としては，外部の組合（＝労働組合）よりERPの方が優れている」という文言が明記されており[6]，団体交渉の機関として労働組合ではなく，ERPを念頭に置いていたことが示されている。この文言は，7月31日の公聴会を経て最終的に削除されることになったが[7]，この時期のAISI，したがってその構成メンバーである鉄鋼企業の認識を端的に示すものであったといえよう。そしてこのような認識の上に立って，未だ規約が大統領の承認を受けていなかった6～7月において多くの鉄鋼企業が足並みを揃えるようにERPを導入したのではないかと考えられるのである。

（2）従業員代表制の導入

　USスティール（USS）にあっても，33年6月にERPの原案を従業員に提示した。この原案の作成にAISIが直接関与したという「決定的な証拠はない」とされている。とはいえ，原案が提示された時期あるいは後にみるような翌34年2月の規定の「修正」といった動きは他の多くの鉄鋼企業と軌を一にするものであり，これらの点でAISIの影響を少なからず受けつつ，USSのERPが導入されたことが窺えるのである。

　また，USSのERPが作成される以前に，すでにいくつかの有力企業においてERPが導入されていたこと，これらの企業において一定程度蓄積された経験が何らかの形でUSSのERPに反映したのではないかということも推測される。こうした点で注目されるものとして，例えばSCCを挙げることができる。SCCは，1919年にベスレヘム・スティール，デュポン，ハーヴェスター，GE，GM，グッドイヤー，NJスタンダードなど9企業によって設立され，「労使関係上の問題を第一義的に扱う」こと，それに関する「ノウハウの交換と蓄積」を行うことを主な活動内容にしていたインフォーマルな組織だったが，参加企業の多くはERPを採用し，長年にわたる経験を有していた。

　USSがERPを作成・提示した33年時点ではこの組織との直接の関係を示すものは見当たらないが，例えばGM副社長の立場でこの組織にかかわっていたステッティニウス（Edward R. Stettinius, Jr.）が34年にUSSの財務委員会議長に招かれていること，また，最初はハーヴェスターの労使関係部長として，後に「個人的な立場」でSCCのメンバーに名を連ねていたヤング（Arther H. Young）も34年にUSSの労務担当副社長に就任したこと，USS自身も同年にSCCに参加したこと，さらに，同社ERPの内容がベスレヘム・スティールのそれと極めて類似していたことなど，USSとSCCとの関係は浅からぬものがあり，少なくとも何らかの影響を受けていたことは明らかであろう。

　こうして，USSのERPは決して同社独自のものではなく，当時の有力企業における経営側の意向を何らかの形で反映し，これを踏襲するものであったと推し量ることができる。このような背景の中で作成・提示されたUSSのERPはどのような内容をもち，いかなる特徴を有していたのであろうか。次節でや

や立ち入ってみることにしよう。

第2節　従業員代表制の内容と特徴

(1) 主な内容

　1933年6月6日，USSは子会社のH・C・フリック・コークス社（H.C. Frick Coke Co.）にERPを導入し，9日に担当役員を指名した。また，カーネギー・スティール社（Carnegie Steel Co.）に対しても，20日に担当役員をノミネートし，23日に従業員側代表の選出を行うことを決定し，引き続き他の子会社にもERPを導入する予定をもっていることを公表した。こうして，USSでは子会社ごとにERPが導入され，その内容も各子会社の実情に応じて若干異なっていたものの，全子会社に適用されうる共通のものを多く含んでいた。以下では，カーネギー・スティール社の従業員に提示されたERPについて主な内容を示してみることにしよう。[13]

　まずERPの目的として，「労働条件について従業員が意見を述べることができるような，また労使関係に直接関わる諸問題について経営側と従業員側とがより効果的にコミュニケーションをとり，触れ合うことができるような手段を提供する」ことが冒頭に謳われていた。

　そして，いわば本文にあたる部分がこれに続いているが，それは全部で12条から構成され，それぞれに詳細な規定が盛り込まれていた。すなわち，I「従業員代表制」，II「従業員側代表の任期」，III「従業員側代表と投票者の資格」，IV「従業員側代表の指名と選挙」，V「経営側代表」，VI「委員会」，VII「委員会の開催」，VIII「年次大会」，IX「調停の手続き」，X「従業員側代表の自主性」，XI「修正」，XII「廃止」の12条で，これらに付された細かな規定は合計して54項目に上っていたのである。

　まず従業員側代表の選出単位について，小規模な工場では100名につき1名の，また大規模工場では300名につき1名の従業員側代表が選出されること，従業員側代表の数は最小5名，最大で30名を基本とする旨規定されていた（第I条第1項——以下，I-1のように略記する）。具体的には，工場の部門

(department) ごとに，あるいは仕事の都合上さらに細分化されている小部門 (subdivision) を基本的な選出単位とするが，事情に応じ調整が行われることもありうること，この調整は後述の規則委員会 (Committee on Rule) の勧告に従って行われることとされていた (Ⅰ-2，3)。

従業員側代表の任期は1年間とされ，再選も認められていた (Ⅱ-1)。また，投票者の3分の2の署名入り罷免要望書が規則委員会に提出されたり，会社との雇用関係が消滅した場合，当該代表はその職を辞さなければならないことになっていた (Ⅱ-2，3)。

従業員側代表となるには，1年間会社に雇用されていること，21歳以上であること，アメリカ市民であることが資格とされたが，人種・性別・信仰による，あるいは合法的な団体・同好会・組合その他の組織に所属していることを理由にした差別は行われないことが明記されていた (Ⅲ-1，4)。他方，代表選挙に投票する者も従業員名簿に登録されていること，次にみる代表指名が行われる前に少なくとも60日間は会社に勤務していることが求められた (Ⅲ-2)。

ところで，すべての従業員側代表は毎年1回行われる指名と選挙を経て選出されることになっていた (Ⅳ-1，3)。最初の指名投票では，各投票者は所定の代表数の倍の数の名前か番号を指定された投票用紙に記入することとし，投票の結果，代表数の3倍に相当する上位得票者が翌週に実施される選挙の候補者としてノミネートされる定めになっていた (Ⅳ-2，6，7，11)。選挙では，候補者の氏名が印刷された用紙を規則委員会から受け取り，意中の候補者にチェックを入れる形で投票が行われ，最高得票者が従業員側代表に選任されるが，得票数が同数の場合，勤続年数の長い者の選択に委ねることになっていた (Ⅳ-12，14，16)。そして，以上の指名および選挙に関して問題が起こった場合，規則委員会の裁定に委ねるとされた (Ⅳ-17)。

他方，経営側代表 (management representative) は会社によって指名され，従業員側代表と継続的に連絡するが，彼らとの折衝に際しては経営側を代表する立場にあった。そして，従業員側代表から何らかの要請があった場合には迅速に対応することも求められていた (Ⅴ-1)。しかし，雇用や停職あるいは正

当な理由による解雇や配置転換などを含め,工場の運営と労働者に対する指揮権はあくまでも経営側に属するものであることも定められていた(V-2)。

次に,ERP を機能させる上で重要と考えられる委員会制度であるが,それは基本的には規則委員会と合同委員会(Joint Committee)とから成っていた。まず規則委員会は従業員側代表によって構成され,諸規定,財源,安全と事故防止,節約と無駄の防止,賃金・賃率,労働時間・労働条件,住宅や生活条件,保健・衛生,教育・出版,運動・レクリエーション,雇用の継続と産業の状況といった諸問題を取り扱う機関として位置づけられていた(Ⅵ-1)。また,規則委員会で取り扱われない問題は全体委員会(General Committee)において検討されることになっていた(Ⅵ-2)。これらの各委員会は5名の委員によって構成され,それぞれ議長と書記長を置くことになっていた(Ⅵ-3)。合同委員会は従業員側代表と会社側によって指名された経営側代表によって構成されるが,経営側代表者数は従業員側代表者数と同じかこれを超えないこと,また苦情処理の手続きは規則委員会と共同して調整する旨定められていた(Ⅵ-5,6)。

委員会は毎月1回もたれ,隔月に合同委員会として開催されることになっていた(Ⅶ-1,2)。これらの委員会は通常15~17時の間に行われるが,この他に従業員側代表の中から選ばれた規則委員会議長と経営側代表の両者が必要と認めた場合,特別会議(special meeting)が開かれること,この会議に出席した従業員側代表に対しては,その時間の平均収入に相当する金額が会社から支給されることになっていた(Ⅶ-3,4,5)。また,委員会で検討または報告される問題については,経営側代表を通じて経営陣に照会することができた(Ⅶ-8)。さらに,年次大会(annual conference)にはすべての従業員側代表と経営側代表が出席するが,大会の日程・会場および議事手続きは規則委員会によって決定され,責任を負うことになっていた(Ⅷ)。

ところで,従業員がフォアマンと調整できなかった問題について調停を希望する場合,この従業員は直接または書面により従業員側代表を通じてこの問題を取り上げてもらうことができた。調停は,最初に関係するフォアマンと,次いで経営側代表と,最後に経営陣という順序で行われ,それでも不調に終わっ

た時には，従業員は従業員側代表を通じ，また経営陣は経営側代表を通じ，両代表合同の全体委員会に訴追の処理が委ねられること，さらに同委員会でも解決できなかった場合，会社社長に委ねられることになっていた（Ⅸ-1，2，3）。

以上のように，従業員側代表に課せられた義務は多様かつ重要であるが，これらを自主的に履行するための従業員側代表の自由が了解・同意されており，また代表として取った行動のために彼と会社との関係に影響が及ぶことがないように保証されていた。さらに，従業員側代表は自分に対する個人的差別を問題として取り上げ，最終的には労働省または労働長官に訴える権利を有していた（Ⅹ）。

各条項の修正は，従業員側代表と経営側代表との合同の規則委員会における3分の2の，あるいは年次大会における多数の投票によって行われる（Ⅺ）。

最後に，この制度はNIRAの期間中存続するが，それ以後は3ヶ月前の通告に基づき，経営側もしくは正当に選出された従業員側代表の多数によって廃止される（Ⅻ）。

やや長くなったが，USSカーネギー・スティール社におけるERPの主な内容について順を追ってみてきた。そして，ここから我々はいくつかの特徴・問題点を検出することができるであろう。項を改め，みることにしよう。

（2）主な特徴

第1に，当然のこととはいえ，従業員側代表が極めて重要な位置を与えられていることであろう。従業員側代表は，例えば規則委員会を通じて労使間の様々な問題にかかわったり，時には従業員の苦情や要望を取り上げて会社側と協議するという両者のクッション役あるいはパイプ役として位置づけられている。したがって，会社側にとって従業員側代表に選出される資格およびその選出の方法は慎重に規定されるべきものであった。その資格に関し人種・性・信仰・所属団体などによる差別は行われず，また代表が自主的に義務を果たすための自由は保証されているとしながらも，代表につく前の少なくとも1年間はUSSの従業員であること，21歳以上のアメリカ市民であること，解雇された

り退職した者はその職を解かれることといった厳しい条件が付されていたことは，従業員側代表の重要な役割に鑑みて採られた措置であったと考えられるのである。また選出方法について，指名投票を行った後に本選挙を実施するという2段構えの方式を採用し，いずれにおいても無記名投票で行っていたが，これによって実際の「従業員側代表の選出に際し，経営側による公然たる介入はほとんどなかったとはいえ，票をとりまとめる（get out the vote）という点で大きな圧力」があったといわれる[14]。

しかし，第2に，この従業員側代表の立場や役割は極めて限定的なものであったことにも併せて留意しておく必要があろう。それは，例えば従業員側代表の選出単位として彼が所属する工場やその一部門ないし小部門が基本とされていたこと，苦情などの調停に当たってもこの選出単位に属する従業員の問題のみを取り上げ，協議・調整するのにとどまっていたこと，さらに雇用・解雇・配置転換や工場の運営あるいは労働者に対する指揮権のような問題は経営側に属すると明記されていること，などに示されているように，全社的な立場で活動できるように位置づけられていなかったのである。つまり，従業員側代表に求められていた役回りは，基本的には，彼が所属する作業現場における作業の不合理性や危険性あるいは慣例的に設定されていた賃金の不平等性などを彼の身近な範囲（＝選出母体）に限って軽減・改善することだったのであり，かかる措置が会社全体の労務管理に直接影響を及ぼしたり，それと抵触することがないように限定されていたと考えられるのである[15]。

第3に，外部との関係が周到な形で遮断されていたことである。この点は上述の従業員側代表資格の条項にもみられるが，投票者資格も厳密に規定することによって一層強化されていた。すなわち，投票者は会社の従業員名簿に登録され，かつ従業員側代表の指名投票日の少なくとも60日前には会社に勤務していることが要件とされていたのである。その大きな狙いは，従業員側代表の選出に際して投票者の中に外部の者が侵入するのを阻止すること，より端的には労働組合勢力を基本的に排除し，社内の者のみによって構成・運営されるERPを目指すことにあったのである。

最後に，この制度が会社主導の下で設立・運営されていた点を挙げることが

できる。この点は例えば，制度の導入に際して会社側から従業員に一方的な形でその内容が提示されたこと，委員会は通常勤務時間内に行われ，出席した従業員側代表に対してはその時間の平均収入に相当する金額が会社から支給されていたこと[16]，などに端的に示されているように，会社の「庇護と統制下」に置かれていたのである[17]。この制度はあくまでも USS の労務管理の枠内で機能するような「１つの団交処理装置」として位置づけられており[18]，それゆえこの枠を逸脱することがないよう先手を打って導入し，また財政的な支援も行いつつその運営をコントロールしようとしたのである。

このように USS の ERP は，一見すると従業員側代表を中心にして円滑かつ協調的な労使関係を構築することを目指したものに映るが，その役割や活動の範囲は極めて限られたものであったし，外部との関係が断ち切られており，さらには会社の統制の範囲内に置かれた制度であったと考えられるのである。しかし，こうした会社側にとって好都合ともいえる規定のいくつかは翌 34 年 2 月に修正されることになった。活動的な従業員側代表の異議や NIRB，外部の組合，世論の圧力がその背景にあったといわれる[19]。以下，同じくカーネギー・スティール社における主な変更点をみてみることにしよう[20]。

第 3 節　従業員代表制の変容

（１）規定の修正

まず，従業員側代表の罷免後の選出に関し変更が加えられた。当初にあっては罷免後の選出規定はなく，通常の従業員側代表のそれと同様，指名投票で代表数の 3 倍の人数に絞られた後，翌週の選挙において最高得票者が選出されることになっていた（Ⅱ-2──以下同じ）。修正案では，罷免要望書が規則委員会にて承認された後 15～30 日以内に選挙が行われ，投票総数の 3 分の 2 を得票しなければ代表を選出できないとされた。これは，従業員側代表がむやみに罷免されたり，交代させられたりすることのないように採られた措置であり，従業員側代表の立場を強化することにつながるものであったと考えられる。

また，通常の指名投票の規定も修正された。もとの規定にあっては各投票者

が所定の代表者数の2倍の数の名前か番号を記入することになっていたのに対し（Ⅲ-7），修正案では所定の代表者数を超えない数しか記入できなくなり，指名投票で絞られる（ノミネートされる）人数も3倍（Ⅲ-11）から2倍へと削減された。指名投票の段階からより厳格な内容に変更することによって，従業員側代表が投票者の恣意で，あるいは一時の気まぐれで選出されるべきではないとの意思が込められていたのではないかと推測される。

そして，この投票者の資格に関しても，指名が行われる前の少なくとも60日間の勤務という規定（Ⅲ-2）が削除されたが，これによってより多くの者が代表の選出に関与できることになったことはいうまでもない。

また，委員会の開催についても，毎月1回定期的に開かれるもの以外の会議については，もとの規定では規則委員会議長と経営側代表との両者の承認が必要であったが（Ⅶ-4），修正案では規則委員会もしくは合同の規則委員会の決定によって開催することができるようになり，従業員側代表のみをメンバーとする規則委員会の意向が以前より強く反映されるようになった。

さらに，調停を申し出た従業員に対して差別が行われるべきではないという一項が新たに追加され，苦情や不満を申し立てる権利が少なくとも規則上は保証されることになった。[21]

（2）従業員側代表の連携

このような修正が施されたのと前後して，1934年末まで従業員側代表は全体として会社に対し働きかけを強め，多くの問題について善処を求めるようになった。同年に解決された案件の内訳は作業条件に関するものが40.7％，賃金問題が22.1％とされたが，例えば，同年4月には10％の賃上げが会社により容認されるなど，案件の70％以上は「労働者側に有利な」内容だったという。

しかしながら，こうして取り上げられ，解決された案件の大多数は「個人もしくは少数のグループ」を対象にしたものであり，また従業員側が経営側と対等の立場で交渉に臨み，何らかの協約を締結したものではなく，「ひたすら会社頼み」によって，すなわち専ら会社側の温情に依存することよって解決され

たものがほとんどを占めていたといわれ、経営側が認識していたような、ERPが真の団体交渉の機関として機能するには程遠い状況であった。[22]

この点は、ERPが有する特徴の1つと裏腹のものであり、もともと同制度の規定自体に伏在していたものでもあった。先に触れたように、従業員側と経営側の両者のパイプ役として重要な位置を与えられていた従業員側代表であったが、彼の役割が及ぶ範囲は、少なくとも規定上では、少人数のグループないし小規模な工場を単位とする彼の選出母体に限られていた。したがって、例えば問題がこうした選出母体を越えて処理される必要があった場合、従業員側代表が果たすことのできる役回りは極めて限定的なものにならざるを得なかったのである。

そして、こうしたERPの限界性に直面した上で、これを乗り越えようとする動きは従業員側代表の交流と連携という形になって具体化されることになったのである。その大きな契機になったのは、USSの子会社の1つカーネギー・スティール社での経験であった。1935年5月、同社傘下にあり、ピッツバーグに拠点を置いていたエドガー・トムソン工場（Edger Thomson Works）の従業員側代表は工場側に対し、10％の賃上げと有給休暇制度の導入を要求した。これに対しカーネギー・スティール社の役員は、要求された案件が当該工場や子会社のみならず、USS全体の政策に影響を及ぼすものであるため、「全社的なレベルで解決されるべきである」と、この要求を拒絶した。[23]会社側の拒絶は、従業員側代表に新たな行動を促すことになった。すなわち、彼らは各工場のERPを統合する動きに出たのである。各ERP内部の会社寄りの「保守派」との主導権争いや従業員側代表選挙を経た後、翌年1月末に、カーネギー・イリノイ・スティール社（Carnegie-Illinois Steel Co.）[24]傘下の9工場から80名を超える従業員側代表がピッツバーグに集結し、ピッツバーグ・ヤングスタウン地区のERPを統合するための会合をもったのである。[25]

他の地区でも同様の動きが広がっていた。例えばアメリカン・シート・ティンプレート社（American Sheet and Tin Plate Co.）では、35年の春から夏にかけて、薄板工場とブリキ工場の従業員側代表が連携を探ろうとする動きを活発化させ、彼らによる中央会議の開催を企図した。会社側の反対にもかかわらず、

同年9月にペンシルヴェニア州ニューキャッスルで会合が開かれ，15％の賃上げ，年金制度や有給休暇制度の改善，経営陣による一方的な解雇権の放棄，調停人の指名を会社側に要求した。これらの要求は拒否されたが，会合に出席していたヤング副社長を排除するなど[26]，従業員側代表のイニシアティブが明確に示されたという点で画期的なものであったといえよう。

また，シカゴ地区では一層ドラスティックな動きがみられた。35年9月に，パターソン（George A. Patterson）[27]指揮の下，同地区の従業員側代表が会合をもち，南シカゴ工場従業員会（Associated Employee of South Chicago Works）と称する独立組合を立ち上げることを決定し，11月には組織の設立と内規が採択されるとともに，1,300〜1,500名の会費が支払われたことが報告された[28]。翌年6月には会員数が3,000名に達するまでに増加したが，これは同工場の労働者総数の実に4分の1に相当する数であった[29]。

さらに，シカゴ近郊に立地していたゲイリー工場では，外部の労働組合との連携を深めるという全く新たな動きがみられた。すなわち，同工場の25名の従業員側代表のうち13名が集ってルビコン支部（Rubicon Lodge）を結成し，合同鉄鋼錫労働組合（AAIST）の一支部となったのである。36年1月のことであった[30]。AAISTはアメリカ鉄鋼業では最も長い歴史を有し，熟練労働者を中心的なメンバーとする最大規模の組合であったが[31]，同工場の従業員側代表がERP内部の連携を超え，外部の労働組合の一支部となった意義は極めて大きかった。というのも，前述のように，少なくとも規定上ではUSSのERPは外部の労働組合との関係を遮断するという狙いをもっていたが，ルビコン支部の結成はこれを打ち砕くことになったからである。

以上，USSにおけるERP内部の連携およびこれを超えた外部の労働組合との関係構築に向けてのいくつかの動きを概観してきたが，これらは，ブルクス（Robert R. Brooks）によると「全く自然発生的」なもので，「本質的に類似」のものであった[32]。そして，このような動きに拍車をかけ，USSのERPを崩壊へと導く上で決定的ともいえる役割を果たしたのが36年6月に設立された鉄鋼労働者組織委員会（SWOC）であった。

第4節　鉄鋼労働者組織委員会の戦略と従業員代表制の崩壊

(1) 鉄鋼労働者組織委員会の成立と従業員代表制への浸透

　1935年11月，労働者の組織化問題をめぐる対立のため，アメリカ労働運動において常に主導的な役割を担ってきたAFLと袂を分かち，新たにCIOが結成された。鉱山労働者連合（United Mine Workers：UMW）委員長ルイス（John L. Lewis）を中心に結成されたCIOは労働者の組織化に取り組んだが，最初のターゲットに選んだのが鉄鋼業であった。基幹産業である鉄鋼業が伝統的に「反組合の砦」であり，鉄鋼労働者の組織化の成否がCIOの以後の鍵を握っているという一般的な理由の他に，鉄鋼業を産業別に組織できた場合，当該産業に属する未組織の鉱山労働者も結集でき，ルイス率いるUMWにも資することができるといった個別的な事情も働いていたためであった。[33]

　CIOは組織化に要する資金50万ドルを提供することなどを条件に，鉄鋼業において最大の勢力を有していたAAISTと協定を締結し，SWOCの結成にこぎつけた。SWOC議長にはUMW副委員長で，「ルイスの忠実な副官」といわれたマレー（Philip Murrey）が指名された。[34]

　ところで，SWOCが鉄鋼業を組織化するにあたって設定した戦略はERPを内部からくり抜く（boring from within）というものであった。前項で概観したように，SWOC結成当時，USSのERPはすでに外部の労働組合と一定の関係をもつに至っていたが，未だ限られたものにすぎなかった。かかる状況を打開するべく，SWOCは，ERPが「当該産業において唯一実在する枢要な組織」であるとの認識の下に，ERP内部への本格的な浸透を図ろうとしたのである。[35] そのための具体的な方法は，①未解決になっている苦情の処理を迅速に行うよう会社側に圧力をかけ，処理が上首尾に運んだ場合SWOC支持派の従業員側代表の威信を高め，失敗したときはERPそのものの有効性に疑問をもたせるようにする，②ERP内部の各種委員会の正確にして逐語的な議事録を作成するよう求め，SWOCの宣伝材料に活用する，③ERP内部の委員会制度の拡大を要請し，SWOC支持派の勢力拡張を図る，④賃上げと労働時間の短縮要求

を常に行い，労働者の関心を引き寄せる，といった4点であった。みられるように，SWOCは既存のERPを活用しつつ，自らの存在意義をアピールするとともに，支持派を増やし，以って勢力拡張を図ろうとしたのである。

　これらの方法を通じて，ERP内部におけるSWOC支持派は徐々に増え，彼らと会社忠誠派との間で軋轢・対立が生じるようになった。例えば，先述の南シカゴ工場従業員連合が39年8月にSWOCに加盟したのをはじめ，ゲイリー工場の従業員側代表を通じて開催したカルメット協議会（Calumet Council）という名の会合に参加した同工場の73名の従業員側代表がやはりSWOCに加盟するなどの動きがみられた。他方では同じ頃，ピッツバーグ・ヤングスタウン地区の従業員側代表が会合をもったとき，多数を占めていた会社忠誠派は，これに参加したシカゴの従業員側代表（＝SWOC支持派）の投票権や旅費の支給を認めようとしなかったのである。ここに至って，USSのERPはSWOCと会社側との主導権争いの場と化すことになったのである。

（2）従業員代表制の崩壊

　SWOCがUSSのERPを主な標的に，内部への浸透を図ろうとしていたことに危機感を強めていた会社側は，次のような対応策をとることになった。第1に，賃上げその他の労働条件の改善案を提示し，ERP内における会社忠誠派の後押しを図った。例えば，1936年6月末には，同年8月1日をもって1日8時間・週48時間労働を導入するという内容の提案を行った。しかし，この提案はかねてから週40時間労働を主張していたSWOCの賛成を得るに至らず，不徹底なものとして批判されたばかりか，逆に次のような動きを招来することになった。すなわち，8月25日にピッツバーグ・ヤングスタウン地区の従業員側代表が参集した会合において，週40時間労働，25％の賃上げ，有給休暇の改善と恒久化などを内容とする要求が可決されたのである。注目されるのは，この会合に参集した従業員側代表は計12名だったが，このうちSWOC支持派は5名にすぎなかったことである。「投票ミス」によって会社派の意に沿わない結果になったといわれているが，背景には，保守的な従業員側代表がSWOCの運動を沈静化するために，賃上げなどを認めるよう経営陣に重ねて

第6章 USスティールにおける従業員代表制の展開

要求していたという事情があり，会社側がこの要求に応じる姿勢を容易に示さなかったため業を煮やした保守派がとった行動の結果であったとも考えられる。[38]

　USSがとった第2の方策は，会社側の主導の下にERPを再編・強化することであった。同年の10月19日，USSの提唱により，ある会合が開かれた。この会合にはピッツバーグ地区の9工場から労使各々2名ずつ，計18名が参加し，会社側からピッツバーグ地区全体協議会（Pittsburgh District General Council）の設立が呼びかけられた。席上USS副社長ヤングは，ERPの規定でネックになっていた「工場間にまたがる」諸問題の解決がこの協議会の設立によって検討・処理できるようになること，ここで処理できない問題については会社社長が決済することを説き，協議会の設立を強く訴えた。3日間に及んだ検討を経，SWOCはこの提案をようやく受け入れることになった。[39]

　そしてこれを機に，USS取締役会議長テイラー（Mylon C. Taylor）は次のような賃上げ提案を行った。すなわち，①コモン・レーバラーの賃率1時間あたり47セントから52.5セント（11.7％増）とし，他の職種の賃率もこれに応じて引き上げること，②付帯条件として，賃率の引き上げは36年11月15日より1年間のみで，将来的には生計費指数に連動させること，という内容のものであった。[40]

　USSは11月9日に，ピッツバーグ地区の製鋼工場に加え，薄板およびブリキ工場も加えた，つまり1ヶ月前の会合よりも拡大して，すでに承認済みの全体協議会を開催した。協議会には同地区の17工場から労使各々34名，計68名が参加し，会社側から改めて賃上げ提案が行われた。しかし，協議会は全く会社側の期待に反する結果に終わった。すなわち，賃上げ案の最初の項目は承認されたものの，第2点目の「付帯条件」は結局受け入れられるに至らなかったのである。しかも，協議会の議長にはSWOC派のマローイ（Elmer J. Maloy）が選出されたのである。[41]

　ここに至り，会社主導によって設立された協議会の場において賃上げ提案を行うことによって，SWOCに傾きかけていたERPを再編・強化し，再び自らの統制化に置こうとした会社側の狙いはもろくも崩れ去ったのである。

　こうして，会社主導の下に導入されたERPを舞台に展開された労使の攻防

は，結局 SWOC が「目覚しい勝利」を挙げたことにより，以後の途はほぼ決定づけられることになった。すなわち，USS は 11 月 16 日に敗北を認め，会議の決定を受け入れた。他方，SWOC は ERP への「浸透の段階を終え，今やその崩壊に向けて圧力を掛けはじめる」までに優位に立つことになったのである。[42]

かくて，翌 37 年早々に数回にわたって非公式に行われたテイラー USS 取締役会議長とルイス CIO 委員長との交渉の結果，ついに 3 月 2 日，カーネギー・イリノイ・スティール社は SWOC を交渉団体として承認し，最低賃率（1 日 5 ドル），労働時間（週 40 時間），有給休暇（年 1 週間），先任権制度，苦情処理制度などを骨子とする労働協約を取り交わすことになった。そしてこれに引き続いて，他の子会社も協約に署名し，ここに長年にわたり反組合主義の牙城として象徴的な存在であった巨大鉄鋼企業が陥落するに至ったのである。[43]

---

(1) この時期のアメリカにおける ERP ないし会社組合の全般的な特徴については，U. S. Department of Labor, Bulletin, No. 634, *Characteristics of Company Union*, June, 1937 を参照されたい。

(2) ERP および会社組合という用語について，本章では原則として US スティール内部の呼び方にならい ERP を用いている。

(3) Carroll R. Daugherty, Melvin D. Chazeau and Samuel S. Stratton, *The Economics of the Iron and Steel Industry*, McGraw-Hill, 1937, p. 1006. ちなみに，アメリカ鉄鋼業において早くから ERP を取り入れたのはアメリカ・ローリング・ミル社（American Rolling Mill Co.）で，1904 年のことであった。工場労働者によって選出された 1 名の委員と総監督とが定期的（毎週土曜日，後に月 1 回）に話し合いの場をもち，主に労働者の苦情について論議したという（Charles R. Hook,"Labor Relations in the Steel Industry," *Year Book of the American Iron and Steel Institute*, 1936, p. 80）。しかし，この当時，同社は未だ地方の小規模な企業だったこともあって，このような試みはほとんど注目されなかった。その後，第 1 次世界大戦期における労使紛争の頻発という事態に直面した鉄鋼企業のいくつかが ERP を導入し，労使関係の安定を図ろうとした。コロラド燃料製鉄会社（Colorado Fuel and Iron Co.），ベスレヘム・スティールなどの有力企業がそれであった。この両社の ERP について詳しくは，平尾武久・伊藤健市・関口定一・森川　章編著『アメリカ大企業と労働者——1920 年代労務管理史研究』（北海道大学図書刊行会，1998 年）を参照されたい。

(4) Carroll R. Daugherty, et al., *op.cit.*, p. 257.

(5) *Ibid.*, p. 204. ちなみに，AISI は，「鉄鋼企業が抱えている諸問題について関係者間のコミュニケーションを図る」という目的をもって 1910 年 10 月に設立された業界団体であり，いわば

鉄鋼企業経営者の意向を集約・代弁する機関であったと考えることができよう（*Proceedings of the American Iron and Steel Institute*, New York Meeting, October 1910, pp. 35-36)。
(6)　C. R. Daugherty, et al., *op.cit.*, p. 261.
(7)　*Ibid.*, p. 264.
(8)　*Ibid.*, p. 1008.
(9)　この点については,「製鋼企業は……AISI の支援によって全国的に ERP を計画した」との指摘もある (Raymond L. Hogler and Guillermo J. Grenier, *Employee Participation and Labor Law in the American Workplace*, Quorum Books, 1992, p. 5)。
(10)　SCC については, 平尾武久他編著, 前掲書, が詳しい。
(11)　伊藤健市「1931〜33 年度の特別協議会委員会年次報告書」(『関西大学商学論叢』第 45 巻第 5 号, 2000 年 12 月, 94 ページ)。また, ヤングは夫婦間の「健全にして協調的な関係」を労使関係にたとえつつ (C. R. Daugherty et al., *op.cit.*, p. 10),「同社 ERP の作成を指導した」との指摘もなされている (R. L. Hogler and G. J. Grenier, *op.cit.*, p. 4)。
(12)　ベスレヘム・スティールの ERP については, 百田義治「ベスレヘム・スチールの労務管理システム——1920 年代従業員代表制を中心として」(平尾武久他編著, 前掲書, 所収) を参照されたい。
(13)　*Steel*, June 19, 1933, p. 13. なお, 同号にはカーネギー・スティール社の ERP の全文が掲載されている。本稿では, 引用個所の注記はその都度行わなかったことをお断りしておきたい。
(14)　Robert R. Brooks, *As Steel Goes ... ; Unioism in a Basic Industry*, Yale Unversity Press, 1940, p. 80.
(15)　Walter H. Carpenter, Jr., *Case Studies in Collective Bargaining*, Prentice-Hall, 1953, p. 31. またブルクス (Robert R. Brooks) は,「ERP には工場間あるいは会社間の関係がまったくなく, それゆえ情報交換や外部からの財政的な支援によってもたらされる力強さにも欠けていた」と指摘している (R. R. Brooks, *op.cit.*, p. 83)。
(16)　一般に, 勤務時間外に会合があった場合, 出席した従業員側代表には 1 回あたり 1.5 ドルが支給されていたという (ibid., p. 81)。
(17)　W. H. Carpenter, Jr., *op.cit.*, p. 32.
(18)　R. L. Hogler and G. J. Grenier, *op.cit.*, p. 5. ちなみに, 当時 USS の取締役会議長ならびに財務委員会議長として同社の経営活動をリードしていたテイラーは, ERP を「賃金や労働時間およびその他の雇用条件について経営側と協議する代表を選出する手続きを各工場の従業員に提示し, NIRA の条項を充たすような団体交渉の機関」と認識していた (Mylon C. Taylor, *Ten Years of Steel*, Hoboken, 1938, pp. 28-29)。
(19)　R. R. Brooks, *op.cit.*, p. 81.
(20)　*Steel*, February 26, 1934, p. 11.
(21)　これらの他, 従業員側代表の資格要件を撤廃し, 組合の指導者であっても, あるいは会社に雇用されていなくても, 会社の役員でない限り従業員側代表の候補者となることができたこと, 経営側代表を投票者に含めないこと, 従業員の過半数によって制度の改定が認められるなどの手続きが簡易化されたこと, などの変更も行われたとの指摘もなされている (R. R. Brooks, *op.cit.*, p.82)。また, カーネギー・スティール社の ERP の修正とほぼ時を同じくして, ジョーンズ・ラフリン・スティール社 (Jones and Laughlin Steel Corp.), その他のピッツバーグ地区に立地する大規模メーカーにあっても足並みを揃える形で修正案が示された (*Steel*, February

26, 1934, p. 11)。
(22) R. R. Brooks, *op.cit.* p. 82.
(23) Irving Bernstein, *The Turbulent Years*, Houghton Mifflin, 1969, p. 456.
(24) カーネギー・イリノイ・スティール社は，USS の中核子会社であったカーネギー・スティール社とイリノイ・スティール社を統合し，35 年 10 月に組織された。両社は生産規模や立地に関して，また事業分野についてもほぼ同じであったが，「一層の経済性と顧客サービスの改善」を図るため統合された (*Moody's Manual of Investment*, 1936, p. 1905)。
(25) I. Bernstein, *op.cit.*, p. 456 ; R. R. Brooks, *op.cit.*, p. 84.
(26) R. R. Brooks, *op.cit.*, pp. 85-86.
(27) パターソンは，イリノイ・スティール社で熟練を積んだ圧延工として働いており，アメリカ圧延工組合連合 (United Roll Turners' Association of America) の副委員長ならびに同組合の南シカゴ工場支部の書記長でもあった。こうした立場のゆえか，彼は ERP には「ほとんど関心を寄せていなかったが，同工場に ERP が導入された後は従業員側代表に選出されるなどした」(*ibid.*, p. 87)。
(28) *Ibid.*, p. 87.
(29) Lizebeth Cohen, *Making a New Deal*, Cambridge University Press, 1990, p. 294. そして，こうした「勢い」を反映し，同月に実施された従業員側代表選挙では，代表 32 名中 22 名が従業員連合のメンバーが占めることになった (I. Bernstein, *op.cit.*, pp. 456-457)。
(30) R. R. Brooks, *op.cit.* p. 87.
(31) AAIST は，1876 年に設立された熟練工中心の職能別組合で，35 年の組合員数はおよそ 1 万名であった (黒川　博『U.S. スティール経営史──成長と停滞の軌跡』ミネルヴァ書房，1993 年，214 ページ)。
(32) R. R. Brooks, *op.cit.*, pp. 88-89.
(33) I. Bernstein, *op.cit.*, p. 435.
(34) James R. Green, *The World of the Worker*, Hill and Wang, 1980, p. 153.
(35) Walter Galenson, *The CIO Challenge to the AFL*, Harvard University Press, 1960, p. 88.
(36) R. R. Brooks, *op.cit.*, pp. 92-94.
(37) *Ibid.*, pp. 95-96.
(38) *Ibid.*, pp. 96-97.
(39) *Ibid.*, pp. 98-99.
(40) I. Bernstein, *op.cit.*, p. 463.
(41) W. Galenson, *op.cit.*, p. 90 ; R. R. Brooks, *op.cit.* pp. 101-102. なお，マローイはカーネギー・スティール社のデュケーン工場 (Duquesne Works) で 25 年間働いていた熟練工だった。彼の父は UMW のメンバーで，彼自身 1919 年の鉄鋼ストライキに参加した。35 年まで ERP に「積極的にかかわらなかった」(*ibid.*, p. 84) のもこうした経歴と関係しているのではないかと思われる。
(42) W. Galenson, *op.cit.*, p. 91.
(43) このとき締結された協約の内容について詳しくは，U.S. Department of Labor, *Collective Bargaining in the Basic Steel Industry*, 1961, pp. 232-233 を参照されたい。

(黒川　博)

第7章
AT&Tの従業員代表制の変容と労使関係の展開

第1節　大恐慌期の雇用政策とウェルフェア・キャピタリズム

(1) 大恐慌の影響

　1929年10月24日，ニューヨーク証券取引所における株価暴落にはじまる大恐慌は，AT&Tにも深刻な影響を与えた。当時，AT&Tは長距離電話事業会社であり，地域電話の主要21ベル電話運営会社（Bell Operating Telephone Co.），電話機器の製造・建設・配給を担うウェスタン・エレクトリック（WE）および電話機器の研究・開発を担うベル電話研究所（Bell Telephone Laboratories）を統合する電話事業の有機的統合体であるベル・システム（Bell System）を基盤に，アメリカの全電話機の約8割弱を独占する世界最大の私企業であった。

　ベル・システムの総資産額（46億ドル）は，第2位で最大鉄道会社ペンシルヴェニア鉄道（26億ドル）と第3位で最大産業会社USスティール（22億ドル）の合計にほぼ匹敵し，その従業員数（45万人）はペンシルヴェニア鉄道（18万人）とUSスティール（22万人）の合計（41万人）を上回った。しかも，AT&Tは各州レベルでは近代的な公益事業委員会により，また連邦レベルでは州際商業委員会（Interstate Commerce Commision, ICC）による企業規制の下で「公益事業」として電話事業の独占を容認される，いわゆる「規制下の独占」を形成しており，電話はアメリカ全国のどこからでも通話が可能となり，都市を中心に「中流階級の家庭の標準的な設備」として「アメリカ的生活様式」の必需品の地位を獲得していたのである。

　大恐慌の影響は電話産業では他の産業に比べ比較的軽微であったが，

表7-1 大恐慌・ニューディール期のAT&Tの経営業績（1929~1939年）

年	1929	1930	1931	1932	1933	1934	1935	1936[1)	1937	1938	1939
電話台数（千）	15,414	15,682	15,390	13,793	13,163	13,378	13,844	14,454	15,332	15,761	16,536
総事業収入（百万ドル）	1,070	1,103	1,075	956	872	884	934	994	1,051	1,052	1,107
純利益（百万ドル）	217	201	193	139	128	125	147	197	193	164	199
ベル・システム従業員（千人）	454	394	344	291	270	273	269	294	316	292	297
ATT/運営会社	364	324	294	266	248	248	244	255	268	257	259
WE/ベル研	90	70	50	25	22	24	25	38	48	34	37
ATT株主数（千人）	469	567	644	700	680	675	675	640	641	646	636
内従業員株主	90	100	125	135	115	100	約1/3 (90)[2)]	約1/3 (90)	約1/4 (80)	約1/4 (75)	約1/4 (75)
1株あたり純利益（ドル）	12.67	10.44	9.05	7.82 (5.96)[3)]	7.37 (5.38)	(5.96)	7.11	9.89	9.76	8.32	10.18
1株当配当（ドル）	9.00	9.00	9.00	9.00	9.00	9.00	9.00	9.00	9.00	9.00	9.0
株価 最高（ドル）	310 3/4	274 3/4	201 3/4	137 3/8	134 3/4	125 1/4	160 1/2	190 1/8	187	150 1/4	174
最低（ドル）	193 1/4	170 3/8	112 1/8	70 1/4	86 1/2	100 1/2	98 7/8	149 1/2	140	111	148

(注) 1) 1936年の Annual Report 以降は、サウス・ニューイングランドなどの2運営子会社が除外されている。
    2) 1/3, 1/4とは従業員株主の全ベル・システムの従業員に占める概数であり、（ ）内の従業員株主数もおおよその概数である。
    3) （ ）内の数字は、WEの欠損益を反映した、AT&T1株あたりの実質的な純利益である。なお、WEは、1932年1,260万ドル、1933年1,360万ドル、1933年775万ドルの欠損益であった。
(出所) AT&T Annual Report, 1929~1940などで作成。

AT&Tは少なからず影響を受けた。1929年大恐慌直後の30年にピークに達したAT&Tの電話機台数や総収入・純利益などは31年から33年にかけて減少し、AT&Tの経営史上で初めて3年連続減収・減益となった（表7-1）。この結果、AT&Tの1株あたりの純利益も低下し、1932年には7.82ドルと1株あたりの配当9ドルを下回った。また、1929年に300ドル台であった株価は、30年には170ドルに、32年には70ドルまでに低下し、AT&Tでも「経営危機が初めて実感として受けとめられる」までとなった。[(1)]

（2）大恐慌期の雇用維持政策とSCC

当時、AT&Tの社長であったギフォード（W.S. Gifford）［在任期間1925~48年］は、ヴェイル（T.N. Vail）の「電話の公共性」という経営理念を継承したベル・システム生え抜きの内部出身者として大恐慌に対して雇用維持政策を打

ち出した。それは，従来のウェルフェア・キャピタリズムに基づく労務政策の基本方針の有効性を確認し，その存続を強調するものであった。

　1931年のAT&T『年次報告書』における「雇用維持」（Maintenance of Employment）では，「給料支払い簿にあるすべての正規雇用者（regular employees）の雇用をできる限り維持するためにすべての現実的な事柄を実行した」として，特定の地域のみで他の地域では活用できないような仕事などやむをえない場合のレイオフの実施，手動式からダイヤル式交換機への転換など電話施設の改善・改良計画の推進，従業員の忙しくない部門から忙しい部門への職場の移動，仕事のない地域から有効な仕事がある地域への移動などの配置転換により，できる限りの雇用の維持を行ったとする。さらに，「仕事の分け合い」計画（shere-the-work program）という名目の週5日制，パートタイム制あるいは「仕事日の削減」（lack of work day）という形でのワークシェアリングが，1931年から導入された。先の『年次報告書』では「本年末には，雇用者数を最大に維持するため，電話会社の約半数以上の従業員がフルタイムよりも少ない仕事に従事しており，またWEやベル電話研究所の従業員は週5日もしくはそれより少ない出勤日であった」と報告している。AT&Tのワークシェアリングは，1933年には週4日あるいは週4日半制（場所によっては週3日制・4日制）へと拡大したが，これにより約6万人の雇用維持につながり，また実質的な時間短縮によって給料が8％余り削減され，1935年の給与支払い総額は1929年に比べて1億3,900万ドル削減されたのである。

　このAT&Tの「雇用維持」は，大恐慌期に対する雇用政策に沿ったものである。1925年にAT&Tが正式に参加したSCCでは，失業を緩和する具体的な方策として，ワークシェアリングを中心とした雇用政策が提唱され，フーヴァー政権でも企業団体などが主体となり「仕事の分かち合い運動」を展開し，多くのアメリカ企業で導入されていたのであった。[2]

（3）大恐慌期におけるウェルフェア・キャピタリズム

　同時に，先のAT&T『年次報告書』は，「この不況下における（ベル・）システムの経験は，将来起こるかもしれない不況で，どのような制度が従業員の

状態をより良好に処理できる方法であるかどうかを判断するための資料や研究となる」として大恐慌下での貯蓄制（thrift plan），従業員給付制（employees benefit plan），従業員代表制（ERP）などの重要性を指摘している。

いうまでもなく，貯蓄制，年金・給付制の新型・金銭的福利厚生と ERP は，1920年代における AT&T のウェルフェア・キャピタリズムの二本柱である。[3]

貯蓄制は，1915年に「節約と貯蓄を奨励」を目的に導入された従業員株式購入制を中心に従業員預金制・生命保険加入制からなる。この貯蓄制は，長期的で計画的な従業員の貯蓄手段であるとともに彼らが雇用されよく知っている AT&T の株主になることを奨励し，労使の利益共同意識を培養するものである。大恐慌期にも継続され，1931年末で従業員株式購入制に23万3,000人（全従業員の67％），従業員預金制に約7万人，生命保険加入制に約6万人が加入し，ベル・システム全従業員の約7割がこれら制度のいずれかを任意で活用していた。また，従業員年金制，疾病者・死亡給付制などは，1913年，通常起こりうるすべての不幸から保護することで，従業員の誠実で忠誠心に富む勤務に対して目に見える恩恵を与えることを目的に，ベル・システムで正式に発足した。従業員給付制は，その後継続され1931年には総額で900万ドルが支払われた。

他方，先の『年次報告書』では，「1919年にベル・システムに導入された ERP は，ビジネス状態が通常でないときに生じた問題を処理する上で重要な役割を果たした。仕事の延長，パートタイム雇用やそれに伴い収入が減少するような諸問題を議論することにより，経営側と従業員側代表の両方が能力と理解を示した。従業員はビジネスや公衆に対して真の責任感を示し続け，ERP を通して今日の困難な問題に対して有効に立ち向かった」ことで，大恐慌期にも ERP の重要性を強調した。

大恐慌期のワークシェアリングを柱とする「雇用維持」政策にもかかわらず，ベル・システムでも人員削減が拡大（AT&T・運営会社の従業員数は1929年36万人から33年24万8,000人へ，同様に WE・ベル電話研究所でも9万人から2万2,000人へ，全体では45万人から27万人へ18万人削減）された（表7-1）。にもかかわらず，「ベル・システムでは，従業員の忠誠心を追求するための持続的

第7章　AT&Tの従業員代表制の変容と労使関係の展開

な利益と特別の動機を伴うウェルフェア・キャピタリズムのシステムが相対的には影響を受けないで存続[4]」したことで，深刻な労働問題は起きなかった。例えば，ブルクス（John Brooks）は「サザン・ニューイングランド電話会社の1932年の状況は，ベル・システムの労使問題の典型的な例」として挙げる。すなわち，1890年代に遡る同社のパターナリスティックな姿勢は貯蓄制，健康コース・応急手当・事故防止制，従業員生命保険制，さらには従業員と経営者による定期的な協議制度などを何十年も支援してきたため，不況時に同社では電話解約により赤字となり賃金や人員削減が実施されても，従業員を「協力者（partnership）」であるとして残業や休日出勤に無報酬で自発的に参加させることに成功したが，こうしたことは「ニューイングランド地方のみならず他のどの地域でも，ベル・システムでは大恐慌で景気が最悪なときにも，深刻な労働問題は起らなかった。これは会社組合による以前からの良好な関係と活発な活動のおかげであった」と指摘している[5]。

　大恐慌期に他のSCC参加企業に比べて相対的に維持され，ベル・システムの従業員を「協力者」として「忠誠心と満足」を獲得する上で，一定有効に機能したAT&Tのウェルフェア・キャピタリズムは，大恐慌の進展によって「安定した成長と利潤」の基盤が堀り崩され，その存続が危ぶまれた。AT&Tの新型・金銭的福利制の1つである従業員株式購入制は，市価より安くAT&Tの株式を取得し株価上昇によりプレミアを獲得するときにのみ有効に機能した。しかし，AT&T株式の市場価格が購入価格（150ドル）を下回ったために，1932年には従業員株式購入制の加入者は7万8,000人に激減し，1933年には実質的に存在意義を失い，廃止された。また，短期の生活資金の必要に備える貯蓄手段である従業員預金制も，1933年中断され，その後再開され存続したものの，その役割は小さくなった。逆に年金制，疾病者・死亡給付などの従業員給付制は，ベルの従業員の長期勤続化により年金受給者も1930年から39年に4倍増（1930年2,554人から1939年8,930人）となった。また，ERPも，ローズヴェルト政権のニューディール労働政策である1933年6月施行のNIRA，さらには1935年7月のNLRA制定と1937年4月の合憲判決によって大きく変化せざるを得なくなるのである。

第2節　全国産業復興法下の従業員代表制の変更と拡大

(1) ニューディール政策の影響

　1933年以後のニューディール政策は，AT&Tに大きく2つの影響を与えた。

　第1は，1934年通信法（Communications Act of 1934）とこれにより設置された連邦通信委員会（Federal Communications Commission, FCC）による電気通信規制の本格的な確立である。FCCは従来のICCと違い電話事業を規制対象とした専門の独立規制機関であり，「公共の利益，便益および必要性」の観点から，電話事業者の施設・サービス・料金・他の通信事業者との接続の規制，通信事業者間の役員の兼任，合併の許可，サービス・施設・経営の調査，会計・財務報告の提出といった広範の領域にわたって幅広い権限が付与された。これにより連邦政府による通信分野に対する厳しい規制・監督が本格的に開始され，ここにAT&Tは1984年の企業分割まで約50年間にわたるFCCによる本格的な「規制下の独占」体制を確立することになる。FCCの通信事業規制は，ニューディール期の電力事業，天然ガス事業，運輸事業，民間航空などの公益事業や銀行業・証券業などへの規制機関による一連の直接規制と同列に位置づけられるものであり，いわゆる「ニューディール型」の「企業と公共政策のアメリカ型」の「企業共和国」(6)の幕開けを示すものである。

　第2は，1933年6月NIRA施行後のニューディール労働政策によるAT&T労使関係への影響である。まず，NIRA期のAT&T労使関係の変化をみていこう。

(2) NIRAに対するベル・システム労働者の動きと経営者の対応

　NIRA第7条a項に関しては，周知のようにERPをめぐって多くの解釈や議論がなされたが，AFLを中心に労働者の組織化が進展し労働条件や労働組合の承認を求め争議が多発する一方で，SCCなどの大企業の経営者は，既存のERPを変更したり新たに導入して対抗した。

　SCC参加企業であるAT&Tは，他の参加企業と情報交換を行いながら，

第7章　AT&Tの従業員代表制の変容と労使関係の展開

NIRAに対応してERPの変更・拡充さらに新たに導入を図った。

　AT&TのERP（ベル・システムでは「従業員協会（Employees Association）」）は，1919年の第1次世界大戦直後に，AFL系の国際電気工友愛組合（IBEW）などの労働組合運動に対抗するために，「従業員と経営者間で意見や提案を交換するための定期的な制度を通して，相互の協働（Cooperation）と信頼の精神を維持する」とともに「労働条件，俸給，労働時間，安全，能率，教育，その他双方の利害に関する事項について，従業員が集団的に発言し上級経営者と直接的に交渉する権利を与えること」(7)を目的に，長距離電話部門や運営会社に導入された。さらに，ERPは1920年代にはIBEWの拠点であった施設部門や運用部門に計画的に導入され，1923年のニューイングランド地方での争議後はIBEWの最後の牙城であった同地域でも組合に取って代わられ，電話産業からAFLの影響力を完全に排除することに成功した。この「従業員協会」は，電話会社のフォーマルな組織を反映し，施設部や運用部を中心に主要な部門ごとに，また数州にまたがる大規模電話会社では地域別に組織化された。そして，各業務部門における地区等の支部で選出された代表者が従業員会議・委員会を設置し，さらに地区－地方－部門へとピラミッド型に形成され，それに対応した経営側委員会と賃金，労働条件，安全，能率，教育等について合同会議を定期的にもち，労働組合・団体交渉を通さない経営者と従業員との間における「インフォーマル制度」として1920年代のベル・システムにおける「相互の協働と信頼の精神」（労使協調）の構築に重要な役割を果たした。

　NIRA施行に対応して，AT&Tは電話産業における労働者の組織化の動きを機敏に察知する一方，既存のERPを「変更」したり，電話運営会社でこれまで存在しなかった会計部門・営業部門やWEなどにERPを新たに導入し（WEに関しては第10章を参照のこと），労働者の組織化を牽制した。NIRA施行直後の1933年9月に開催されたSCCの会合で，AT&T副社長補佐であったグリフィン（W. A. Griffin）は，ベル・システムにおける「組合活動と組織化」を，次のように報告している(8)。

　「かつて1923年まで組合が存在していた太平洋岸では，中継器部員の1グループが，ベル・システム全体に拡大する考えをもって，電話従業員に組合結成

を提案するための規約を作成した。しかし，これは従業員側代表と大多数の中継器職員によって拒否された。同時に，従業員側代表は，ERPの変更と強化を提案した。太平洋岸の従業員は，ERPの一部に賃金と労働時間に関する契約を明確にすることを要望した。ボストンでは，1人の女性従業員が1,200名の交換手に組合結成をもちかけた。彼女は組合支部の設立許可を得るためにAFLやIBEWと相談した。組合支部設立は以前の委員長を復帰させる条件でAFLやIBEWから組合設立許可状を認められることとなったが，ボストンの交換手たちはその条件の受け入れを拒否した」[7619, p.16949.]と。

NIRA施行を契機に，AT&Tでも独立組合の組織化の動きが起きはじまっていた。1929年大恐慌後にAT&Tはワークシェアリングによる実質的賃金切り下げやレイオフによる雇用者の大量削減を実施する一方で，株主への9ドル配当を維持したため，ベル・システムの労働者の間に潜在的な不満を拡大させた。以前IBEWの拠点であった太平洋岸やボストンでは，組合活動や組織化の動きがみられた。しかし，IBEWはNIRAに対しても消極的で組織化にも積極的に乗り出さず，かえって組合加入料を10ドルへ，組合費を最低3ドルに引き上げた。NIRA第7条a項は，ベル・システムの労働者が地方的に分散したERPではなく，全米規模の独立組合に加入することを理論的に可能にしたが，実際は，ベル・システムでの労働者の組織化の動きは，AT&T経営者のみならず従業員やERPの反対により失敗したのである。

むしろ，NIRA施行後，AT&TはERPの拡大・変更を進めた。1933年9月の同じSCC会合で，グリフィンは「WEでは，最近，新たにERPが導入された。シカゴのホーソン工場ではERPが92％の投票で承認された。しかし，小規模な工場では受け入れが拒否された。1つは導入を急いだため，他の1つはいかなる団体交渉の形式にも関心がなかったからである。また，ベル電話研究所では従業員の90％の投票率で，WEと同様のERPが導入された。さらに，いくつかの電話会社はそのERPを拡大した」[7620, p.16950.]と報告している。

(3) ベル・システムにおける従業員代表制の変更と拡大

NIRA施行後の1933年夏から34年末にかけて，AT&Tは子会社がNIRA

第7章　AT&Tの従業員代表制の変容と労使関係の展開

に対処できるよう迅速に指導した。AT&Tは電話運営会社のERPを完全に機能させるため，労働組合に加入しない約束に同意するように労働者に署名させるなど攻撃的な活動をする一方，経営者の指導により既存のERPの変更やこれまで存在しなかったWEや運営会社の会計部門や営業部門で新たに導入した。ここでは，NLRBの資料からベル・システムでのERPの変更や新たな導入事例をみてみよう。

①ウィスコンシン電話会社（Wisconsin Telephone Co.）の運営部門でのERPの変更の事例[9]

ウィスコンシン電話会社の運営部門では，ERPは，すでに1920年2月に苦情や他の雇用問題などに対応する手段として導入されていた。会員要件の規定はなく従業員であれば参加資格が与えられ，会費はなかった，同社のERPは，他のベル電話運営会社と同様に会社の機能別組織に対応し，運営部門では電話交換局（central office）－地区従業員委員会（district employee committee）－全般従業員会議（general employee council）とピラミッド型の組織構造を成した（図7-1）。各電話局から従業員側代表が選出され地区従業員委員会を構成し，さらに彼らの中から全般従業員会議の代表者を選出した。電話局の従業員側代表は各地区の電話局での従業員の不満を各地区従業員委員会に伝達し相対する地区経営側委員会と合同委員会をもち，地区レベルの合同会議で解決できなかった苦情や諸問題は全般従業員側会議と全般経営側会議との合同会議に持ち込まれ，合同会議で合意に達しなかった事項は最終的に社長の決定に従うことになっていた。同社のERPは，団体交渉というよりむしろ苦情を提示する手段として機能した。従業員側代表の選出や多様な委員会の会合は，仕事中に会社の施設で行われ，会社はその運営に必要な費用や書記・印刷のサービスを提供し，従業員側代表の活動に伴う仕事中の損失を補塡し，従業員側代表者や委員会委員の必要な旅費を支払うなど運営や財政的支援を行ったのである。

NIRA施行後，経営側の指導によりERPの「変更」が実施された。1934年7月，同社の運営部長が地区従業員側代表の会議を招集しERPの変更と選挙手続きの簡素化の要望を行い，従業員自身によるERPの修正案の検討を勧めた。運営部長のアドバイスに従い，地区従業員委員会は，同社のミルウォーキ

図7-1　ウィスコンシン電話会社の運営部門における従業員代表制

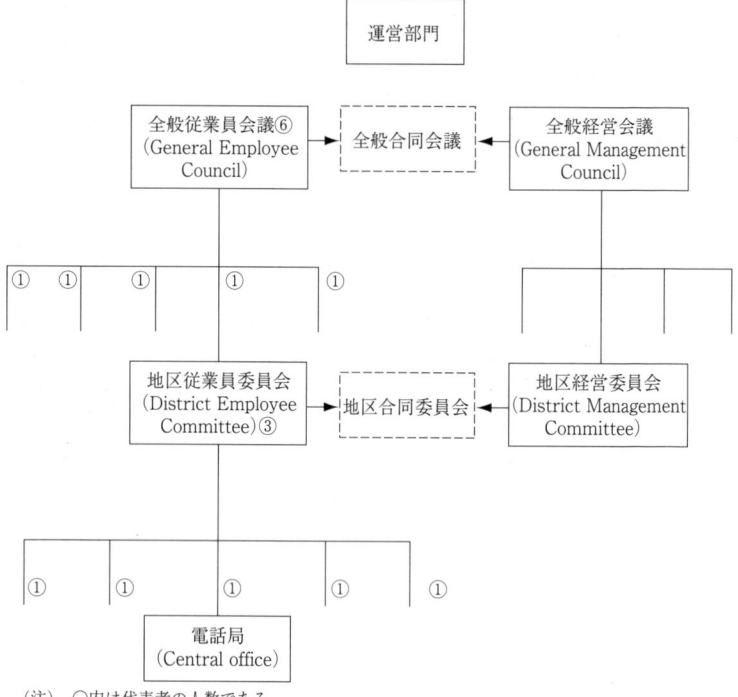

```
                            運営部門
                              │
    ┌─────────────────────────┼─────────────────────────┐
全般従業員会議⑥  ─→  全般合同会議  ←─  全般経営会議
(General Employee          ┆          ┆          (General Management
   Council)                └ ─ ─ ─ ─ ┘                Council)
    │                                                    │
 ┌──┼──┬──┬──┬──┐                              ┌──┬──┬──┬──┐
 ① ① ① ① ①                              │  │  │  │
    │
地区従業員委員会  ─→  地区合同委員会  ←─  地区経営委員会
(District Employee         ┆          ┆         (District Management
 Committee)③               └ ─ ─ ─ ─ ┘             Committee)
    │
 ┌──┬──┬──┬──┬──┐
 ① ① ① ① ①
    │
  電話局
(Central office)
```

(注)　○内は代表者の人数である。
(出所)　U.S. National Labor Relations Board (NLRB), *Decisons and Orders of the National Labor Relations Board*, Vol. 12, Wisconsin Telephone Co., Government Printing Office, 1939, pp. 380-383から作成。

一本社で会合を開き選挙区とERPを修正するための修正委員会（revision committee）を指名した。修正委員会は，運営部長のスタッフの援助も得て修正案を起草し，8月には選挙区の変更を含むERPの修正案を提案し採択されたが，これらにかかわる費用は会社が負担した。

修正されたERPでは，その目的を「運営部門の従業員から選ばれ，彼らのために活動する権限を与えられた代表者を通して，運営部門の従業員が賃金や労働条件を含む彼らの利益に影響するすべての事項を検討し，さらに必要な場所での会議を通して経営側と意見を調整する手段を提供する」と明記された。監督者を除くすべての従業員に参加資格が与えられたが，代表者に選出される

第7章　AT&Tの従業員代表制の変容と労使関係の展開

資格は，少なくとも1年以上の雇用関係にある従業員のみとされ，雇用が終わったときには従業員側代表の資格を失うこととなった。この修正されたERPは，これまでの制度の全般的な用件を継承し，電話局代表者，電話局委員会，地区委員会，全般的委員会の規定が置かれたが，全従業員による会合は規定されなかった。苦情や他の雇用問題は，電話局内で調整を行う代表者に付託され，これらの事項は経営側と調整する地区委員会へ，さらに運営部の経営側と調整する全般委員会へと，従来と同じ手続きで進められた。

　修正された制度による最初の選挙と委員会の設置の後に，全般従業員側委員会は運営部長と話し合いをもち運営部長の起案に対するいくつかの修正を行い，1934年12月『従業員委員会と経営側と間での手続きに関する合同協定—電話運営部門（Joint Agreement as to Procedure between Employee Committee and Management—Traffic Department）』と呼ばれる協定（contract）が成立した。この協定では，委員会会議や合同委員会のために必要な会社施設の利用，仕事中の会合での従業員側代表者への支払い，運営や選挙にかかわる事務・印刷や速記サービスの提供などの会社による支援・援助が盛り込まれた。賃金や労働時間などの雇用問題の規定は含まれなかった。ウィスコンシン電話会社の運営部門でのERPの変更は，経営側のリードによって行われたが，形式的には従業員により修正案が起草され，経営側と正式な協定が結ばれたのである。

　②パシフィック電話電信会社（Pacific Telephone & Telegraph Co., PTT）会計部門での新たな導入の事例[(10)]

　(a) PTTのサンフランシスコ湾東部地区では，1934年頃に，会計部長の提案により湾東部会計部門で「事務委員会（Office Committee）」と呼ばれる最初の従業員の組織が形成されたことが示されている。会計部長による事務部門でのERP創設の提案に従い，経営者役員の出席の下で5人のメンバーが選出され，のちに「事務委員会」の従業員側代表となる。1937年まで機能した委員会の主な役割は，従業員の苦情やその他の問題について議論するために経営側代表と合同で会議を開くことにあった。「事務委員会」では全体の従業員会議は開催されず，会費，規定・内規もなく，会員資格の要件もなかった。しかし，この委員会は会計部門における非管理職のすべての従業員を代表したのである。

163

(b)サンフランシスコ湾東部地区と同様に，1934年6月以前に経営側の提案によって「事務委員会」と呼ばれる従業員委員会がサンフランシスコ会計部門事務所で創設された。「従業員委員会（Employment Committee）」の名称で5人の小委員会が作成した1934年6月7日付の書類には，既存の従業員委員会やインフォーマル組織に代えて従業員側代表（事務委員会）の採用が提案されたが，このERPは，湾東部地区の組織の機構やその他の多くの面で似通っていた。すなわち，ERPに選出された5人の従業員側代表が経営側と協定を交渉する権限を与えられ，会計事務部門のすべての非管理職従業員に選挙資格があり，従業員を代表することとなった。この新たなERP導入のための投票や代表者の選出は，会社の建物で行われた。最初の5人の事務委員会の従業員側代表には，この制度を起案した小委員会のうち4人のメンバーが含まれた。1934年7月25日，従業員側委員会と経営側との間で協定が締結され，ERPが有効なものとなった。協定期間は1年間でその後は双方から60日以内の終了の通告がない限り継続するというものであった。この協定では，経営側代表と月ごとに，半年ごとに1回の合同協議会を開き，さらに特別の合同協議会を開催すること，しかも合同協議会の運営で必要な費用は会社が負担するとされた。NLRA施行後の1935年9月に，この協定は更新されたものの，費用に関する項目が省略されただけで他の項目はまったく同じであった。しかし，1937年4月までのERPが存在した期間に，会費や他の費用は徴収されておらず，会社がその運営にかかわる費用を支払ったと推測される。また，この期間，従業員側委員会の会議は会社の食堂などの施設で行われた。こうしてPTTの会計部門での新たなERPは，経営側の提案により従業員が自ら起案し，経営側と協定を結んだ上で導入されたものであったが，その機構や会員資格，会社からの財政支援など多くの面でこれまでのものと非常に似通ったものであった。

③ WEのカーニー工場での従業員代表制の新たな導入の事例[11]

WEでもAT&Tの指示の下に経営幹部が集められ，1933年8月，カーニー工場にERPが新たに導入された（第10章を参照のこと）。このERPは，「従業員が自ら選んだ代表を通して，経営者と集団的交渉（deal collective）する手段」を与え「賃金や労働条件に関する事項の議論を行う」ために，従業員側と

経営側の代表との間における会議を提供するものであり，その機構や規約等は電話運営会社とほぼ同じものであった。すなわち，会員資格に要件はなく管理者を除き全従業員が参加でき，また会費も徴収されず，従業員側代表としての資格は1年以上勤務した従業員であった。選挙や委員会の会合は会社の施設で行われ，また，会社は従業員側代表として従事している時間の賃金を支払い，ERPの選挙や運営の費用を負担したのである。

NIRA施行に対応してベル・システムでは，既存のERPが「変更」され，これまでなかった会計・営業部門さらにWEやベル電話研究所でもERPが新たに導入された。これらは経営者のイニシアティブで行われたが，形式的にも従業員が起案し彼らの投票で承認され，選挙で選ばれた従業員側代表が経営側と正式な協定を締結し，また管理者が会員になることを禁止し，あるいはより独立した響きの名称を採用するなどの「変更」を推進したのである。

こうしたNIRA施行後のERPの「変更」について，さきのグリフィンも，1934年4月のSCCの会合で「2，3の例外を除いて，ベル・システムにおけるERPは，過去5年間ある程度変更された。NIRA以前には，いくつかの制度は，少なくとも従業員の関心を維持し刺激するために，経営側の提案によって定期的に見直しがされた。NIRA以降は，従業員のグループがこの見直しを繰り返し行い，基本的でドラスティックな変更がなされた。まず，経営側の承認と支援を得た合同協約，合同会議により補足された独立した従業員委員会や協会制度に基づく合同制度へ修正する傾向，また，男性労働者のグループ間で特徴的な傾向であるが，より活動を際立たせるためにメンバー制や全般会議を用いてassociation的な性格の導入と強化を図ること，最後に，従業員組織やその役割に影響を及ぼす修正に対する経営側による承認の撤廃である」[7641, p.16960.]と報告したのであった。

こうしたERPの「変更」にもかかわらず，経営側との基本的な関係は変わらなかった。従業員側から団体交渉の主張はなく，ストライキはもとより，口頭での抵抗以上の強い抵抗もなく，会社の財政的支援や運営上の援助は継続され，会社のシナリオどおりの「変更」にすぎなかったのである。(12)

第3節　全国労働関係法下における従業員代表制の変容と労使関係

（1）NLRA施行後から合憲判決までのベル・システムの対応

　1935年はニューディール政策史上の転換の年であった。反独占の政治姿勢を強めたローズヴェルト政権の下で，AT&TはFCCの初代電話部長ウォーカ（P. A. Walker）の実施した「電話調査（Telephone Investigation）」（1938～1939年）に対して反発を強めFCCとの間で確執が生じ始める。他方，1935年5月のNIRA違憲判決により，1935年7月に労働者の団結権と団体交渉権の保障を目的としたNLRAが制定され，NLRBが設置された。NLRA第8条(2)では，労働組織の結成あるいは運営を支配し，干渉し，財政的支援もしくは他の援助を行うことは不当労働行為と規定されており，1937年4月の同法の合憲判決によりAT&TのERPの変化は避けられないものとなった。

　1935年2月のNLRA議会上程から1937年4月同法の合憲判決までの2年間に，SCCをはじめ企業側は広範にNLRAを無効にするための運動を展開し，既存のERPの維持・擁護する立場を取り続けた（第2章を参照のこと）。他方，労働組合運動の側でもCIO結成さらに鉄鋼や自動車産業で激しい争議と組織化が展開された。この間，他の産業で活発に活動した外部の労働組合は，ベル・システムでは組織的キャンペーンに消極的であった。しかし，NLRAによって，少なくとも経営者に好意的でなくベルの従業員でもない外部の職業的活動家に指導された組合が育っていくきっかけができることとなった。

　NLRAに対してベル・システムでは，経営側よりむしろ従業員側代表が積極的に反対運動を展開した。NLRA以前の1934年3月に上程された労働争議法案（Labor Disputes Bill）に関連する上院の公聴会に関して，グリフィンはSCCの会合で「AT&Tは，ワシントの公聴会に出席することを望んでいない」としながらも「AT&Tの長距離電話部門の従業員協会が，法案に反対する決議を採決し，その反対決議のコピーをすべての他の従業員協会に送っている」[7732, p. 17006.]と報告している。さらに，1935年2月NLRA法案上程後のSCCの会合で法案に対する従業員から連邦議会議員への抗議行動の重要

性を強調しながら、グリフィンは「AT&Tみずからは行動していないが、従業員側代表が連邦議会議員に抗議の手紙を送っている」[7745, p.17016.]と述べたが、AT&T長距離電話部門、ニューヨーク電話会社、ニューイングランド電話会社運営部門、ノーザン・ベル電話会社施設部門の従業員協会は、雇用主による労働組織への財政的支援の禁止条項に反対するために議会に働きかけ手紙を送ったりして、積極的に反対運動を展開したことで有名であった。(13)

（2）NLRA合憲判決後のERPの独立組合への変容

しかし、NLRAに対して首尾一貫し対応したのは、ベルの労働者ではなくむしろ経営者であった。シャート（John N. Schacht）は、AT&TのNLRAへの対応を次のよう概観する。

「いくつかのベル電話会社は、1935年のNLRA第8条(2)に個別に対応していたが、最高裁が同法の合憲を認めた1937年の春には、大部分がシステム的に対応を行った。ベル・システムの対応は、本質的に、会社組合（company unions）を正式の独立した「労働組織」（independent labor organizations）に変容（transform）させることであった。同法は真正の労働組合になることを求めたが、ベル・システムでは、従来のものと似通った組織にとどまっていた。そこで、この変容は次のような順序で段階的に行われた。まず、会社組合に関連するすべて、すなわち使用者支配の明らかな徴候の払拭、次いで独立した労働組織への再編成と名称変更の促進、さらに再編された組織内での会合とそこでの承認の協約への署名である」(14)と。

こうしたベルでの「会社組合」から独立した「労働組織」（独立組合）への変容は、会社の指導と便宜供与をもって進められた。例えば、イリノイ・ベル電話会社では公的な財政援助を終了させたが、施設部の「新しい」労働組織がスタートする前に多額の資金援助がなされ、サザン・ベル電話会社では会社が会議室や事務所を無料で提供し続け、書記には経済的な便宜が図られた。また、WEが公式に支援を打ち切った1937年でもカーニー工場でERPを引き継いだ「新しい」労働組織は、会社内の事務所を1ヶ月50ドルで借り、電話を無料で使用し、勤務時間に労働者に組合への寄付を求めるなどがなされたのであっ

(15)
た。

さらに，中立であるべき会社は，労働組織の再編成と組合員登録を陰に陽に支援した。通常，会社が従業員に「新しい」労働組織に参加するか否かの通知を送れないが，ベルではそれが行われた。多くのベル労働者の「新しい」労働組織は従来の従業員協会を引き継ぎ，そのリーダーたちが運営を担い，会社は彼らにオルグのための時間や休暇を認めた。会社から便宜の提供を受けたサウスウェスタン電話労働者組合は，1937年5月から11月の間に組合員を80人から1万人に増加させた。こうしたことは，他の電話会社でも日常的な出来事であった。
(16)

1937年末には全国で180の奇妙な (odd) ベルの労働組織が誕生し，各部門で組合有資格者の過半数によって署名がなされ，過半数の支持が証明され時に承認の協約が迅速になされた。このERPの「独立組合」への「変容」は会社による支配を取り除くことであったが，ベルの労働組織の誕生と当初の活動はAT&Tの脚本に従ってなされ，ERPの後継者の性格をもち続けた。こうしたAT&Tの対応は，ベル・システムへのAFLやCIOなどの外部の労働組合の侵入およびNLRBによる干渉の回避を意図したものであった。しかし，NLRA合憲判決後もAFL系のIBEWやCIO系の労働組合は電話労働者の組織化をあまり試みず，1940年代でもむしろベルの労働組織における会社支配をNLRBに提訴して解散命令を通し解体することを期待したのであった。
(17)
(18)

(3) 全国電話労働者連合の結成

ともあれ，AT&Tは外部の労働組合の侵入の排除に成功したものの，ベルの労働組織は，ベル労働者の中での地位を脅かされることを恐れ，さらに地理的分散と機能的な分断を克服するために電話労働者を結び付ける全国組織形成へのステップを踏み出した。1937年，180のベルの労働組織は1939年までに90に再編成され合併の動きが進む一方で，1937年10月，イリノイ合同施設部門会議が年金・福利厚生の変更の提案を経営者から拒否されたため，従業員の全国組織の必要性が感じられることとなった。

ベル労働者の全国組織である全国電話労働者連合 (NFTW) は，**表7-2**の

第7章　AT&Tの従業員代表制の変容と労使関係の展開

表7-2　NFTW結成プロセス

	年・月	開催地	参加組合・代表者数	事　項
第1回	1937.12	セントルイス	17電話会社の独立組合から29名代表者	トーマス・トゥイグを議長に選出
第2回	1938.6	シカゴ	30独立組合から67名代表者［31独立組合（WE含む）から73名代表者］	バーンの全国組織結成動議採決
第3回	1938.11	ニューオリンズ	31独立組合（WE含む）から71名代表者	NFTW名称と規約・組織決定
第4回	1939.6	ニューヨーク	42独立組合（WE含む）から95名代表者，但しNFTWは27組合，組合員9万2,000人で発足	「ゆるやかな連邦」としてNFTW正式発足，本部ミルウォーキ，グリフィス会長以下7人の役員選出

(注)　[　] 内の数値は，Jack Barbashの資料に基づくものである。
(出所)　Jack Barbash, *Unions and Telephone : The Story of the Communications Workrs of America*, Harper & Brothers, 1952, pp. 22-27 ; John N. Schacht, *The Making of Telephone Unionism 1920-1947*, Rutgers University Press, 1985, pp. 55-60 ; Thomas R. Brooks, *Communications Workers of America : The Story of a Union*, Mason/Charter, 1977, pp. 42-55 より作成。

ようなプロセスで結成された。[19]

①最初の全国会議は，1937年12月，セントルイスでベル労働者の17組合から29名（男子21名，女性8名）の代表者（delegate）が出席し開催された。参加組合の組合員数約8万人は，ベル従業員の組合有資格者の約3分の1弱を占めた。議長には，オハイオ連合（Ohio Federation）会長のトゥイグ（Thomas Twigg）が選出された。参加した組織の共通した特徴は，すべてベル・システムの従業員協会を継承し，1組織を除き「協会」や「従業員」が正式名称の中にあり，またそれらの多くが合併してできた「連合」（federations）や「協会の結合（associations of associations）」であった点にある。以下の主要8組織の組合員6万4,000人が，参加組合員の約8割を占めた。[20]

主要な組織は，電話の全部門に及ぶサウスウェスタン電話労働者組合（組合員1万9,000人），長距離電話部門協会（9,400人），ニューヨーク施設部門を統合するユナイテッド電話組織（9,353人），全電話部門を統合するオハイオ連合（7,000人），IBTWのニューイングランド施設部門グループ（6,800人），ペンシルヴェニア施設部門従業員（5,212人），イリノイ合同施設部門会議（4,350

人)，ミシガン運営部門従業員連合 (2,557 人) である。

　代表者会議では全国組織の形態に議論が集中した。ペンシルヴェニアやノースウェスタン・ベル従業員協会の代表者は「地理的に離れた場所にある組織や分散したセンター間の会合，会報，協約，手紙による相互の利益に関する情報の交換」である「情報交換所 (clearinghouse)」の「ゆるやかな組織の型 ("loose" of organization type)」を望み，他方，トゥイグのオハイオ連合や IBTW のニューイングランド施設部門グループは，「電話労働者に影響を及ぼすような立法活動を中心とする統一された組織的活動」を行う「全国組合 (national union)」である「強い組織 (strong organization)」を主張した。「中道派 (middle-of-the road course)」が多数を占めたものの，結論は持ち越された。

　経営側は，初期の会議を脅威とは見なさなかった。というのは参加した代表者の多くは「強い組織」には乗り気でなく，主に AFL や CIO の侵入および NLRB の介入を避ける最善の方法について，主に関心を示した。むしろ会社は最初の会議への代表者の出席については，休暇を保証したのであった。

　②第 2 回の全国会議は，1938 年 6 月にシカゴで組合員数約 13 万 7,000 人を擁するベルの 30 の労働組織から 67 名の代表者が出席し開催された。議長にはイリノイ合同施設部門会議のグリフィス (Paul E. Griffith) が就いた。シカゴ会議は，その規模や代表者の人数だけで北西部を除く全国すべての地域から，また女性が多数を占める運営部門からも多くの代表者が出席し，さらに WE の製造，敷設，販売部門のグループから代表者が出席した点でも，全国会議であった。

　シカゴ会議では，全国組織についてウェスタン・エレクトリック全国従業員組合 (販売部門) のバーン (Joseph A. Beirne) のすみやかに「全国組織を形成すべき」という動議が満場一致で採択され，その全国組織の形態について 3 つの見解 (「ゆるやかな組織の型」・「強い組織」・「中道派」) が論議されたが，結論は次回会議に持ち越された。

　③第 3 回の全国会議は，1938 年 11 月にニューオリンズで，31 組織 (組合員数約 14 万人) から代表者 71 名 (男性 54 名，女性 17 名) で開催され，グリフィス議長の下で全国組織の名称や規約が最終的に整備された。全国組織である

NFTW の名称は，①「全国（national in scope）」を，②「真の連合（a true federation）」より「ゆるやかな連邦（a loose confederation）」を，③「電話労働者より電話組合（telephone unions rather than telephone workers）」をイメージすることに配慮され，また，NLRB 法に違反しないことを考慮したものである。全国組織の規約では，議長のグリフィスやオハイオ連合の「強い組織」の見地は，多数を占める中間派のバーンの「自治」条項（"autonomy" clause）──「この連邦を構成する加盟組織は，永遠に自治権を認められ，内部事項の処理に関しては干渉を受けず，しかもこの条項は永遠に守られなければならない」──を明記することで支持された。⁽²¹⁾「情報交換所」の場である「ゆるやかな組織の型」を目指したサザン・ベル従業員協会が唯一反対意見を述べた。この組織はおそらく経営側の勧めで参加した（後に NLRB により「会社組合」と判定され，1943 年解散させられた）ものであり，最終的に NFTW には参加しなかった。他方，少数派であった「全国組合」の「強い組織」を主張していたグループでは，WE の独立労働組合は参加，オハイオ連合は態度未定後に参加し，IBTW のニューイングランド施設部門グループは不参加となった。全国組織の形態は，「ゆるやかな組織の型」派や「強い組織」派の主張とは異なる「全国連邦と加盟組織の自治」とい妥協的性格で決着したのである。

NFTW の運営機構は，投票資格を与えられた各加盟組織から選ばれた代議員から構成される全国会議とされた。この全国会議は「5 年以上の電話会社での勤務の経歴をもつ」7 人の執行部を選出し，この 7 人の執行部が会長（president），副会長，書記兼会計担当役（secretary-treasure）を選出するとされた。こうして NFTW は，いわば各加盟組織から選出された代表者の限られた権限で作られたいわば「持株会社」的なものであった。加盟組織は全国会議で執行部選出の投票権を行使し，3 人の主要な執行部の選出は執行部に委託されたが，これは 1939 年規約改正で 3 人の主要執行部の選出も執行部自身ではなく全国会議からの直接投票に変更された。

④ 1939 年 6 月，ニューヨークで，NFTW が 16 万 5,000 人の組合員を擁する 42 独立組合の 95 名の代表者が出席し正式に結成した。しかし，実際に加盟を決定したのは 27 組合，組合員数 9 万 2,000 人（ベル労働者の組合有資格者の

37％) であった。ここには，AT&Tの長距離電話部門，電話会社の施設，運営，会計・営業の主要部門，WEの敷設・製造・販売および少数の非ベル系組織を含む電話産業のあらゆる分野から，また全米のあらゆる地域のベルの労働組合が参加し，(22) これら多数の組織が1つの中央組織に結ばれ，機能的分断と地域的分散から生じる問題を克服する「全国組織」が結成されたのである。

　主要組織は，参加未定のオハイオ連合を除きサウスウェスタン電話労働者組合 (組合員1万6,000人)，ニューヨークのユナイテッド電話組織 (9,362人)，長距離電話部門協会 (9,084人)，イリノイ施設部門グループ (4,963人)，シカゴ-イリノイ運営部門連合 (6,844人)，同イリノイ (州) (3,640人)，ノースウェスタン・ベル電話交換手協会 (4,017人)，電話運用部門従業員同盟 (3,528人)，ウェスタン・エレクトリック独立労働組合 (ホーソン工場7,200人，カーニー工場3,000人)，通信設備労働者組合 (3,600人)，ウェスタン・エレクトリック販売員グループ (3,129人) の合計7万4,000人で，全体の80％を占めた。

　最初のNFTWの執行部は，会長グリフィス，書記兼会計担当役ホース (Bert Horth)，副会長バーク (Stanley H. Burke) および東部，中央部，西部，南部の4地域別委員の合計7人が選出された。最初の予算は，組合員10万人を前提に1人10セントで1万ドルとされたが，全員からは徴収できなった。この予算のもとで，会長には年200ドル，書記兼会計担当役には年180ドルの俸給しか与えられず執行部全員が非専従であった。本部はミルウォーキーに置かれ，書記ホースの出身母体であるウィスコンシン電話組合の事務所を借り，また会長グリフィスがイリノイ電話労働者組合から借りた机しかないシカゴの事務室の両方で，執行部の会合がもたれた。さらに，全国の加盟組合のリーダーたちが相互に交流し接触する機会を提供し，75名の代表者と200人のリーダーたちは毎年1回の全体会議で集まる以外に7人の執行部と同様全国4地域別に少なくとも月1回の会合をもったのであった。

　NFTWの主な役割は，次のようなものである。(23) ①電話労働組合として構成組織に直接関係する事項についてのワシントンでの立法活動，②加盟組織の団体交渉——特に年金問題——についての制限された委任，③経営側や敵対組合，特にIBEWとの紛争における加盟組織間での相互援助と支援，④政府や他組

合からみて「支配されていない」労働組合としての純粋性の保持，⑤その経費や活動が全国組織の機構として加盟組織からみて厳密で定期的な監視による最終的な統制に置かれることであった。

こうしてNFTWは，AT&Tと年金問題で交渉したり，IBEWやCIOなどの外部の労働組合と闘争するときに，立法に関する統一的な活動のための手段，および共通の協議や相互支援に関する手段，を提供する「情報交換所」として活動した。しかし，NFTWは，規約の条項で加盟組織の「自治（権）」が強調され，各加盟組織が当該の電話会社と行う交渉は「内部の事項」とされ，NFTWの代理人を通しての統一的な交渉を制限した。例えば年金などの交渉責任はNFTWに委任されたが，加盟組織が拘束されるには各組織の批准を必要とした。また，財政的基盤も弱く，執行部も非専従であるなどその機構や活動で制約をもったのであった。

第4節　全国電話労働者連合結成と労使関係の転換

NLRA合憲後，ベル・システムでのERPの「独立組合」への「変容」と全国組織NFTW結成は，電話産業における労使関係の画期をなすものである。

第1に，NFTWはベル・システムのERPの継承者としての「独立組合」を基盤に結成され，その意味でその組織と活動は制約された。NLRA施行および合憲判決に対応し経営者の主導の下でERPから「変容」して生まれたベルの労働組合（＝「独立組合」）は，全国に分散した多数の小規模で，しかも会社のライン組織に沿って機能別に分離されていたが，産業レベルでの「ゆるやかな連邦」であるNFTW結成により，限定されているが相互に結合し協力する手段を獲得した。しかし，当初のNFTWは，ベル・システムのERPの軌跡を引きずった。すなわち，バーバシ（Jack Barbash）のいう「会社組合主義」[24]（ローカル主義，闘争への不信，労働者の地位と経営者の優位性の容認）に基づき，構成組織が行う「自治」や当該会社との交渉は「内部の事項」として尊重され，統一的な交渉は年金や立法問題などでの委任に限られたのである。

第2に，NFTWは，ERPから引き継いだベルの労働組合にいた労働者自身

によって結成されたが，これは AT&T の経営者の方針と異なるだけでなく，他の産業での労働組合の発展とも異なるものであった。

　AT&T の経営者は，当初の全国会議には寛大であったものの，ニューオリンズ大会ではサザン・ベル従業員協会を通して全国組織結成の中止を目論んだが失敗した。こうして NFTW は経営側指導による ERP の「変容」とは異なる道を結果的に歩むこととなった。他方，NFTW 結成時のリーダーたちの活動は，AFL，CIO の侵入や NLRB の干渉への対抗，電話労働者に影響を与える全国的な立法活動，電話産業外部の強い全国組織からの宣伝への対抗などを考える際には，ベル・システムでの ERP での経験から学んだ「教訓（lesson）」に影響された。むしろ，「AFL や CIO からの指導もなしに，電話労働運動家は，当初，1920 年から 1937 年の期間における多くのベルグループでの会社組合から引き継いだ経験に頼った。」[25] 彼らは，この時期の ERP での経験を活用した。すなわち，ERP はリーダーたちに組織を運営する技能を学ぶ訓練場を与え，ベル・システム内で地理的・機能的に分離していることが逆に NFTW の指導者に構成組織に対する強い責任感を植えつけ，経営側との交渉の経験は，産業レベルでの団体交渉に役立ち，さらに集権化されたベル・システムと対抗するために全国組織の結成に彼らを導いた。[26] その意味で「会社組合の経験は，電話労働者にとって無駄な投資では決してなかった[27]」と評価されるのである。

　第 3 に，NFTW は，電話産業レベルでの「ゆるやかな連邦」として形成された。NFTW では，加盟組合の「永遠の自治（権）」が残り，「組合の組合（a union of unions）」，より正確には「組合委員長の組合（a union of union presidents）[28]」として設立されたに留まった。そのため通常の組合とは異なり，NFTW はストライキを指令することや，独自の権限で団体交渉を行うことはできなかった。しかもグリフィス会長（在任 1939～42 年）の間に，加盟組合は 27 から 37，組合員数も 9 万 2,000 人から 10 万 6,000 人へと増加したものの，「忠実な勤労者」の部類に属する組合と称せられた。「ゆるやかな連邦」の NFTW が，「全国組合（national union）」に発展するにはしばらく時間がかかった。すなわち，「ゆるやかな連邦」の NFTW が「全国組合」に転換するためには，1943 年就任のバーン会長の下での第 2 次世界大戦後の 46 年・47 年に

第7章　AT&Tの従業員代表制の変容と労使関係の展開

おける2度の全国ストライキおよび47年6月のアメリカ通信労働組合（CWA）の結成を経なければならない。

しかし，NLRA制定から合憲判決後の期間（1935〜39年）は，AT&TのERPと労使関係の歴史において転換点であった。ベル・システムのERPは，「独立組合」に変容し，その多くが産業規模での「独立組合」の「ゆるやかな連邦」のNFTWに結集し，AT&Tとの間で新たな労使関係を誕生させる一方，FCCの規制下での「独占」としてAT&Tは大恐慌以前の経営状態を回復した。ここに電話産業での「ニューディール型労使関係」＝戦後のアメリカ的労使関係の枠組みの端緒が形成されることとなる。

（1）　John Brooks, *Telephone : The First Hundred Years*, Harper & Row Publishers, 1975, p. 188. 北原安定監訳『テレホン――アメリカ電話会社，その100年』企画センター，1977年，268ページ。
（2）　ワークシェアリングとSCCについては，伊藤健市「大恐慌期の特別協議委員会――その雇用政策とくにワークシェアリングへの対応を中心に」（『関西大学商学論集』第45巻第3号，2000年8月）のほかに，次の文献が詳しい。Sanford M. Jacoby, *Employing Bureaucracy : Managers, Unions, and the Transformation of Work in the 20th Century*, Lawrence Erlbaum Associates, 1985. 荒又重雄・木下順・平尾武久・森　杲訳『雇用官僚制――アメリカの内部労働市場と"良い仕事"の生成史［増補改訂版］』北海道大学図書刊行会，1989年。
（3）　AT&Tのウェルフェア・キャピタリズムは，以下の文献を参照のこと。宮崎信二「AT&Tの労務政策とベル・システムの労使関係」平尾武久・伊藤健市・関口定一・森川　章編著『アメリカ大企業と労働者――1920年代労務管理史研究』北海道大学図書刊行会，1998年，所収；「『規制下の独占』とAT&T社のウェルフェア・キャピタリズム」井上昭一・黒川　博・堀　龍二編著『アメリカ企業経営史――労務・労使関係的視点を機軸として』税務経理協会，2000年。
（4）　John N. Schacht, *The Making of Telephone Unionism, 1920-1947*, Rutgers University Press, 1985, p. 39.
（5）　John Brooks, *op. cit.*, p. 190. 前掲邦訳書，275ページ。ジャコービィも「一部の先駆企業（AT&T，デュポン，IBM，プロクター・ギャンブル，ジャージー・スタンダードなど）の場合は，大恐慌の衝撃がやや緩かったために，レイオフを回避し，福利プログラムを維持し，全国組合を拒むことが，もっと容易だった。AT&Tの子会社であるウェスタン・エレクトリックはウェルフェア・キャピタリズムが大恐慌下に生き残った会社のひとつである。同社はレイオフを避けることに，また職を失う労働者に物的な援助を提供することに，懸命の努力をはらった。ウェスタン・エレクトリックのホーソン工場に組合オルグが入っていったとき，従業員は会社組合のほうへの忠誠を保った。同社のような経験は，景気悪化の打撃から身を守った

他の先駆的な諸企業にも共通するところがあった」と指摘している（S. M. Jacoby, *Modern Manors : Welfare Capitalism since the New Deal*, Princeton University Press, 1997, p. 33. 内田一秀・中本和秀・鈴木良始・平尾武久・森　杲訳『会社荘園制——アメリカ型ウェルフェア・キャピタリズムの軌跡』北海道大学図書刊行会，1999年，64ページ）。

(6)　Louis Galambos and J. Pratt, *The Rise of Corporate Commonwealth : United States Business and Public Policy in the 20th Century*, Basic Books, 1988, p. xii. 小林啓志訳『企業国家アメリカの興亡』新森書房，1990年，8ページ。

(7)　AT&T, *Annual Report*, 1919, p. 31.

(8)　U.S. Congress, Senate, Committee on Education and Labor（通称ラフォレット委員会）の SCC に関する公聴会の「証拠文書（Exhibit）」については，伊藤健市「全国産業復興法と従業員代表制——特別協議委員会加盟企業の対応を中心に」（『大阪産業大学論集（社会科学編）』第107号，1997年10月）を参照のこと。以下の引用では証拠文書の番号と該当ページを［　］内に記す。

(9)　NLRB, *Decisions and Orders of the National Labor Relations Board*, Vol. 12, 1939, pp. 380-383.

(10)　*Ibid.*, Vol. 76, 1948, pp. 897-899 and 902-903.

(11)　*Ibid.*, Vol. 72, 1947, pp. 752-753. このほかに，佐藤健司「ニューディール期におけるウェスタン・エレクトリック社の労使関係と人事相談制度」（『京都経済短期大学論集』第15巻1号，2007年）と宮崎信二「初期ニューディール期における AT&T と労使関係（1933年～1935年）——大恐慌・ニューディール期における AT&T と労使関係(2)」『名城論叢』第8巻第4号，2008年）を参照のこと。

(12)　J. N. Schacht, *op. cit.*, p. 47.

(13)　Jack Barbash, *Unions and Telephone : The Story of the Communications Workers of America*, Harper & Brothers Publishers, 1952, p. 21 ; Thomas R. Brooks, *Communications Workers of America : The Story of a Union*, Mason/Charter, 1977, p. 36.

(14)　J. N. Schacht, *op. cit.*, p. 50.

(15)　*Ibid.*, pp. 50-51.

(16)　シャートは，サウスウェスタン電話労働者組合のレポートとして「我々はおおくの援助を得た。……私は離れた町の仲間に我々が何をしているかを話すのに訪ねる時間をさくことが認められた」（J. N. Schacht, *op. cit.*, p. 51）と述べている。

(17)　J. N. Schacht, *op. cit.*, p. 51. 1940年代に NLRB に持ち込まれた5件の訴訟の内，ウィスコンシン電話会社の案件を除き4件が1937年以降にも「ベル電話会社の支配」であると裁定が下された。このうち1943年のサザン・ベル電話会社と1944年の WE のポイント・ブリーズ工場の労働者の組織は解散させられた。

(18)　AFL 系の IBEW は1941年のウィスコンシン電話会社運営部門を除いて積極的に活動せず1947年まで組織化に成功しなかった。また，CIO 系の ACA（American Communications Association）は1942年までウェスタン・ユニオン電信会社の組織化に専念した（J. N. Schacht, *op. cit.*, p. 52）。

(19)　NFTW 結成のための全国会議については以下の文献を参照した。T. R. Brooks, *op. cit.*, pp. 42-56 ; J. N. Schacht, *op. cit.*, pp. 55-59 ; J. Barbash, *op. cit.*, pp. 22-27. ただし，第2回全国会議はバーバシによれば参加組織31から73名の代表者とされ，シャートの資料と若干異なっている。

(20)　T. R. Brooks, *op. cit.*, p. 43.

第7章　AT&Tの従業員代表制の変容と労使関係の展開

(21) *Ibid.*, p. 53.
(22) *Ibid.*, p. 52 ; J. Barbash, *op.cit.*, p. 25.
(23) J. Barbash, *op.cit.*, p. 27.
(24) バーバシは,「NFTWが直接受け継いだものは会社組合主義であった。会社組合主義は, ローカルでの自己満足, 戦闘性への不信, 労働者の地位のいやいやながらの容認, 経営者との関係における根深い劣等感, 言い換えれば, 経営者の優位性への根深い容認を意味した」(J. Barbash, *op.cit.*, p. 50) と評価する。
(25) J. N. Schacht, *op.cit.*, p. 2.
(26) 「1920から1935年における会社組合主義での電話労働者の経験は, 1935年以降も残っていた労働組合結成への妨害を克服する際の手助けとなった」(J. N. Schacht, *op.cit.*, p. 47)。
(27) J. Barbash, *op.cit.*, p. 51.
(28) *Ibid.*, p. 80.

(宮崎信二)

第8章
デュポンにおける従業員代表制の展開

第1節　労使関係の内在的分析の必要性

　周知のごとくデュポンは，他の多くの企業と同様に，ニューディール初期に制定されたNIRAの第7条a項に対する方策として1933年に従業員代表制（ERP）を全社的に導入した。この全社導入は，具体的には，それまでチャンバース工場(1)（ニュージャージー州ディープウォータの染料工場）のみで1919年以来細々と維持されていた工場評議会（Works Council）を全社に広めるという形で実現された。そして翌年の1934年には，労使双方同数の評議員で構成されていた工場評議会から経営側を代表する評議員を排除し，従業員側を代表する評議員のみで評議会を構成するように修正している。さらに1937年のNLRAの合憲判決以後は，各工場の工場評議会は廃止され，工場評議会を母体とした独立組合（independent local union）が誕生した。

　デュポンのERPをめぐるこのような動向は，アメリカの他の多くの企業でもみられたところである。しかしながらそれ以後の展開，特に全国的労働組合（national labor union：以下では全国組合と略す）による組織化という点においては，デュポンの状況は他の諸企業の状況とかなり異なっている。周知のように鉄鋼業や自動車産業などの諸企業では，ニューディール期，第2次世界大戦期，戦後期に全国組合による組織化が進んだ。また化学産業においてもダウ・ケミカル社（Dow Chemical Company）のように全国組合による組織化が進んだ企業が存在する。しかるにデュポンにおいてはニューディール期，第2次世界大戦期，戦後期を通じて展開された全国組合の組織化攻勢のほとんどが失敗している。今日でもデュポンでは，全国組合に組織された工場は少なく，多くは独立

組合に組織されるか,もしくはノン・ユニオン状態となっている。

このようなデュポンの特殊な状況が何に由来するかを,企業外部からの観察・分析のみで解明することは困難である。本章は,デュポンのこのような特殊性が何に由来するのかを明らかにするために,デュポンのERPの展開を内在的に分析し,その労使関係の実態に迫ることを目指している。具体的には,ハグレー博物館・図書館(Hagley Museum and Library)に所蔵されているデュポンの経営資料を用いてERPの展開を内在的に分析し,デュポンの経営陣がどのような考えの下にERPの全社的導入を決定したのか,またデュポンの従業員はそのような経営陣の決定をどのように受け止めていたのか,等々を明らかにすることによってデュポンの労使関係の実態を解明するものである。

第2節　従業員代表制の全社的導入

(1) ニューディール期以前の労使関係

創業(1802年)以来のデュポンの労使関係は,家父長的な色彩が濃いとはいえ,協調的なものであった。特に高い賃金水準と社宅をはじめとする福利厚生制度の充実は,職を求める労働者をデュポンへ引き寄せた。20世紀初頭の会社再編とそれに続く近代化の過程でデュポンの労使関係も近代化され,従来の家父長的・温情的な労使関係は,明文化された規定を備えた客観的な労務管理施策の上に再構築された。この近代化の過程で明文化・客観化が進められた主要な労務管理施策としては,工場が立地している地域におけるトップクラスの高賃金,年金や社宅などの手厚い福利厚生制度,労使協同の事業として進められた工場安全委員会活動,等々が挙げられる。

このようなデュポンでは,人事部が設置された1919年にERPも導入されている。しかしこのERPは,1919年にチャンバース工場に導入された後,1920年にアーリントン工場(ニュージャージー州アーリントン)に導入されただけで,その他の工場(当時のデュポンには50を超える工場が全国に散在していた)には導入されなかった。しかもアーリントン工場のERPは1927年頃には消滅しており,デュポンではチャンバース工場のERPがただ1つ細々とその活動を継

続していた。つまりデュポンは，ERPを導入したとはいえ，それを全社的規模で推進するにはほど遠い状況にあった。この点は，同じくSCCに加盟してERPを全社的に導入したNJスタンダードやハーヴェスターなどの企業とは異なっていた。当時のデュポン経営陣は，それまでに展開してきた自社の労務管理施策が十分に機能しており，それ以上の施策は不要と考えていたのである。

（2）全国産業復興法第7条a項対策としての従業員代表制の導入

このようにERPについてはその導入の必要性を認めていなかったデュポンであるが，ニューディール初期の1933年に突如，それまでチャンバース工場で細々と維持されていたERPを全社的に拡充する行動に出た。このデュポンの突然の変化を促したものは，ニューディール政策の一環として制定されたNIRA第7条a項に対する配慮であった。この点は，デュポンに限らずアメリカ社会においてニューディール期の労使関係がいかにして形成されたかを理解する上で重要なので，この間の事情を示す社内資料から事実関係を確認しておこう。

デュポン経営陣が，ERPの全社的導入を決定したのは1933年6月14日の経営委員会（Executive Committee）である。この経営委員会決定を受けて開かれた6月19日のゼネラル・マネジャー会議では，法務部のグレッグ（W. S. Gregg）が，ERPを全社的に導入することになった経緯を次のように説明している。

「産業界の指導者たちは，この法案審議の段階ではその法案（the bill）の問題性に気付いておらず，その労働条項（the labor provisions）の修正を提案しなかった。その結果，難点があったにもかかわらずその法案は，行政府に完全に委ねられることになり，産業界は法案を修正する手だてを失ってしまった。……この制定された法律（the act）の第7条は，従業員の権利に関して特定の条件を定めており，そのためにERPを提案せざるを得なくなった。」

つまりNIRAの第7条は，迂闊にも法案審議の段階で修正されなかったため，原案通りに制定され，その結果，各企業は労働者団体との交渉を余儀なくされることになったというのである。そして事態がそこまで進んだのであれば，

もはや全国組合との交渉を避ける方便としてERPを導入し，自社の従業員のみを相手とする道を選択せざるを得なくなったというわけである。

　以上が，デュポンがERPを全社的に導入することになった事情に関するグレッグの説明である。ここで留意しなければならないのは，このような事情はデュポンだけでなく，それまでERPを導入していなかった企業に共通していたと思われることである。つまりデュポンだけでなく他の多くの企業が，同じ事情に押されてERPを導入することになったと考えられる。事実，この時期にデュポンと同様に，NIRAの制定後に急遽ERPを導入した企業が相次いだことをNICBの調査が確認している[8]。

　NICBは1933年11月に労使交渉方式に関するアンケート調査を実施している。その調査によれば，アンケート回答企業3,314社（これらの企業が雇用する賃金労働者の総数は250万人）のうち，①従業員との個別交渉を行っていたのが45.7％，②ERPの具体的形態を意味する工場評議会を通じて交渉していたのが45.0％，③労働組合（organized labor unions）を通じて交渉していたのが9.3％であった。そして工場評議会を通じて交渉していた企業のうちの653社（61％）では，その工場評議会はNIRAの制定以後に発足したものであった。つまり交渉団体として活動していた工場評議会の61％は，NIRAが制定された1933年6月からNICBの調査が行われた同年11月までのわずか半年足らずの間に設立されたのであった。

（3）従業員代表制導入の全社的徹底

　上述のような状況の中で，デュポンにおいてもERPの全社的導入が慌ただしく決定されたのであるが，その意思決定以後の行動は迅速であり徹底したものであった。まず全社一斉に導入するための手順が定められたが，その手順書にはデュポンおよび子会社のトップ・マネジメントから末端の職制に至るまでの全管理階層を動員する手筈が示されていた。その概要を示せば，次のようであった[9]。

　①特定の期日にデュポンとその子会社の工場責任者（工場長もしくはその代理人）がウイルミントンの本社に集まる。

②本社サービス部が ERP の導入について詳細な説明を行う。つまり ERP の基本的な考え方をはじめ，なぜ ERP を導入するのかその理由，従業員への ERP の提示方法，投票手続き，工場評議会の組織，ERP の監督に当たる工場長が遵守すべき方針や実務等々について詳細な説明を行う。
③工場長らは，各工場に戻り，それぞれの工場の各部門長に同様の情報を伝える。
④各部門長は，フォアマンを招集し，サービス部で用意した資料に従って ERP の説明を行う。
⑤各フォアマンは，部下の従業員に ERP の説明資料を配付し，ERP に関する質問に応じる用意のあることを説明する。

このような手順からも明らかなように，デュポンでは，トップ・マネジメントから末端職制のフォアマンに至るまでの全管理階層を動員する手筈を整えた上で ERP の導入が進められたのである。ところで ERP が実際に定着するための第1の関門は，従業員投票による承認であるが，この投票は一部の工場を除き大部分の工場で 6～8 月に実施され，多くの工場で 90％以上の賛成を得て ERP の導入が承認されている[10]。

このような展開を受けて 8 月 21 日に開かれたゼネラル・マネジャー会議では，サービス部部長補佐のエヴァンス（F.C. Evans）が，ERP の導入について満足できる結果が得られたことを次のように報告している[11]。

「現在，65 の ERP が設立され，活動している。バーミンガム工場の従業員は ERP に関する投票のやり直しを請求し，そしてこの再投票の結果，ERP は 88％の賛成票を得て従業員に承認された。現在，ERP の設立が実現していない工場は 4 工場だけとなった。我々は，工場長の皆さんが ERP を提示される際に示された誠実さと率直さに大変満足しています。また多くの工場評議会が発足しましたが，その発足の仕方についても大変満足しています。」

第 3 節　従業員代表制の制度的修正

このように 1933 年における ERP の全社的導入は，デュポン経営陣もほぼ満

足できる状況で実現したのであるが，翌年の1934年には早くもERPの制度的修正を行っている。主要な修正内容は，労使同数の評議員で構成されていた合同委員会型の工場評議会から経営側代表を排除するというものであった。この修正は，当時連邦議会で審議されていた労働争議法案(12)（Labor Disputes Bill）が原案のまま制定された場合にもERPを適法的なものにしておくために必要な措置と考えてのものであった。

とはいえ，この修正は，制度導入時ほどにはスムーズにいかなかった。というのは，従業員側に修正を拒否する雰囲気があったからである。エヴァンスが，上司であるサービス部部長・副社長のハリントン（W. F. Harrington）に宛てて書いた社内文書は，従業員の雰囲気を次のように伝えていた。(13)

「工場評議会と接触したり，文書を交換したりする中で得た私の感触では，多くの大規模工場評議会は，提案されたERPの修正案（工場評議会から経営側代表を排除するというような修正案—注，森川）を受け入れるよりは，現行の合同委員会を保持したいと考えているようです。というのは，合同委員会は，従業員側代表に管理者たちと定期的に接触する機会を提供してくれるし，投票で選出された代表として管理者たちと肩を抱き合う機会を提供してくれるからです。他方，小規模工場においては，管理者と従業員の間の接触はより頻繁であるため，工場評議会から経営側代表を排除することにそれほど大きな問題はありません。」

このエヴァンスの文書から判断すれば，評議員に選出された従業員側代表の多くは，経営側代表となっている管理者たちに親近感をもっており，その意味では工場評議会は非常に労使協調的であったといえる。この点は，ERPの設立が高率の賛成投票で承認されたことと符合しており，デュポンの労使関係は極めて協調的なものであったと考えられる。

ともあれ，このような状況の中で開かれた4月16日のゼネラル・マネジャー会議では，ERPの制度的修正については否定的な見解が多く，修正は行わないという結論に達した。しかしその後，この修正問題は経営委員会で審議され，ERPの制度的修正を行うという結論が経営委員会の判断として下された。つまり，工場長の意見を直接的に聞く機会の多いゼネラル・マネジャーたちの

会議の結論とは異なる形でトップ・マネジメントの判断が下されたのである。その結果，6月1日にはこの経営委員会の判断に基づいて修正手続きを全社的に進めるよう指示するラモー・デュポン（Lammot Du Pont）社長の文書が各部門長宛に出された。[14]

このように最終的には，経営委員会の審議に基づいて社長が直々に指示文書を出すという形で ERP の制度的修正が実行に移されることになったのであるが，社内にかなりの異論があっただけに，その進め方には慎重な配慮がなされていた。つまり実際に修正手続を進めるにあたっては，何がなんでも現行のERP を修正するというのではなく，工場評議会が修正を認めず，現行の制度を維持するというであれば，それはそれでよしとするスタンスで修正手続きを進めるよう指示されていた。[15]

修正手続きはこのような経緯を経て進められただけに，実際に修正が行われたのは 46 工場だけであり，20 工場では当初の合同委員会型の ERP が維持された。[16]

第4節　従業員代表制の1935年における全社的状況

上述のごとく，デュポンにおける ERP の全社的導入は経営陣が主導する形で上から一挙に実施されたのであるが，その導入の経緯から窺えるように，従業員側においてもそれを忌避する雰囲気はなく，むしろ歓迎する状況にあった。この点も含め，ERP の全社的状況について資料を踏まえて確認しておこう。

デュポン・サービス部は，ERP の全社的導入とそれに引き続いて行われた制度的修正が一段落した 1935 年に，デュポン ERP の全体状況を示す2つの報告書を作成し，関係部署へ送付している。1つは，1月 31 日に経営委員会へ提出された「従業員代表制」と題する報告書[17]（以下では「報告書１」と略す）で，1933 年の ERP の全社的導入以降の経緯と活動状況を概括したものである。他の１つは，1935 年の従業員側代表選挙終了後の６月に作成された「工場評議会」と題する報告書[18]（以下では「報告書２」と略す）で，従業員側代表選挙の選挙結果を分析したものである。以下ではこの２つの報告書をもとに，1935 年

におけるデュポン ERP の全社的状況を確認しておこう。

(1)「報告書1」の検討

経緯と活動状況を概括した「報告書1」から，1935年1月の状況を示した部分を摘出すれば，次のようであった。

まず工場評議会の数とその構成員については，次の数値が示されている。
「活動中の工場評議会：66
選出された従業員側代表：364
指名された経営側代表：83
事務局長：62（4名の従業員側代表が事務局長を兼務している）
総　　数：509」

これらの数値のうち経営側代表が83名となっているのは，前述の制度的修正をしなかった20工場に対応するものである。つまりデュポン経営陣が提案した修正案がすべての工場で受け入れられておれば，この人数は0となるはずであったものである。これに対して従業員側代表は全工場（66工場）で選出されているため364名となっており，両者の人数は著しく不均衡となっている。また工場評議会の66に対して事務局長が62名となっているのは，報告書の注記にあるように，従業員側代表の4名が事務局長を兼務しているためである。なお「ERP規約（修正案）」によれば，事務局長は，工場評議会が従業員の中から選ぶものとされており，事務局長には評議会における投票権が与えられていない。また同規約によれば，事務局長は，工場評議会の指示に従って，すべての会議の出席者記録および議事録を作成・保管することになっている。[19]

次に「報告書1」が行っている定性的な評価についてみておこう。「報告書1」は，工場評議会の活動状況の定性的な評価を①態度（Attitude），②主導権（Initiative），③指導性（Leadership），④人事的な関心（Personnel Interest），⑤社会性（Social Tendency）の5側面にわたって行っている。以下では，本稿の課題から最も重要と思われる①②について，その要点を列記しておこう。

「①態度」においては，「以下に例示されるように，独立への志向はあるが，基本的に協調的である」という全体的評価を与えた上で，(a)〜(f)の指摘が次の

ように列挙されている。
　「(a)ごく一部ではあるが，意見の分かれる事項について工場管理者たちを越えて最終決定まで持ち込もうとする傾向がある。
　(b)賃金やそれに類した事項についての工場管理者たちとの意見の相違に関しては，納得するまで固執する。
　(c)工場管理者たちから知らされる会社の経営状況には強い関心をもっている。
　(d)管理上の問題を正しく理解するようになってきている。
　(e)外部の労働組織の活動に関連して会社への忠誠を表明している。
　(f)会社の制度や施策を評価する決議や公式表明を数多く出している。」
　上記(a)の指摘にある「最終決定」というのは，「ERP規約（修正案）」にある調停手続をとることを意味している。つまり「ERP規約（修正案）」には，意見の相違が工場長の判断を仰いでも解決しない場合は，調停に附すことができるという手続条項が定められており，この規定を援用する傾向があるということである。したがって(a)および(b)の指摘からは，評議員の権利意識はかなり高いものがあり，言うべきことは言っていると考えられる。とはいえ，(c)～(f)の指摘からすれば，評議員の労使関係に関する基本的なスタンスは協調的であったことは間違いない。
　「②主導権」においては，「以下に例示されるように，全般的に積極的で建設的である」という全体的評価を与えた上で，(a)，(b)の指摘がなされている。
　「(a)賃金従業員のための休暇制度を開設した。
　(b)次のような問題について従業員のためになる多くの改善をもたらした。
　　従業員サービス，作業条件，作業方法，賃金の支払い上の便宜，賃金および労働時間の調整，現地雇用と人事政策，個人的苦情の調整，通勤の便宜，工場売店からの物資購入，工場村の諸施設」
　(a)の休暇制度の開設というのは，従来俸給従業員だけに認められていた有給休暇制度を賃金従業員にも認めることになったことを意味している。この措置により，デュポンでは1934年1月1日から，勤続1年以上の賃金従業員に毎年1週間の有給休暇が与えられるようになった。[20]

(b)の労働条件にかかわる改善がどのようなものであったかを具体的に示すものがないので、今日その意義を確定することはできない。しかし、この報告書は社内の報告書であり、全社的共通認識となっていることについて具体的な説明がないのは当然である。この点を考慮すれば、(b)に示された状況も、工場評議会の活動成果として指摘したものと考えられる。つまり、(a)(b)に示された状況は、工場評議会の活動成果が労働組合のそれに匹敵するものとして指摘されているといえよう。

以上の「報告書1」の簡単な紹介からも明らかなように、デュポンのERPは全社的に導入されて間もないにもかかわらず、その活動は、本来の労働組合が活動する領域で展開されていた。また紹介を割愛した③～⑤において確認されている傾向の中には、デュポン経営陣の想定を超えたものとなっていたと思われるものもあった。例えば、「利益の大半を特別配当（extra dividends）」として株主へ渡すのに対して、従業員への賃金増大はごく一部にとどめるという会社の政策に疑問を呈する傾向が高まっている（⑤-d）」や「工場評議会大会（Works Councils Conventions）を開催したり、事業部別評議会（Divisional Councils）を形成することを議論しており、明らかにERPのより大規模な統合を志向している（⑤-f）」などである。このような工場評議会の活動は、従業員の支持を獲得するに値するものとなっていたと考えてよいであろう。したがって、工場評議会のこのような活動状況とデュポンの高賃金政策や手厚い福利厚生制度の存在などを合わせ考慮すれば、全国組合とERPの二者択一を迫られたデュポン従業員が、ERPを選択する可能性はかなり高いものになっていたと思われる。つまり全国組合の組織化攻勢に備えるためにERPを全社的に導入したデュポンの政策は、功を奏しつつあったと評価できそうである。

（2）「報告書2」の検討

次に、従業員側代表選挙の選挙結果を分析した「報告書2」について検討しておこう。

「報告書2」は、総数（1935年6月1日現在）467人の評議員について、年齢別構成、勤続年数別構成、職種別構成を明らかにしている。その要点を列挙す

れば次のようであった。

　まず年齢別構成についてみれば，5歳きざみの年齢区分で最も大きいのが30代後半の96人であり，次いで30代前半の93人，40代前半の80人，20代後半の65人，40代後半の51人と続いている。そして20代前半は18人となっている。つまり，30代を中心にしてその前後の世代が評議員の大層を成しており，平均年齢も37.7歳となっている。このような状況からは，人間としての分別にしろ，仕事上の能力にしろ，職場の中心に位置する人物であるような評議員像が浮かび上がってくる。

　次に勤続年数別構成についてみれば，5年きざみの勤続年数区分で最も人数の多いのが6〜10年の161人，次いで1〜5年の124人，11〜15年の83人，16〜20年の58人と続いている。1〜5年の層が意外に多い点には多少の驚きを感じるが，11〜15年の層と16〜20年の層もかなりの人数となっており，全体の平均勤続年数は10.5年となっている。ところで先述の年齢構成において20代前半の人数はごくわずかであったが，この点を考慮すれば，勤続年数1〜5年の層も必ずしも若年層というわけではないと考えられる。つまりデュポンで職を得る前に，他企業で一定の経験を積んできた可能性が高いと考えることができそうである。ともあれ，平均勤続年数が10.5年となっていることからもわかるように，職場の中心に位置する中堅層が評議員になっていたと考えられる。

　最後に職種別構成についてみれば，半熟練職種の運転工が182人で最大の職種であり，次いで熟練職種の機械工などが125人，不熟練職種の一般工が61人，事務職員が51人となっている。装置産業としての化学産業においては，半熟練工とはいえ運転工は基幹労働者であり，デュポンでも重視された職種である。その職種から最大数の評議員が出ていることは留意しておくべきである。また2番目に多くの評議員が出ている機械工などの熟練職種も，工場の維持・補修には不可欠の重要職種である。また当時のアメリカ労働運動では，ナショナルセンターとしてのAFLがこの熟練職種を中心に組織されていたことを考えると，最も組織化攻勢を受けやすい職種でもある。ERPが，全国組合の組織化攻勢を避ける目的で導入されたことを考えると，この2つの職種を中心に

評議員が出ていることの意味は大きいといわねばならない。

「報告書2」に示された上記の諸点を考慮すれば，デュポンERPにおける評議員は，人間的にも仕事上でも職場の中心に位置していたと考えられる平均年齢37.7歳，平均勤続年数10.5年の従業員，そして職種的には重要職種の運転工と機械工が中心となった職場の代表という人物像が浮かび上がってくる。

以上の整理からも明らかなようにデュポンのERPは，かなりうまく従業員の中に定着していたと考えられる。この点を踏まえれば，ERPの全社的導入によって全国組合の組織化攻勢に備えるというデュポンの狙いは十分に達成されたといってよいであろう。

第5節　全国労働関係法合憲判決の衝撃

上述のごとく，デュポンはERPの全社的導入とその定着に成功したと思われるが，そのような状況を一変させる事態が生じた。いうまでもなく，それは連邦最高裁によるNLRAの合憲判決である。かつてSCCの事務局長であったカウドリック（E.S. Cowdrick）は，最高裁によってNLRAの合憲判決が出された1937年の1年を振り返って，次のように述べていた。[21]

「この1年は，多くの点において異常な1年であった。組織労働者のキャンペーン（それは，この年の第1・第2四半期を特徴づけたような産業の高収益時を彷彿とさせるものであった）は，政府のあからさまな同情とライバル組織の競争的な取り組みによって強められていた。NLRAに関する最高裁判決によってガードを外された雇用者たちは，新しい事態に対処するために採られた方法について，しばしば自信がもてず，ためらいがちであった。おびただしい数のストライキが発生し，時には新奇で混乱をもたらすような手法が持ち込まれた。労働組織は，時には自らの契約を踏みにじることさえ行った。この年の9～12月の景気後退は，突然にやってきたし，その進行はあまりにも早かったので，労使関係に影響する状況はほぼ毎日のように変化していた。産業経営者たちは，年末には，経済的・社会的・政治的な不確実性に取り囲まれ，計り知れない量の多様性のために解決不能と思われるような問題に取り組んでいた。」

この引用から明らかなように，カウドリックの目から見て，NLRAの合憲判決が出された1937年の1年は，産業経営者にとっては労働攻勢の嵐が吹き荒れた1年であった。わずか2年前の1935年の1年との対比でその状況を確認すれば，その違いは次のようにいうことができるであろう。つまり1935年の1年は，NLRAが制定されたとはいえ，経営者側にはその法律がいつ最高裁で違憲判決を受けるかもしれないという期待をもちえた1年でもあった。それに対して1937年の1年は，その期待が見事に打ち砕かれ，ガードを外された経営者たちが無防備のままに労働攻勢にさらされた1年だったのである。

　このような時期に，デュポンはそれまでに確立していた労務管理・労使関係施策をどのように変更し，再構築していったのであろうか。この点を次にみておこう。

第6節　全国労働関係法対策

（1）全国労働関係法合憲判決直後のデュポン経営陣の判断

　デュポン経営陣は，NLRA法案が議会に上程された時から同法案の動向に留意し，同法案が企業経営にもたらす危険性について検討していた。またNLRAの制定以降においては，同法の合憲性をめぐる司法レベルの争いが産業界と政府の間で展開されるが，デュポンもSCC参加企業の一員として同法の検討を重ねていた。したがって1937年4月12日に同法に対する最高裁の合憲判決が出されてからは，デュポン経営陣は，必要な法的対処策を矢継ぎ早に打ち出している。

　当時のサービス部担当副社長であったハリントンのファイルの中には，4月16日から4月21日までの日付を付した次の①〜⑤の文書を見出すことができる。いずれもNLRAの合憲判決を受けて，社内の関係者に事態の解説や対処方法を示したものであるが，作成部署や発送部署が示されていないメモ原稿の形となっている。また②と③以外の文書にはタイトルも付されていない状況である（①④⑤の文書の＜　＞内に示したタイトルは内容に即して森川が付したものである）。

① 1937年4月16日：＜全管理職へのメモ＞[22]
② 1937年4月20日：「工場長のためのメモ」[23]
③ 1937年4月20日：「労組オルガナイザーとの折衝を想定して」[24]
④ 1937年4月21日：＜NLRAが求める団体交渉機関＞[25]
⑤ 1937年4月21日：＜工場評議会へのアドバイス＞[26]

これらの文書は相互に内容的な重複があり，対象範囲もまちまちなので，ここでは，NLRAに対するデュポン経営陣の考え方を最も体系的に示したものとなっている文書②を取り上げ，その要点を紹介しておこう。文書②に示されたデュポン経営陣のNLRA理解の要点を列挙すれば，次のようであった。

A 現行のデュポンの工場評議会は，合同委員会型であれ，従業員側代表だけで構成された型のものであれ，いずれもNLRAに抵触しているという認識が明瞭に示されている。つまり経営者指名代表が評議員となっている前者の型だけでなく，後者の型においても，会議時間に対して評議員に報酬を支払っていること，書記や会議室を無料で提供していることなどが，NLRAでいう不当労働行為に相当するという認識が示されている。

B NLRAに抵触する部分を修正すれば，工場評議会は合法的になるはずであるが，実際にそれが法的に確定するためには，一定の法廷闘争を経なければならないため，決着がつくのが何時になるかわからないという認識が示されている。

C したがって次には，デュポンとしては不当労働行為に相当する行為をただちに止める措置をとらねばならないことが主張されている。

D 工場評議会や従業員に対して，「ああしたらよい」「こうしたらよい」などとアドバイスを与えること自体が不当労働行為となるので，あくまでも工場評議会や従業員自身の判断を待つスタンスが必要であるという認識が示されている。

E デュポンとして今後どのような施策を講じるべきかは，従業員の大多数が外部の労働組合に加入することを望んでいるのか否かによって大いに異なるので，従業員の大多数の意識状況を確認することが重要な課題であるという認識が示されている。

F そのような認識に基づいて,工場評議会の開催を要請し,工場評議会自身の手でその確認作業が開始されるよう示唆すべきであるということが,工場長に対する指示として示されている。

 以上が文書②に盛られた内容の要約である。この文書②のもつ意義を確認しておこう。第1に確認すべきことは,以上のA～Fに示されたデュポン経営陣のNLRA理解は,後の歴史的な展開に照らしてみても非常に正確なものであったといえることである。少なくとも,何が不当労働行為に該当し,何が不当労働行為に該当しないかについては正確に理解されていた。したがって当面採るべき措置として示されたことは,Cに示されたごとく,不当労働行為をただちに止めることであった。またDには,今後のERPのあり方にかかわって,会社が新たな不当労働行為を引き起こさないための留意点が示されており,そこでは従業員組織のあり方はあくまでも従業員自身の選択によるのでなければならず,その選択に会社が関与してはならないことが示されていた。

 第2に確認すべきことは,このようにNLRAに抵触しないための留意点を確認した上で,次になすべきことは従業員の大多数が外部の労働組合への参加を希望しているか否かを確認することであると明瞭に指摘されていることである。この指摘には,従業員の大多数が外部の労働組合への参加を希望しているか否かが,独立組合形成の可否を左右する分岐点であるという認識が示されていた。したがってFでは,工場長に対して,細心の注意を払って従業員の大多数の意思を確認することが指示されていた。

(2) 労務管理基本方針の策定

 このように文書②には,最高裁によるNLRAの合憲判決が出された段階で,デュポンがとるべき方策の基本線が示されていた。後の検討を先取りする形で,デュポンの労務管理・労使関係施策のその後の展開を確認すると,まさにここに示された基本線に沿った展開がなされていた。つまり一方では従業員の大多数の意思を確認し,できれば独立組合が形成される方向で会社の対応策を展開するとともに,他方では従業員の大多数の意思がどのようであろうとも,全国組合の組織化攻勢に備えてその防御を固めるために,従来から進められてきた

高賃金政策,手厚い福利厚生政策,工場安全委員会活動などをより強化することに力が入れられていた。

このようにデュポンでは両面にわたる努力が続けられていたのであるが,1937年11月にその後の労務管理政策の基本を定式化することになる「デュポン労務管理基本方針」(以下では「基本方針」と略す)を策定し,そのような模索に一段落つける状況を迎えている。[27]

「基本方針」の具体的な内容については,拙稿「ワグナー法合憲判決のデュポン社労務管理・労使関係政策への影響」を参照して頂くことにして,ここでは「基本方針」の概要と実践的な意義について確認しておこう。

この「基本方針」は,大きく5つの大項目(Ⅰ.団体交渉,Ⅱ.賃金政策,Ⅲ.労働時間政策,Ⅳ.先任権政策,Ⅴ.雇用政策一般)から成っている。そしてそれぞれの大項目がさらに細分化されており,原資料の文書量は日本でいうA4判の用紙で12頁に及んでいる(付属資料は除く―注,森川)。大項目Ⅰの「団体交渉」は,先の文書②のNLRA理解を基本にして,交渉団体の承認から協約の締結に至るまでの団体交渉の過程に即した留意事項を明示したものとなっている。またⅡ～Ⅴの諸項目は,従来から展開してきたデュポンの労務管理施策の基本を再確認したものとなっており,その対象範囲は労務管理の全領域に及んでいる。つまり「基本方針」は,デュポンの労務管理・労使関係施策に関して考えうるほとんどの問題を網羅したものとして策定されていたのである。

以上が「基本方針」の概要であるが,デュポン経営陣がこの時期にこのような「基本方針」を策定した狙いは何であったのだろうか。この点に関する重要な手掛かりが,「基本方針」の原案を作成したハリントンが記した文書に残されている。ハリントンは11月1日に「基本方針」の原案を経営委員会に送付しているが,彼はその送り状の中で「基本方針」がどのような観点で纏められているかを次のように述べていた。[28]

「同封しました報告書は,経営委員会の要請に応えようと努力したものです。ご覧になるとおわかりのように,報告書は,考えられる様々な問題を取り上げようとしていますし,またこれらの問題に対して越えてはならない一線(この越えてはならない一線とは,既存の公認された前提条件となっていると理解される

第8章　デュポンにおける従業員代表制の展開

ものです）を設けるようにしています。この様々な制約の範囲内のものであれば，現業諸部門ならびにサービス部は，許可済のもの，つまり経営委員会の承認を得る必要のないものと解釈いたします。反対に，この制約範囲を越えるものは，経営委員会の承認が必要となります。」

　このハリントンの叙述からは，「基本方針」が網羅的であるだけでなく，取り上げられた様々な問題について越えてはならない一線を明瞭に設定したものであるということがわかる。つまりその一線の範囲内であれば，経営委員会の事前承認を得る必要がなく，各部門や各子会社の判断で自由に処理できるという区分を明瞭にしているのである。

　網羅的であり，かつ現場の裁量範囲を明瞭に示すという上記2点の特徴を備えた「基本方針」は，当時の時代状況を考慮すれば，非常に重要な意味をもっていたと考えられる。つまり一方には，NLRAの合憲判決によって，全国組合の組織化攻勢が激化することは目に見える状況があり，他方には，それまで実際に労働組合との団体交渉を経験したことのない工場が全国に多数散在しているというデュポンの社内事情が存在している。このような状況下では，個々の工場においてその経営を任されている工場経営陣が，それぞれの地域事情を考慮して迅速に意思決定できる体制が必要であるし，しかも個々の工場経営陣のそのような判断が，全社的な経営の観点から求められる労務管理・労使関係施策の基本線から逸脱してはならない。この実践的な差し迫った課題に応えるものとしてこの「基本方針」が策定されたのであった。まさに，「基本方針」は，全国に約70の事業拠点を有するデュポンの工場経営陣に対する実践的な労務管理マニュアルとして策定されていたのである。したがってこの「基本方針」は，デュポンの全部門，全子会社に配布されることになった。[29]

第7節　「基本方針」策定後の労使関係

　以上，デュポンの労務管理・労使関係施策の展開について「基本方針」の策定まで追ってきた。この節では，その後の数年間の状況を概観することによって，ニューディール後期におけるデュポンの労務管理・労使関係施策について

195

纏めておこう。

　サービス部労使関係課長セディウィック（H. F. Sedwick）は，「デュポンにおける団体交渉の発展」（以下では「発展」と略す─注，森川）という簡単な報告書を纏め，1942年1月20日にハリントンに送っている。その報告書には，1919年のチャンバース工場へのERPの導入から1942年1月までのデュポンにおける労使関係の推移が概括されている。(30) 具体的には，デュポンの労使関係発展の節目となった時点や時期を取り上げ，その時点や時期に見受けられた事実や状況が簡潔に指摘されている。以下では，この「発展」に依拠して，「基本方針」策定以後の数年間の状況を概観しておこう。

（1）1937年5月～1938年12月

　この時期の状況について，「発展」は次のように描いていた。

　「NLRAおよびNLRBによる裁定のもとで発展した事態に従って，多くの工場経営陣は，既存の"全員が従業員側代表で構成された"工場評議会に対して次のように自己変革するよう促した。つまり，勤務時間中の会議もなく（経営陣と協議する場合は除く），会社からの会議場所や事務用品，備品の無料提供もないという形で完全に独立・自立するよう促した。1938年末までにこの再編はほぼ完了し，多数の団体交渉機関が，州法のもとで法人格を獲得し，合法的な顧問弁護士を擁するようになった。

　このような再編が，選出された従業員側代表たちによって，その構成員に相談することなしに遂行された場合もあれば，構成員による賛成投票が得られた場合にのみ再編が行われた場合もあった。すべてではないにしてもほとんどの場合，移行に伴う投票やその他の行為は，勤務時間中に会社の施設内で行われた。同様に，すべてではないにしてもほとんどの場合，新しい交渉機関は，以前の工場評議会と同じ役員，同じ組織構造，同じ資産を有していた。会社が，従業員へ公式の手紙を出すことによって工場評議会を廃止したというようなことは，もしあったにしてもごくわずかでしかない。したがって，"全員が従業員側代表で構成された"旧工場評議会の解散と現在の独立組合との間には，明瞭な断絶もなければ，時間的隔たりもない。」

第8章　デュポンにおける従業員代表制の展開

　ここで確認すべき点は，ERPの独立組合への転換は1938年末までにほぼ完了したこと，工場ごとに多少の相違はあるにしても転換は，会社のあからさまな指示や介入によるのではなく，従業員自身の手で行われたということの2点である。後者の点は，「基本方針」に示された全社的な指示がほぼ遵守されたことを示している。

(2) 1941年4月23日〜1942年1月

　「発展」は，この時期に7つの工場で労働協約が締結されたことを伝えている。協約締結の相手組合は，CIO系労働組合が1つ，AFL系労働組合が1つ，独立組合が5つであった。

(3) 1942年1月

　「発展」は，最後に1942年1月の状況を次のように記して終わっている。
　「工場経営陣は，現在，以下の61の団体交渉機関と交渉中である（各組合のカッコ内の数値は，団体交渉機関数を示している―注，森川）。

　　独立組合(40)：これらの労働組合は，会社の雇用カードの署名と労働組合の組合員署名を比較照合した後に書面によって公式に承認されている。
　　独立組合(1)：この労働組合は，NLRBの投票に基づいて公式に承認されている。
　　独立組合(18)：これらの労働組合は，当該工場における従業員の絶対多数を代表しているという証拠書類はないけれども，交渉に入っている。
　　CIO系労働組合(1)：この労働組合は，NLRBの投票に基づいて公式に承認されている。
　　AFL系労働組合(1)：この労働組合は，NLRBの投票に基づいて公式に承認されている。
　上記以外の19工場においては，団体交渉機関との交渉は行われていない。」
　ここには，1942年1月における全体状況が示されている。デュポンと交渉

中の団体交渉機関は全部で 61 あり，そのうち NLRB が関与した投票に基づいて団体交渉機関として承認された労働組合は 3 組合だけであり，独立組合，CIO 系労働組合，AFL 系労働組合の三者がそれぞれ 1 つずつとなっている。残りの 58 の団体交渉機関は 2 グループに分かれている。1 つは会社が名簿確認した上で団体交渉機関としての承認を文書で与えた 40 の独立組合であり，他の 1 つは証拠書類がないままに団体交渉に入っている 18 の独立組合である。またこれらの工場以外に全く交渉が行われていない工場が 19 工場存在している。

　ここに示された 1942 年 1 月の状況は，まさにデュポン経営陣が望んでいた状況そのものであったといってよいであろう。つまり ERP のほとんどが独立組合へ転換し，またその独立組合のほとんどが団体交渉機関となっていた。そして全国組合が団体交渉機関の地位を獲得したのは，61 の団体交渉機関が存在する中で，2 つでしかなかったのである（CIO 系の 1 つと AFL 系の 1 つ）。まさにデュポン経営陣が狙っていた通りの展開となったといわねばならない。

　このように NLRA の合憲判決以後のデュポンの労務管理・労使関係施策は，一方では ERP が独立組合へ転換するよう誘導し（NLRA に抵触しないように細心の注意をはらいながら），他方では従来からの高賃金政策，手厚い福利厚生政策，労使協同の事業として取り組まれてきた工場安全委員会活動，等々をより一層充実させ，全国組合の組織化攻勢に対する防御を固めるという両面作戦であったが，この政策は見事に功を奏したといえそうである（少なくとも，1942 年の初頭においては）。

（1）　当工場は，デュポンが染料および有機化学品事業に参入するために 1917 年に建設した工場である。当初は Dye Works と呼ばれていたが，1944 年 4 月 7 日に名称を変更し，Chambers Works と呼ばれるようになった。この新たな工場名は，デュポンが染料および有機化学品事業に参入するにあたって大きな功績のあった Dr. A. D. Chambers に敬意を表して命名されたものである。この点については，ハグレー博物館・図書館の次の資料を参照されたい。Chambers Works History, Volume Ⅰ, Chapter Ⅷ, p. 6, Accession 1387.
　　また本工場は，第 2 次世界大戦期に遂行されたアメリカのマンハッタン計画（原爆製造計画）にも関与しており，本稿以外でも言及されることの多い工場である。したがって混乱を避

第8章　デュポンにおける従業員代表制の展開

　　けるために名称はチャンバース工場で統一する。
（ 2 ）　次の論稿は，そのような外在的分析の限界を明らかにしている。森川　章「ニューディール
　　期化学産業の労使関係分析の今日的意義と課題」『名城商学』第 45 巻第 3 号，1995 年 12 月。
（ 3 ）　本章は，次の 2 つの論稿に加筆・修正したものである。紙幅の関係から，当該論稿に掲載し
　　た資料等は割愛している。森川　章「デュポン社における初期ニューディール労働政策への対
　　応——従業員代表制の全社的導入」『名城論叢』第 8 巻第 3 号，2007 年 11 月。森川　章「ワ
　　グナー法合憲判決のデュポン社労務管理・労使関係政策への影響——従業員代表制の独立組
　　合への転換と労務管理基本方針の確立」『名城論叢』第 8 巻第 4 号，2008 年 3 月。
（ 4 ）　森川　章「SCC 発足前後のデュポン社の労務管理と労使関係」平尾武久・伊藤健市・関口
　　定一・森川　章編著『アメリカ大企業と労働者——1920 年代労務管理史研究』北海道大学図
　　書刊行会，1998 年，第 10 章を参照されたい。
（ 5 ）　SCC については，伊藤健市「SCC の労務理念と従業員代表制」平尾武久他編著，前掲書，
　　第 1 章を参照されたい。
（ 6 ）　この点については，森川　章「ラモー・デュポンの経営思想——大恐慌・ニューディール
　　期のデュポン社の経営」『名城論叢』第 2 巻第 1 号，2001 年 6 月を参照されたい。
（ 7 ）　ハグレー資料：General Managers' Meeting（June 19, 1933），Accession 1813, Box16, Folder 2.
　　なおハグレー資料の典拠表示については，以下においてもここに示したように，資料タイトル，
　　アクセス番号，ボックス番号，フォルダー名の順に記述する。
（ 8 ）　ハグレー資料：Labor Relations, 1933-1934, Accession 1813, Box 18, Folder 8.
（ 9 ）　ハグレー資料：Procedure for Organizing Employe Representation Plans at Works of E. I. du
　　Pont de Nemours and Company and Subsidiary Companies, Accession 1813, Box 16, Folder 13.
（10）　ハグレー資料：Employes' Representation Plan（July 3, 1933），Accession 1813, Box 15, Folder
　　11. 当資料は 7 月 3 日までの投票結果を概括しているが，そこには 22 工場のうち 20 工場で 90
　　％以上の賛成票があったこと，また 22 工場全体（総投票数：8256 票）の平均では 88 ％の賛
　　成票があったことが示されている。
（11）　ハグレー資料：General Managers' Meeting（August 21, 1933），Accession 1813, Box 16,
　　Folder 3.
（12）　1934 年 3 月に上院に提案された労働争議法案は，結局は廃案となっている。しかしワグナ
　　ー上院議員は，同法案を練り直し，NLRA の制定を 1935 年 2 月 21 日に提案している。同法
　　案は 1935 年 5 月 16 日に上院で可決，1935 年 6 月 19 日に下院で可決，さらに両院委員会で調
　　整した上，1935 年 6 月 27 日に両院で可決・成立した。そして 1935 年 7 月 5 日に大統領が署
　　名して発効している。その後，産業界と政府の間で同法の合憲性をめぐって司法レベルでの争
　　いが続くが，この司法レベルでの争いは，1937 年 4 月 12 日の最高裁による合憲判決（ジョン
　　ズ・ラフリン・スティール社事件）によって決着がつけられている。これらの歴史的経緯につ
　　いては，次の文献を参照されたい。津田真徴『アメリカ労働運動史』総合労働研究所，1972
　　年，185 ページ；紀平英作『ニューディール政治秩序の形成過程の研究』京都大学学術出版会，
　　1993 年，359～482，414，471 ページ。
（13）　ハグレー資料：Employe Representation Plan（May 29, 1934），Accession 1813, Box 18, Folder
　　14.
（14）　ハグレー資料：タイトル無しのラモー・デュポン社長文書（ゼネラル・マネジャーおよび子
　　会社社長宛，June 1, 1934），Accession 1813, Box 18, Folder 14.

(15) ハグレー資料：Employe Representation Plan (June 4, 1934); Suggested Procedure for Amending the Employes' Representation Plan, Accession 1813, Box 18, Folder 14.
(16) ハグレー資料：Employes' Representation Plan (February 13, 1935); Employes' Representation Plan (1-31-35), Accession 1813, Box 20, Folder 5.
(17) 同上ハグレー資料：Employes' Representation Plan (February 13, 1935); Employes' Representation Plan (1-31-35).
(18) 前掲ハグレー資料：Works Councils (June 14, 1935); Employes' Representation Plan, Results of 1935 Elections, Accession 1813, Box 20, Folder 5.
(19) 「ERP規約（修正案）」は，森川 章「デュポン社における初期ニューディール労働政策への対応」の末尾に資料として掲載されている。
(20) ハグレー資料：Vacation Plan for Wage-Roll Employes, Accession 1813, Box 16, Folder 1.
(21) カウドリックは，ワグナー法が連邦議会に上程された1935年にはSCCの事務局長の職にあったが，1938年にはその職を辞して一介の労使関係コンサルタントとして活躍していた。ここで引用するのは，彼がクライアントに提出した報告書『1937年度　顧問報告（1938年1月25日報告）』（ハグレー資料：*Report to Clients*, 1937, p. 1, Accession 1813, Box 28, Folder 5.）の一部である。
(22) ハグレー資料：タイトル無しのメモ (April 16, 1937), Accession 1813, Box 24, Folder 11.
(23) ハグレー資料：Memorandum for Plant Managers, Accession 1813, Box 24, Folder 11.
(24) ハグレー資料：Assuming a Labor Organizer Requests an Interview, Accession 1813, Box 24, Folder 11.
(25) ハグレー資料：タイトル無しのメモ (April 21, 1937), Accession 1813, Box 24, Folder 11.
(26) ハグレー資料：タイトル無しのメモ (April 21, 1937), Accession 1813, Box 24, Folder 11.
(27) ハグレー資料：Company Labor Policy (November 11, 1937), Accession 1813, Box 24, Folder 15.
(28) ハグレー資料：Company Labor Policy (November 1, 1937), Accession 1813, Box 24, Folder 15.
(29) 前掲ハグレー資料：Company Labor Policy (November 11, 1937).
(30) ハグレー資料：Development of Collective Bargaining within the Du Pont Company, Accession 1813, Box 38, Folder 7.

（森川　章）

第9章
独立組合の盛衰[*]

第1節 労働法改革

　1935年以降の独立組合（Independent Local Unions, ILU）の減少とその後一時期みられた増大は，ILUがもつ特徴の相互作用，労働法の展開，労働者の態度，そして雇用主の戦略，といったいくつかの要因が重なり合った結果であった。1935年から40年にILUが急激に減少したのは，主としてNLRAが雇用主の活動を制限したことと，そうしたやり方が草創期のNLRBに採用されたことに起因した点は疑いない。スミス法案（Smith bill, タフト・ハートレー法に先行するNLRA改正法案）に関する1939～40年の公聴会において，雇用主は，ILUに対するNLRBの敵意と，雇用主の支援を受けていなかった場合でもILUを廃止するというNLRBのやり方に対し，不満を切々と訴えていた。スミス委員会（Smith committee）は，NLRBが「全国組合の傘下に入っていない組織の根絶に向けた方針を首尾一貫して続行した」ことを後に非難している[(1)]。

　立法改革に向けた議会の取り組みは，真珠湾攻撃を契機に終止符が打たれたが，雇用主はNLRBを相手にILUに対する寛大な処置を求める派手な宣伝を行った。1942年にニューヨークで開催された全国産業協議会（Conference Board）の会議で，後にNAM会長となるトムソン・プロダクツ社（Thompson Products, 現TRW）社長クロフォード（Frederick Crawford）が，聴衆に対し

[*)] This article originally appeared in *Industrial Relations* (Vol. 40, No. 3, July 2001). 以下で訳出しているのは，ジャコービィ教授（Sanford M. Jacoby）の論文の後半部分であるが，教授の許しの下，割愛している部分もある。なお，版権は，2008年11月5日付（No. 0053447）で John Wiley & Sons Ltd. より取得した。

表9-1　ILUとその組合員数の推計

	ILU	組合員数
1935	1,515	2,500,000
1940	1,100	762,500
1941	598	411,000
1947	222	469,000(＊)
1953	625	605,000
	365	706,000(＊)
1956	385	709,000(＊)
1961	1,277	452,000(†)
1967	884	475,000(†)

(注)　推計は本章で翻訳している論文の前半で行われている。詳しくは，伊藤健市訳「不自然な消滅：独立ローカル組合の興隆と没落」(『関西大学商学論集』第46巻第5号，2001年12月) を参照のこと。

＊　は次の文献による。Leo Troy, "Local Independent Unions and the American Labor Movement," *Industrial and Labor Relations Review*, 14, April 1961, pp. 331-349.

†　は次の文献による。Bureau of Labor Statistics, *Unaffiliated Interstate and Single-Employer Unions, 1967*, Bulletin No. 1640, 1969.

「ワグナーであれ誰であれ，ILUが依然として生存できるものであることを労働者や経営者に知らせる方法を見つけ出す」よう求め，NLRBの「偏見をもった態度」を攻撃した。NLRBは，こうした批判，スミス公聴会で公表された非難，そして戦争終結時に再開された立法活動の見通しに機敏に反応した。1940年11月にNLRB局長となったミリス (Harry Millis) の下，NLRBはそれまでと違い穏健的なコースに舵を切った。ILUの解体数は次第に減少し，1941年の502件から45年には54件になっていた (ILUの推移は表9-1を参照のこと)。法解釈上の変化も生じていた。NLRBは，ILUが雇用主によって支援された会社組合から発展した点しか告訴できなかった事例と，当事者が少なくとも2年間にわたって交渉していた事例では，雇用主支配が終わっていればILUが選挙に出るのを認めていた。それは，NLRBが全国組合と「馴合 (sweetheart)」関係にある傘下組合にも適用していたルールであった。

1947年にタフト・ハートレー法が制定されたとき，その会社組合条項はすでにNLRBが手続きとして行っていたことを成文化しただけのものであった。同法は，NLRBが全国組合の傘下組合と非傘下組合を区別することを禁止し

た。そこでは，NLRA 下とは対照的に，NLRB は ILU にとって有利になるよう法を解釈していたのである。組合を支援していた雇用主を裁く際，NLRB はもはや傘下関係には注目していなかった。それに代わって，雇用主支配（その救済策は依然として解体しかなかった）と，重要度はそれほどでもない雇用主の非合法的な干渉とを区別して捉えていた。もし雇用主が干渉を止めれば，NLRB は ILU が代表選挙に出るのを認めていた。また，タフト・ハートレー法は NLRB に解体ルール（fracture rules）の適用を控えることを強いた（解体ルールは雇用主支配の会社組合が ILU へ進化していく際に関係する法的ルールで，それが適用されれば解体が生じるが，もし ILU が実質的に独立していれば解体はない―注，伊藤）。さらに，代表選挙請願の 6 ヶ月以上前に ILU が犯した不当労働行為は，選挙請願に何ら影響を及ぼさない，とされたのである。以上の改正は，結果的に既存の会社組合に対する法の適用を免除することになった。

　タフト・ハートレー法のもう 1 つの条項は，複数の雇用主（および法廷）によって認証された組合が存在しない場合，苦情・賃金・労働条件を討議する従業員委員会（employee committees）の結成が認められると解釈された。従業員委員会を認める文言は，同法の下院版［ハートレー法案の第 8 条 d 項(3)］にはあったが，上院版にはなかった。その代わり，上院版には既存の第 9 条 a 項（「個々の従業員あるいは従業員のグループはいかなる時でもその雇用主に苦情を提出する権利をもつべきである」）に次のような文言が付け加えられた。「そうした苦情は，調整が現実の団体交渉契約あるいは協約条件と一致する限り，交渉代表の仲裁なしに調整される。」修正された第 9 条 a 項は，交渉機関が整っている場合に適用され，組織化されていない職場では従業員委員会に適用されると解釈された。実際，下院の協議委員たちは上院と協議後，修正された第 9 条 a 項が「個々の従業員と従業員のグループが雇用主と会合するのを認めている」がゆえに，第 8 条 d 項(3)は不要だと下院に報告した。かくして，タフト・ハートレー法は認可委員会（sanction committees）に提出され，NLRB が雇用主の干渉に対し緩やかな救済策を考量した結果，ILU 結成が増加する段階へと移行した（表 9-1 を参照のこと）。1947 年から 53 年にかけて，ILU の組合員数は AFL あるいは CIO のそれよりも速いペースで増加した。[4]

創設以来初めて共和党によって任命された NLRB がそれまでよりも保守的になった 1950 年代には，ILU にとって有利な裁定が出され続けた。しかも，アイゼンハワー政権下の NLRB は解体をあまり求めず，それに代わって非合法的な支援を停止することを雇用主に命じた（アイゼンハワー政権下の NLRB の下での解体は，1 年平均でわずか 26 件であった）。ある上訴裁判所が認めているように，NLRB はもはや「従業員を子ども扱いして，自分たちの交渉代表として外部組合を選ぶよう仕向ける必要はなかった[5]」のである。

連邦裁判所は，ILU に対する NLRB の寛大な取り扱いを次第に承認するようになった。（2001 年当時の―注，伊藤）NLRB 委員長グールド（William Gould）が「ランドマークとなる事件」と位置づけた，1955 年のシカゴ・ローハイド製造会社事件（*Chicago Rawhide* 1955）では，上訴裁判所は 1950 年代初めに新規組合不在工場で結成された従業員組合（employee association）の合法性を支持した[6]。裁判所は，従業員組合の合法性――雇用主が同組合を支援していたとしても――を認める決まり文句を見出そうとする試みの中で，「支援（support）」と「協力（cooperation）」とを区別した。支援は，「罪はないけれども，少なくともある程度の統制あるいは影響力を構成する」がゆえに許されなかった。しかしながら，協力は，「独立したいという意図を実行する際に従業員あるいは彼らの交渉代表をただ援助するだけのものである。」言い換えれば，援助は「必ずしも支配を意味せず……，NLRB は実際に雇用主が組合を統制していることを証明しなくてはならない。」それゆえ，雇用主の行動が支援（違法）あるいは協力的な援助（合法）であったかどうかについての基準は明確ではなかった。別の事件の文言を使って裁判所が許可したように，それは「従業員の見地からは，客観的ではなく，どちらかというと主観的」であった。それで，1940 年代初めから 1950 年代後半まで，法を取り巻く雰囲気は ILU に対して次第に寛大なものとなっていた。

第 2 節　独立組合の特徴

ILU に共通する特徴の 1 つは，一企業との一体化であった。同様の志向は

第9章　独立組合の盛衰

全国組合傘下のローカルにもみられたが，職業，職種，産業，そして全国組合それ自体といった別のより幅広い関心を有していた。大企業の内部にあっては，ILUと雇用主の間の一元的なつながりは，キャリアタイプ（長期継続雇用型—注，伊藤）の雇用関係を促進する意図をもつ人事方針を強化した。それゆえ，ILUの出現と体系的な人事管理やフリンジ・ベネフィットといった企業志向型の諸施策との間には強い結びつきがあった。[7]

　産業別組合と比較すれば，ILUは「大きな」政府と「強力な」労働者に疑問を抱く保守的な組織であったといえる。第2次世界大戦後，こうした保守性は，伝統的に部外者に対する警戒感が強い大都市郊外にあった小規模企業でILUが急増するのを助けた。1つの企業に集中し，別の組合とは関係を有していなかったため，多くのILUはリーダーの人間的魅力を中心に運営されていた。ILUの人を基準とする文化は，それと交渉する家族志向で，カリスマ的なタイプの経営者と対立することなく協調的な関係を構築していた——実際は強制されたものであったが。それにもかかわらず，形式張っていないというILUの特徴自体に欠点があった。全国組合傘下の組合の官僚的ではあるが民主的でもある指導体制に比べると，耐えられないほどの少数独裁を時として生み出していた。

　1950年代後半にILUを調査したショスタク（Arthur B. Shostak）は，ILUの半分近くが「弱体」であることを発見した。交渉に向けた準備が不十分で，雇用主の権威に挑戦することはめったになかった。[8] 多くが小規模で，田舎風で，そして経験不足であった。1920年代あるいは30年代から存続するILUはほとんどなく，その大部分は40年代と50年代の初めに創設されていた。多くは全国組合の組織化運動に対応して始まり，通常保守的で忠実な従業員に支持された雇用主によって導入されていた。ある工場では，ILUは従業員がチームスターズを恐れていたことで成功していた。それまで小規模企業を経営していた人物に指導されていたILUもあった。この人物は，自社の倒産を婦人服労働組合（Ladies' Garment Workers Union）のせいにしていた。

　他方，弱いILUより独立度は高い——ショスタクのいう「強い」ILU——ものの，多くの全国組合に比べて好戦的とはいえないものもあった。強い

ILU でもストに訴えることはめったになく，雇用主に対しては別の方法，例えば契約拒否あるいは全国組合の傘下に入るといった脅しで圧力をかけていた。強い ILU はしばしば都市部で見出され，全国組合からの定期的な組合員の引き抜きに直面していた。このため——そしてその内部構造のゆえに——，こうした ILU は全国組合傘下の複数のローカル組合を相手にしていた交渉代表（business agents）よりも，多くの場合良好な「サービスを提供」していた。例えば，両タイプの組合があったトムソン・プロダクツ社では，ILU がある工場で苦情の出る比率は，全米自動車労組（UAW）に代表される全国組合傘下工場のそれより低かったが，苦情を仲裁に委ねた件数は ILU の方が多かった。同じく両タイプの組合があったスウィフト社（Swift & Company）でも，ILU のある工場は，AFL 傘下工場よりも苦情の出る比率が高く，職場委員（steward）の数も多かったが，CIO 系の缶詰労働組合（Packinghouse Workers）が代表していた工場ほどでもなかった。[9]

　ILU のセールスポイントは，そのサービスを全国組合よりも低額の組合費で提供できる点にあった。だが，ILU が提供していたサービス——レクリエーション，教育，そして情報——は，たいていの全国組合のそれよりも貧弱であったため，その交渉力は見かけだけで実際はそうでもなかった。他方 ILU は，財政的・組織的な自治——ストラウス（George Strauss）が「組合分権化（union decentralization）」と呼ぶもの——に起因するいくつかの長所があった。[10] この点は，より規模が大きくて官僚的な組合よりもその組合員に多大な影響を及ぼした強力なジェファーソン流の民主主義に近いものを可能にした（ジェファーソン流の民主主義とは，中央集権を極力抑えることを１つの特徴とした民主主義のことである—注，伊藤）。特にこの点は，その組合員の積極的な参加を誇っていた「強い」ILU にみられる。こうした ILU の特徴は，一方で弱さを露呈するものとも捉えられていたが，全国組合との競争や自身を取り巻く状況のもとで ILU に長期の発展をもたらした。ショスタクのいう強い組合は，弱い組合よりも平均して長い歴史を有していた。[11]

　すべての ILU が孤立していたわけではない。アメリカには，同じ会社，同じ都市，地理的同一地域，あるいは同一産業の ILU で構成される連合体があ

った。同一企業の連合体の例には，スウィフト社の全国缶詰工場労働者友愛組合（National Brotherhood of Packinghouse Workers）や1950年代にインディアナ・スタンダード・オイル社の複数のILUに属する約5,000人の従業員を代表していた中部諸州石油組合（Central States Petroleum Union）がある。複数雇用主のもとにあったILUの連合体は石油精製業で顕著にみられ，CIO傘下の石油・化学・原子力労働組合（Oil, Chemical, and Atomic Workers）の組織化運動に直面した6つのILUが1955年に結成した独立石油組合連合（Federation of Independent Oil Unions）を例として挙げることができる。(12) だが，最大の複数雇用主の連合体は電話産業にあった。1930年代後半から40年代にかけて，全国電話労働者連合（NFTW）――電話産業の主な全国組合――は，種々のベル運営会社のILUで構成されていた。アメリカ通信労働組合（CWA）が1947年にNFTWから誕生した後，いくつかのベル系ILU――特に太平洋沿岸と北東部のホワイトカラー事務職員と高賃金従業員を代表していた――が，独立電話組合同盟（Alliance of Independent Telephone Unions）やニューイングランド電話交換手連合（New England Federation of Telephone Operators）を結成することで，独立性の維持を意思決定していた。1950年代初めに4万人の組合員を擁していると主張していた全国給与制労働者組合連合（National Federation of Salaried Unions）や，ボーイング社（Boeing），ダグラス社（Douglas），スペリー社（Sperry），ハネウェル社（Honeywell）といった企業のエンジニアと製図工を代表するILUで構成されていたアメリカ技師・科学者連合（Engineers and Scientists of America）など，複数雇用主にわたってホワイトカラーと専門職を組織していたILU連合体もいくつかあった。(13)

　AFLやCIOと似ていたのは複数産業のILU連合体で，その最大のものは1950年に全国缶詰工場労働者友愛組合として始まり，イリノイ州・カンザス州・ミズーリ州の企業にあったILUが所属していた全国独立組合協議会（National Independent Union Council）であった。類似の組織には，1942年に活動を始めたアメリカ連合組合（Confederated Unions of America）や全国独立組合連合（National Federation of Independent Unions）があった。これら3つの連合体は1960年に合併し，独立組合会議（Congress of Independent Unions）を結

成した。同会議には,スウィフト社のローカル組合のほかに,ゼニス・エレクトリック社 (Zenith Electronic),アームコ・スティール社 (ARMCO Steel),エルギン・ウォッチ社 (Elgin Watch) およびそれ以外の企業にあった ILU も参加していた。こうした連合体がその組合員に提供していたサービスには,熟達した交渉者で構成されるスタッフ,契約や賃金に関する情報,月刊誌,そして「正規の労働者連盟の組合員ということで,組合に属していないことから生じる種々の危険から身を守ってくれる利点,つまり全国独立組合連合の傘下団体は『会社組合』というレッテルを貼られないし,あるいは経営側の支配下あるいはそれ以外の支配下にあったと非難されない利点」があった。(14)

多くの ILU が専従のスタッフを雇うほどの規模ではなかったことから,この点は ILU の代理を専門に務めていた弁護士からのアドバイスに頼っていた。通常,こうした「連合体」は,彼ら弁護士にとって新しいクライアントを獲得するための起業家的新機軸以外の何ものでもなく,時には彼ら弁護士がそのクライアントを連合体に合体させることもあった。クリーヴランドのレーミッシュ (Milton A. Roemisch) は,1930 年代と 40 年代の ILU のアドバイザーであり事実上の指導者として登場した新しいタイプの弁護士の 1 人であった。レーミッシュは,オハイオ・ツール社 (Ohio Tool),シャーウィン・ウィリアムズ塗料会社 (Sherwin Williams Paint),トムソン・プロダクツ社,およびオハイオ・クランクシャフト社 (Ohio Crankshaft) を含むクリーヴランド地区にあった多くの企業で独立組合の代理を務めていた。レーミッシュは,1940 年代初めに,これら 26 の独立組合を糾合し,アメリカ労働全国同盟 (National League of American Labor) と呼ばれる連合体の傘下に置こうとした。(15)

第 3 節　労働側と経営側の態度

(1) 労働側の態度

ILU が 1950 年代に関係した NLRB 選挙の大多数で勝利したことは,労働者が全国組合あるいは組合不在よりも ILU を選好し続ける何らかの理由があったことを示唆している。ILU が支持されていた主たる理由の 1 つ目は,全国

第9章　独立組合の盛衰

組合では排除されていたかもしれない報酬上のプレミアムを維持したいとするILU組合員の願望であった。全国組合のオルグは，ILUが組合賃金率と同等あるいはそれ以上支払っていた点を素直に認めていた。石油・化学・原子力労働組合（OCAW）のある幹部は，ILUの組合員は「自由を除いて，一般の組合員が賃金と労働条件で得ていたことのすべてをもっていた」と辛辣に批判している。[16]こうしたプレミアムは内因性のもの──以前からあった技能上の格差あるいは地理的な賃金格差に基づくもの──であったが，全国組合が押し進めた賃金標準化政策のもとで脅威にさらされていた。トロイ（Leo Troy）は，ベル・システム──アメリカ通信労働組合（CWA）がアトランタ，クリーヴランド，フィラデルフィアといったより低賃金都市にそのローカルをもっていたのに対し，ILUはシカゴ，ニューヨーク，ロサンゼルスといった高賃金都市で見出された──の事例と，輸送労働組合や自動車労働組合のような他の産業別組合からの事例を引用している。[17]そうした組合では，技術職のILUへの鞍替えを繰り返し経験していた。熟練技能工の交渉単位の分離策（craft severance）に対するNLRBの敵意は，CIOとの合併前にAFLが抗議していたにもかかわらず，ILU組合員の追加的な供給源となるはずであった熟練労働者の加入を妨害していた[18]（交渉単位の分離策とは，産業別組合が熟練工と未熟練工のいる工場を組織化しようとしたとき，熟練工が自分たち自身の組合を選び，NLRBに対して「交渉単位が分離」しても支障ないか伺いを立てることをいう。このプロセスに関係するのが熟練技能工の交渉単位分離ルール〔craft severance rules〕である─注，伊藤）。

　ILUがその組合員から支持されていた2つ目の理由は，それが低額の組合費しか課していなかったという単純な事実にあった。ILUの全国組合に対する組合費の比率は，スウィフト社の4分の1からトムソン・プロダクツ社の6分の1にまで及んでいたし，規模の小さな企業ではそれ以下であった。[19]

　3つ目の理由として，多くのILUは全国組合に比して直接的な組合民主主義を提供していたことが挙げられる。ILUの全役員──委員長とそれ以下の役員──は，現場出身者であり，組合員は彼らをよく知っていた。この親近感は，ILUが全国組合からの挑戦を絶えず受けていたという事実と一緒にな

209

って，ILU 役員をして組合員の要求に敏感に反応させていた。それは，組合民主主義になくてはならないものであった。[20]

　ILU は大都市郊外の小規模企業に多く存在していたことから，その組合員は保守的で経営者寄りとなる傾向があった。自営の夢を育んでいた組合員は，自分たちを雇ってくれ，日々職場とコミュニティー内で顔を合わせる小規模企業の経営者が生産者として有する価値観と自分たちのそれを同一化していた。経営側に忠誠を誓うことで，ILU 組合員はストに訴えることはほとんどなく，事実，ILU によるストはめったに起きなかった。スウィフト社の ILU は，全国組合が交渉戦術としてあまりにもストに頼りすぎていると不平をいい，全国レベルの食肉加工組合（Meatcutters Union）が 1940 年代後半と 50 年代に決行したストへの参加を 4 度にわたって拒否していた。全国組合は，そのリベラルな性向，共産主義者との連携，あるいはただ単にそれがチェーンストアのように「他所からきた」大組織であったという点でも嫌われていた。

　最後に，ILU を支持していたのは，全国組合が自分たちの要求と関心に無頓着と感じていたグループであった。その要求を包括的なもの——ある歴史家が「統合性の文化（culture of unity）」[21]と名づけたもの——にしようとする全国組合の主張にもかかわらず，新しい CIO 系組合内部の文化はしばしば AFLのそれに類似していた。つまり，白人・男性・熟練労働者の利害によって支配されていたのである。CIO 系組合の指導層はしばしば人種差別を非難したが，白人労働者が組合を彼らの特別保護区とみなし，黒人を締め出そうとしていた工場レベルでは実態は異なっていた。以下は，白人の UAW 組合員が黒人労働者を差別したトムソン・プロダクツ社で本当にあったことだが，同社の黒人労働者は ILU を支持し，1940 年代にも黒人労働者を雇用し続けた同社に忠誠を誓う集団となっていた。スウィフト社では，黒人労働者は人種差別の長い歴史を有していた AFL 系の食肉加工組合よりも ILU を選んでいた。[22]

　女性労働者は ILU を一方的に支持していたもう 1 つのグループであった。1960 年代末のデータは，女性労働者が ILU 組合員に占める割合が全国組合のそれのほぼ 2 倍であったことを示している。[23]この点に関する研究はほとんどないが，ベル・システムにおける ILU の強さは，女性が ILU を全国組合よりも

選好していたという事実にありそうである。電話会社従業員の 65％が女性であり，ILU と女性労働者との関係を説明する要因は多いが，中でも確かなのは女性従業員の要求に鈍感であった全国組合のオルグが「男性」に対してのみ責任をもつという態度で女性に接し，彼女らを無視していた事実にあった。種々の理由から，女性従業員はトップ・マネジメント層に比較的忠実であった。パーセル（Theodore V. Purcell）は，スウィフト社の従業員を調査し，ILU 系工場の女性従業員が同社従業員の中では最高位の企業忠誠心を示していたことを発見している。[24] 電話産業の ILU は，1950 年代にカリフォルニアで約 1 万 3,000 人の組合員を擁していた女性電話労働者連合（Federation of Women Telephone Workers）のように，ジェンダーを明白に意識していた。[25]

ジェンダーという考えを強めたのは，電話産業でそうであったように，女性従業員が他の職種に比べてホワイトカラー職種——経営側に比較的忠実であったもう 1 つのグループ——で数多く雇用されていたという事実にあった。労働統計局のデータは，ILU に属しているホワイトカラーの割合が全国組合と比べて 2 倍以上高かったことを示している。[26] この現象のより顕著な事例は，GE，ロッキード社（Lockeed），ボーイング社，RCA，ウェスティングハウスといった会社における技術職と専門職の代理を務める種々の ILU であった。その大部分は，ブルーカラーに支配されたより大規模な産業別組合に包摂されるのを避けるために戦後結成されたものであった。ILU 内のこうした専門職と準専門職は非常に困難な状況に直面していた。彼らは，プロフェッショナリズムとユニオニズム——ILU の多様性にもかかわらず——は相容れないと断言する全国レベルの技術者組織から常に批判される一方，時には全国組合による組合員引き抜きによって被害を受けていたのである。[27]

（2）経営側の態度

経営側は ILU をどうみていたのであろうか。これに答えるのは難しい。それというのも，通常経営側の ILU に対する評価は最悪の選択，すなわち全国組合傘下の組合と対比した評価に基づいていたからである。全国組合傘下の組合が存在しない世界では，経営側は ILU という独立性を有し，かつ気まぐれ

な組織にはそれほど寛大ではなかった。だが、彼らはNLRA以前の時期と同様、従業員の苦情を処理する制度、企業が直面する問題に従業員を参加させる制度、そして従業員に関する諸活動を体系化するための制度を求めていた。事実、こうした機能——発言、ガバナンス、福祉——の組合せは、20世紀への転換期に出現した最初の従業員代表制（ERP）の基盤を構成するものであった。多くの企業は、組合組織化を恐れたのではなく、参加型の雇用システムを求めていたのである。[28]

ILUがこの参加型というロジックを支持する限り経営側は満足していた。そして、ILUが交渉や苦情処理に情熱を示したとしても、ILUが全国組合、特に経営側が恐れていたCIO傘下のそれを撃退するのを助けてくれると信じられるなら寛大であった。これが1930年代半ばから1950年代半ばまでのほとんどの時期における状況であった。しかし、いくつかの出来事が経営側の選好を変えた。まず第1に、CIOが1940年代末に共産主義者の一派を叩き出し、55年にAFLと合併した後、それほど脅威的ではなくなったことがある。第2に、この同じ時期に新しい組合員を惹きつける労働運動の力量が際立って弱体化したことである。そして第3に、後に考察するように、雇用主が従業員参加のメカニズムを絶えず提供する一方で、ILUの代替物、しかも「組合まがい（unionesque）」でない代替物を育成したことである。こうした情勢のもと、経営側のILUに対する関心は次第に色褪せていった。

1940年代と50年代、経営側はILUの保守的志向、政治との断絶関係、そして左翼「インテリ」にスタッフという隠れ蓑を貸さなかったという事実から、全国組合の傘下組合よりもILUを選んでいた。さらにILUは、経営側との関係で協力的で問題解決型のアプローチをとる傾向が強かった。こうしたことは、ILUの幹部役員が常に現場に順応できたという単純な事実がもたらしたものであった。双方の独占的な態勢が協力関係をもたらすという誘因も生じていた。つまり、ILUには交渉すべき会社はほかになく、経営側もいかなる組合よりもILUを選んでいたのである。[29] 協力関係の証左は、ストがなかったことや柔軟な作業組織が容易に導入できるといったことなど多くの面でみられる。例えば、1950年代の石油精製業では、ただILU——全国組合傘下の組合ではなく

——だけが，職種境界の複雑さを小さくする職種統合制度（craft consolidation plans）を有していた。また，TRW の ILU 系工場は全国組合の傘下工場よりも少ない職務格付（job classifications）しかなかった。⁽³⁰⁾

しかし，経営側には ILU をしばしばトロイの木馬の亜種とみて懐疑的になる理由もあった。ILU の組合員は，組合不在企業の労働者と異なり，すでに集団性を備え，契約と苦情処理手続きに精通していたことから，全国組合による組織化にとって魅力的なターゲットになっていた。全国組合は ILU 組合員の引き抜きに常に成功していたわけではなかったが，それは繰り返し試みられていた。ILU 組合員の引き抜きは，組織化が容易な組合不在企業（すなわち，南部以外のブルーカラーを中心とした企業）の数が徐々に減少し始めた1950年代に増加した。この時期，ILU 全体の10％が引き抜きを毎年経験し，経営側をいらだたせていた。スウィフト社の ILU 系工場では，1943年から59年まで少なくとも7度の引き抜きを経験していたが，ILU はそのすべてで僅差とはいえ勝利していた。⁽³¹⁾

組合員の引き抜きだけではなく人件費も，ILU を金のかかる労使関係戦略にした。対照可能な全国組合傘下の組合と比べて，ILU 企業の人件費は同等か，高い事例もいくつかあった。こうしたプレミアムは，ILU が維持しようと努めていた既述の技術面でのあるいは地理的なプレミアムを反映しているか，もしくは ILU が全国組合の傘下に入らないことに対する経営側の返礼でもあった。

こうした直接的な問題に直面し，なおかつ組合，特に好戦的な CIO 系の組合の脅威が低下したと確信できたことで，それまで ILU を対象とした戦略を遂行してきたいくつかの会社がそうした戦略を放棄し始めた。例として，デュポンの経験をみてみよう。1930年代と戦時下，同社はそのアメリカの製造事業所に会社組合を導入し，1946年までに従業員の85％はそれによって代表されていた（第8章を参照のこと）。しかし，戦後同社は重要な戦略転換を行った。次の10年間に，25の新規工場を南部で，すべて ILU なしで操業したのである。1960年までに，ILU は同社従業員の59％のみを代表していただけで，この割合はその後も低下し続けた。⁽³²⁾

すべての会社がデュポンと同じスピードでILU戦略を放棄したわけではなかった。トムソン・プロダクツ社の場合，戦後もILU戦略に忠実で，1940年代後半から50年代にかけて新規開業するか獲得した工場すべてでILU（あるいは類似のもの）を導入した。デュポンと違い，同社の工場は組織化運動が依然として脅威であった中西部と北東部に集中していた。さらに，同社のILUはデュポンのそれほども好戦的ではなかった。1944年から59年に，デュポンのILUは4度ストに訴え，経営側の不当労働行為を16度告訴したのに対し，トムソン・プロダクツ社のILUはどれ1つとしてストをせず，NLRBに不満を訴えることもなかった。この事実は，能率増進に協力するILUの志向とともに，同社の経営陣にILUに伴う賃金コストを埋め合わせるのに十分な生産性向上をもたらしていると確信させた(33)。

しかし，トムソン・プロダクツ社の経営陣がILUに完全に満足していたわけではなかった。賃金コストは高かったし，組合員の引き抜きとそれに伴う訴訟費用は繰り返し出現する問題であった。そこで，1950年代初め，同社は戦後買収した3つの小規模工場でILUの代替物——委員会システム（committee system）——の実験を開始した。ILUの代替物を探すのは社内的な衝動であったかもしれないが，タフト・ハートレー法が従業員委員会の結成を認めたという事実が，直接的な原因とまでいかないまでも重要な要因であった。従業員委員会はILUよりも分権的でインフォーマルな組織で，オルグがそれを全国組合の傘下組合に変身させるのは難しかった。また，委員会システムは団体交渉を明確に認めていなかったので，ILUに伴う人件費の圧迫を排除できたのである。他方経営側は，新システムが会社組合やILUの首肯できる特徴とみていたものを真似ることを望んでいた。それには，双方向のコミュニケーション，意見対立の迅速な解決，そして問題解決への協力的な姿勢が含まれる。つまり，トムソン・プロダクツ社は過度の独立性や交渉力はないが，ILUのコミュニケーション機能を存続させる新しい制度を創ろうとしたのである。

新しいアプローチは裁判所から是認された。1955年のシカゴ・ローハイド製造会社や1957年のコップス・エンジニアリング社（Coppus Engineering）の裁定に反映されているように，タフト・ハートレー法後に広まった寛大な法環

境は，疑いなくトムソン・プロダクツ社に旧来のやり方を継続させるよう奨励し，他の企業は同社の真似をした。例えば，GE は 1950 年代にサウンディング・ボード（sounding boards）という名前で知られる従業員組織を活用する草分けとなった。それは，相互の問題を検討する単一の連合体に技術職と管理職をともに含めるものであった。全国専門技術者協会（National Society of Professional Engineers）は，アメリカ技師・科学者連合といった交渉集団よりも技術者により適しているとして，こうした従業員組織を認知していた。1950 年代に従業員委員会がどの程度流行していたのかを述べるのは難しい。この時期，特定できないが中西部のある都市にあった非組合型企業 24 社を対象にした研究は，9 社（40％）で何らかの種類の代表制度があり，その内 ILU はわずか 1 社にしかなく，残りの 8 社には経営側に指名された従業員が交代で職場の問題を定期的に討議する従業員委員会があったことを明らかにしている(34)。

しかし，キャボット・カーボン社（Cabot Carbon）の裁定で，経営側と交渉を行っていないにもかかわらず，従業員委員会は NLRA 第 8 条 a 項(2)が適用される労働組織であると最高裁が判決を下した 1959 年以降，こうした活動は突然停止した。最高裁は，修正された NLRA 第 9 条 a 項の立法経過を分析した後，議会は雇用主によって支援された委員会と交渉する権限を雇用主に与える予定はなかった，と結論づけた(35)。

キャボット事件の結果は瞬時に広まった。その直後，従業員委員会を活用していた雇用主たちは，NLRA の労働組織の定義から従業員委員会や「サウンディング・ボード」を明確に除外する連邦法を提案した。これは，エレクトロメーション社（Electromation）事件や TEAM 法案提出という最近の事態との類似性が顕著である(36)。しかし，立法化の試みは効果がなく，NLRB と下級裁判所は最高裁の判例に従った。最初に影響を受けた会社が TRW であった。同社ダージ工場での 1960 年の組織化運動は，同工場の委員会システムを不当労働行為で訴えるという結果をもたらした。後に第七巡回裁判所によって支持された裁定で，NLRB は同工場の委員会システムが労働組織であり，それは経営側に支配されていたと裁定したのである(37)。TRW は委員会システムとは交渉しておらず，単に「見解を述べ，情報を経営側に伝える」だけのものと主張し

たが，NLRB はこれを退け，TRW に解体を命じた。1960 年代の別の裁定は，1960 年のウォルトン製造会社（Walton Manufacturing）と 1967 年のデニソン製造会社（Dennison Manufacturing）――1910 年代に会社組合を経験した最初の会社の 1 つ――を含めて，従業員委員会にとって不利なものであった。

だが，キャボット事件後の従業員委員会に関するすべての裁定がそれを不法としたわけではない。1967 年のモダン・プラスチック社（Modern Plastics）と 1975 年のハーツカ・アンド・ノールズ社（Hertzka & Knowles）の事件では，裁判所は従業員委員会が雇用主に支配されていたという証拠が不十分なことから黙認していた。そして，従業員委員会が違法とされた事件でも，上訴裁判官の次のような反論も聞かれた。「従業員委員会に対する融通のきかない敵対姿勢が法を無効にする。経営側と労働側との適切で，正直で，建設的な関係の進展を妨げるものがあるなら，それは雇用主と従業員の間に認証された組合の交渉代理人だけが通れる鉄のカーテンを張り巡らすことになる。」[38]

こうした例外にもかかわらず，多くの雇用主にとって賢明なやり方は，従業員委員会を廃止することであった。ダージ工場での完敗により，TRW は方針を転換し，ILU と新しい委員会システムの両方を断念した。1960 年代に，同社は 39 の新工場を造るか買収したが，そのいずれにも ILU を導入しなかった。[39] 1960 年代には，その根源が 1930 年代にまで遡るコミュニケーション・プログラム（態度調査,「センシング」セッション（"sensing" sessions），リーダーシップ研修）と，新しい「小集団」アプローチ（感受性グループや別のチーム構築プログラム）とを結合したハイブリッドが TRW に導入された（「センシング」セッションとは，管理職が従業員の意見を聴取したり，彼らの態度を知るためのインフォーマルな会合であり，先にみた GE のサウンディング・ボードと類似のもの―注，伊藤）。

新しいアプローチは，ILU や委員会システムよりも個人に焦点を当てており，感情に訴えるもので，行動科学を理論的根拠としていた。態度調査や他の心理学的なテクニックを組み合わせることで，この新しいアプローチは 1960 年代と 1970 年代の「新しい」組合不在モデルの基盤を形成することになる。[40] しかし，小集団アプローチは受動的であり，ILU ほども民主的でなく，経営

側がもつ特権を脅かす可能性は低かった。それにもかかわらず，経営者あるいは組合に組織された労働者の中でILUの消滅を嘆き悲しむ者はほとんどいなかった。事実，経営側は新しいアプローチの目的はそれまでの取り組みの目的と矛盾しないとみていた。TRWの人事担当副社長はビジネス・ウィーク誌で次のように語っていた。「開放性，平等化，リスニング療法，葛藤解決法，こういったことが行動科学者によって語られているすべてである。それを当社は30年続けてきた。それらは，当社が何年も前から行ってきた原理・原則に対する優雅な名前にすぎない——それは『新しい革袋に古い酒』を入れるようなものである。」[41]

第4節　独立組合に代わる組織

　会社組合は1935年に200万人以上の労働者を代表していたが，第2次世界大戦終結までにその大部分が姿を消していた。会社組合崩壊の推進力の1つはNLRBであり，特にその草創期に数多くの会社組合を廃止に至らせた。それ以外の会社組合は全国組合に乗っ取られ，それらは代表形態としてはより好戦的で，革新的な形態を提供した。

　それにもかかわらず，会社組合は完全に姿を消したわけではなかった。数百にのぼる会社組合が1940年代と50年代に全国組合の代替物を提供した比較的独立した組織——ILU——へと進化した。雇用主にとってILUの利点は明確であった。それらは全国組合傘下の組合ほども攻撃的でなく，ストに訴えることもなく，そして政治に関与することもなかった。でも，ILUの組合員にとっては，話は幾分複雑である。組合員の中には疑いなく騙されたか，あるいはILUを支持するよう強要された者もいた。これは伝統的な組合のやり方であった。そういった組合員も確かに何人かいたが，そうでない組合員も数多くいた。ILUの組合員は比較的保守的な集団で，その組合と自分たちを雇用してくれている会社に忠実であった。そして，彼らが属していたILUは絶えず変化する組織で，状況がもたらす誘因と政府および全国組合の圧力のもと，組合員の要求を満たす組織へと発展した。全国組合と比較して，ILUは独立性と

強さでは劣っていたが，官僚的でなく，影響力も限定されたものであった。

　しかし，1950年代までにパラドックスが現れた。法が雇用主のILU設立をより容易化しつつあったまさにそのとき，ILUのあった会社がそれへの関心を失い始めたのである。その理由は簡単である。組織労働者からの脅威が薄れるにつれて，会社組合の御利益も色あせていったのである。一方，ILUがより独立性を強めるにつれて，対処するのに必要なコストが大きくなった。経営側は，最終的により安上がりの代替物を見出した。つまり，選出された組織ではなく従業員委員会，後には小集団を通した従業員参加に道を開いたのである。その意味で，ILUは1960年代と70年代に行動科学者によって発展させられたより革新的な参加方式の先駆者であった。[42]

　それにもかかわらず，ILUから「小集団」アプローチへの移行の間に何かが失われた。ILUは，不完全であるとしても，少なくとも公式的には組合員に権限を委譲する民主的な方法に依存していた。ILUはまた，企業レベルと戦略レベルにおいて経営側に影響を与えた。一方，行動科学――その初期（人間関係）と現在（小集団）の発現形態――は，自己組織化を思い留まらせ，組合の利害を無視し，そして従業員の影響力を職場レベルに限定する傾向がある。こうした理由から，従業員参加（employee involvement, EI）はアメリカの多くの組合主義者にとって憎悪の対象である。[43]

　これら組合主義者は，ILUについても，そして提案されたTEAM法のような法律に関しても懐疑的である。TEAM法は組織化活動に対し不十分な保護しか提供しておらず，一方，組合不在工場のEI制度に対しては，より優れた代替案である可能性を提供している。巨大で，高賃金で，組合不在の企業――労働運動が主に組織化をやめた所――で，ILUに似た何かが現代のEI制度よりも民主的な参加形態を従業員に提供するであろうし，ヨーロッパ大陸に存在する労使協議会（works councils）と非常によく似た機能を果たすであろう。事実，もしNLRAが会社組合に対して異なったアプローチをとっていたなら，合衆国にもヨーロッパ型の労使関係システムが存在するというのは大いに可能性のあることであった。ヨーロッパの政府，雇用主，組合は，ずっと以前に労使協議会と和睦していた。合衆国でのそれに当たる組織がなぜ同じことができ

第9章　独立組合の盛衰

ないのかを考える時が来たのである。

(1) Harry Millis and Emily Clark Brown, *From the Wagner Act to Taft Hartley*, University of Chicago Press, 1950, pp. 176 and 348-353 ; James A. Gross, *The Reshaping of the National Labor Relations Board : National Labor Policy in Transition, 1937-47*, SUNY Press, 1981.
(2) *New York Times*, May 21, 1942.
(3) J. A. Gross, *op.cit.* ; Millis and Brown, *op.cit.*.
(4) Note, "Section 8(a)(2): Employer Assistance to Plant Unions and Committees," *Stanford Law Review*, 9 (March 1957), pp. 351-365 ; Millis and Brown, *op.cit.* ; *Cabot Carbon et al. v. NLRB*. *1959*, 360 U.S. 203, pp. 215-217.
(5) *Coppus Engineering v. NLRB*. *1957*, 240 F. 2d 561 (1 CCA), p. 2315.
(6) William Gould, "Remarks on Workplace Cooperation," 208 DLR (October 28, 1996), E1-3.
(7) Daniel Nelson, "The Company Union Movement, 1900-1937 : A Reexamination," *Business History Review*, 56 (1982), pp. 335-357 ; Sanford M. Jacoby, *Modern Manors : Welfare Capitalism since the New Deal*, Princeton University Press, 1997. 内田一秀・中本和秀・鈴木良始・平尾武久・森 杲訳『会社荘園制――アメリカ型ウェルフェア・キャピタリズムの軌跡』北海道大学図書刊行会, 1999 年。
(8) Arthur B. Shostak, *America's Forgotten Labor Organization*, Industrial Relations Section, Princeton University, 1962.
(9) S. M. Jacoby and Anil Verma, "Enterprise Unions in the United States," *Industrial Relations*, 31 (Winter 1992), pp. 137-158 ; Theodore V. Purcell, *Blue Collor Man : Patterns of Dual Allegiance in Industry*, Harvard University Press, 1960.
(10) George Strauss, "Union Democracy," in *The State of the Unions*, edited by G. Strauss, Daniel Gallagher, and Jack Fiorito, IRRA, 1991.
(11) A. B. Shostak, *op.cit.* ; S. M. Jacoby, *op.cit.*. 前掲邦訳書 ; "The Case for the Local Independent Union," *Personnel*, 32 (November 1955), pp. 226-233.
(12) Floyd S. Brandt, *Independent and National Unionism in the Oil Refining Industry*, Ph.D. dissertation, Harvard University, 1960 ; F. Ray Marshall, "Independent Unions in the Gulf Coast Oil Petroleum Refining Industry," *Labor Law Journal*, 12 (September 1961), pp. 823-840 ; T. V. Purcell, *op.cit.* ; A. B. Shostak, *op.cit.*.
(13) John N. Schacht, *The Making of Telephone Unionism, 1920-47*, Rutgers University Press, 1985 ; Jack Barbash, *Unions and Telephones : The Story of the Communications Workers of America*, Harper and Brothers Publishers, 1952 ; Leo Troy, *The Course of Company and Local Independent Unions*, Ph. D. dissertation Columbia University, 1958 ; Elinor Waters, "Unionization of Office Employees," *Journal of Business*, 27 (October 1954), pp. 285-292 ; "Independents Begin to Huddle," *Fortune*, 53 (March 1956), pp. 203-206 ; Richard E. Walton, *The Impact of the Professional Engineering Union*, Graduate School of Business Administration, Harvard University, 1961.
(14) *Union Labor News Review*, 1964, p. 2.

(15) S. M. Jacoby, *op.cit.*. 前掲邦訳書。
(16) Harvey O'Connor, *History of the Oil Workers International Union (CIO)*, OWIU, 1950.
(17) Leo Troy, "Local Independent and National Unions: Competitive Labor Organizations," *Journal of Political Economy*, 68 (October 1960), pp. 487-506.
(18) Christopher L. Tomlins, *The State and the Unions: Labor Relations, Law, and the Organized Labor Movement in America, 1880-1960*, Cambridge University Press, 1985.
(19) T. V. Purcell, *op.cit.*; S. M. Jacoby, *op.cit.*. 前掲邦訳書。
(20) James W. Robinson, "Structural Characteristics of the Independent Union in America," *Labor Law Journal* 19 (July 1968), pp. 417-437; A. B. Shostak, *op.cit.*; Leonard Sayles and G. Strauss, *The Local Union: Its Place in Industrial Plants*, Harper & Brothers Publishers, 1953.
(21) Lizabeth Cohen, *Making a New Deal: Industrial Workers in Chicago, 1919-1939*, Cambridge University Press, 1990.
(22) T. V. Purcell, *op.cit.*; S. M. Jacoby, *op.cit.*. 前掲邦訳書; Thomas Sugrue, *The Origins of the Urban Crisis: Race and Inequality in Postwar Detroit*, Princeton University Press, 1996.
(23) Bureau of Labor Statistics (BLS), *Unaffiliated Intrastate and Single Employer Unions, 1967*, Bulletin No.1640, 1969.
(24) T. V. Purcell, *op.cit.*, p. 67.
(25) L. Troy, *The Course of Company and Local Independent Unions*.
(26) BLS, *op.cit.*.
(27) R. E. Walton, *op.cit.*; A. B. Shostak, *op.cit.*.
(28) S. M. Jacoby, *Employing Bureaucracy: Managers, Unions, and the Transformation of Work in the 20th Century*, Lawrence Erlbaum Associates, 2004. 荒又重雄・木下　順・平尾武久・森杲訳『雇用官僚制――アメリカの内部労働市場と"良い仕事"の生成史［増補改訂版］』北海道大学図書刊行会，2005年。
(29) S. M. Jacoby, "Reckoning with Company Unions: The Case of Thompson Products, 1934-1964," *Industrial and Labor Relations Review*, 43 (October 1989), pp. 19-40.
(30) F. S. Brandt, *op.cit.*, p. 148; S. M. Jacoby and A. Verma, op. cit..
(31) Joseph Krislov, "Organizational Rivalry Among American Unions," *Industrial and Labor Relations Review*, 13 (January 1960), pp. 216-226; A. B. Shostak, *op.cit.*; T. V. Purcell, *op.cit.*.
(32) Julius Rezler, "Labor Organization at DuPont: A Study in Independent Unionism," *Labor History*, 4 (Spring 1963), pp. 178-195.
(33) J. Rezler, op. cit.: S. M. Jacoby, *Modern Manors*. 前掲邦訳書。
(34) Eaton H. Conant, "Defenses of Nonunion Employers: A Study from Company Sources," *Labor Law Journal*, 10 (February 1959), pp. 100-109.
(35) *Cabot Carbon et al. v. NLRB*. 1959-360 U.S. 203.
(36) A. B. Shostak, *op.cit.*, p. 85.
(37) *Thompson Ramo Wooldridge (TRW) and Teamsters Union*. 1961. 132 NLRB 995. *TRW v. NLRB*. 1962. 50 LRRM 2759.
(38) *Walton Mfg v. NLRB*. 1951. 289 F. 2d 177 (5 CCA), p. 182.
(39) A. Verma and Thomas A. Kochan, "The Growth and Nature of the Nonunion Sector within a Firm," in *Challenges and Choices Facing American Labor*, edited by T. A. Kochan, MIT Press,

1985.
(40)　T. Kochan, Harry C. Katz, and Robert B. Mckersie, *The Transformation of American Industrial Relations*, Basic Books, 1986.
(41)　"Where Diversity Is the Tie that Binds," *Business Week*, September 24, 1966, p. 92.
(42)　G. Strauss, "Human Relations : 1968 Style," *Industrial Relations*, 7 (May 1968), pp. 262-276 ; G. Strauss, "Job Satisfaction Motivation, and Job Redesign," in *Organizational Behavior Research and Issues*, edited by G. Strauss, et al., IRRA, 1974.
(43)　Tom Juravich, "Employee Involvement, Work Reorganization, and the New Labor Movement : Toward a Radical Integration," *New Labor Forum*, 1 (Spring 1998), pp. 84-91.

（Ｓ・Ｍ・ジャコービィ／伊藤健市訳）

第10章
ウェスタン・エレクトリックにおける従業員代表制の展開

第1節　沿革ならびに特別協議委員会との関係

(1) 沿革

　ウェスタン・エレクトリック (WE) は1869年にオハイオ州クリーヴランドで，火災報知器，盗難警報器，そしてその他の電気機器を製造する会社として設立された。3年後の1872年に同社はシカゴに移転し，従来の火災報知器や盗難警報器に加えて，グレイ (Elisha Gray) によって開発された電信印字機を含む電信電話機器やタイプライターの大量生産を開始した。[1]

　1881年にAT&Tを中核会社として電話事業を営む企業集団であるベル・システム (Bell System) がWEを買収し，翌82年にベル・システムはWEに対してベル・システムの所有する特許権のもとで電話機器の独占的製造権を与えた。その後ベル・システムが1984年に企業分割されるまでの約100年間，WEはAT&Tの関連会社に電話機器および資材の製造と供給を行い，ベル・システムの一構成要素を成した。このため，WEがベル・システムに買収された1881年から1984年までのWEの経営構造は，関連会社であるAT&Tの機能さらにはベル・システム全体の経営構造の変化に規定されることとなった。WEは，1984年にAT&Tが企業分割されたことに伴って，AT&Tテクノロジーズ社 (AT&T Technologies) に事業統合された。その後，AT&Tテクノロジーズは96年に社名をルーセント・テクノロジーズ社 (Lucent Technologies Company) に変更して，同年にはAT&Tより完全分離を果たしている。ルーセント・テクノロジーズ社の主要事業は，通信事業者用のインターネット・インフラ，光通信ネットワーク，無線ネットワークおよび通信ネットワーク・サ

ポート・サービスと多岐にわたっていた。[2]

その後ルーセント・テクノロジーズ社は通信業界のグローバルな競争に直面して，2006年にフランスのデジタル・コミュニケーション企業であるアルカテル社（Alcatel Co.）と合併し，現在はアルカテル・ルーセント社（Alcatel-Lucent Co.）として，ブロードバンド，モバイル，そしてビジネス・コミュニケーション・ソリューションズといった多様な事業を展開している。[3]

（2）SCC周辺企業としての位置づけ

WEは，SCCに参加していた大量生産型大企業の周辺企業であると位置づけられる。その理由としては主に2点挙げられよう。

第1の理由は，WEとAT&Tの関係に基づくものである。WEはAT&Tの系列会社であったため，同社の経営構造はAT&Tの経営構造に一定の範囲で規定されていた側面があった。その影響もあり，AT&TがSCCに加盟した1925年以降，WEの関係者もSCCの年次会合に参加し，人事管理の諸問題に関しての交流を深めていくこととなった。[4]

第2の理由は，アメリカの産業界および社会科学の分野における初めての本格的な臨床実験ともいうべきホーソン実験（Hawthorne experiments）が，WEとメイヨー（George Elton Mayo）を中心とするハーヴァード・グループ（Harvard group）によって1927年から32年にかけてWEのホーソン工場（Hawthorne Works）を舞台に実施されたことに基づくものである。ホーソン実験は，主に継電器組立実験（Relay Assembly Test Room Study：1927-32），インタビュー・プログラム（Interviewing Program：1928-30），そしてバンク配線作業観察実験（Bank Wiring Observation Room Study：1931-32）といった一連の実験から構成されていたが，初期に実施された継電器組立実験の途中から後にホーソン実験の成果をもとに人間関係論（Human Relations）の理論構築を行うことになるメイヨーが，SCCの会合を通じてWEの関係者と人的交流を深めていったことをきっかけに実験に参加することになったことは注目すべきである。[5]

メイヨーは1926年にハーヴァード・ビジネス・スクール（Harvard Business School, HBS）産業調査部部長兼准教授として招聘されたのであるが，それは

ロックフェラー Jr.（John D. Rockefeller, Jr.）からの財政的支援によって実現できたものである。その一方でロックフェラー Jr. は，大企業に対して人事政策上の調査や指針を提供するために，同年に労使関係カウンセラーズ社（Industrial Relations Counselors, Inc., IRC）を設立した。なお，IRC の設立はロックフェラー Jr. が労使関係管理に対して建設的なアプローチを促進することに深い関心を寄せていたことによるものと考えられている。[6]

IRC の事務局長には，コロラド燃料製鉄会社（Colorado Fuel and Iron Company）およびハーヴェスターで労使関係部長等を歴任していたヤング（Arthur H. Young）が就任したが，彼は両社における従業員代表制（ERP）の実施に貢献した人物でもあった。ヤングはかねてからメイヨーの研究に注目していたこともあり，メイヨーに SCC が主催する会合で講演を行うことを要請した。メイヨーはその要請を受け，1927 年に『心理学は今後 10 年間に産業にどのような貢献ができるか』というテーマで講演を行うことになったのであるが，これを契機にメイヨーはその会合に出席していたメンバーからホーソン実験への参加を要請され，継電器組立実験の途中（1927 年）から参加することとなった。[7]

以上の理由から WE は SCC の周辺企業として位置づけられるが，WE における ERP の導入は SCC 参加企業に比べて 10 数年ほど遅れている。そこで次節でその経緯を確認したい。

第 2 節　従業員代表制導入に至るまでの経緯と人事管理の展開

（1）従業員代表制の導入に至る経緯

第 1 次世界大戦後の電話通信産業における労使関係についてみると，国際電気工友愛組合（IBEW）の主導のもとで，ニューイングランドの電話交換手によるストライキが 1919 年 4 月に強行され，同年 6 月に全国ストライキが通告されたことにみられるようにそれは急速に緊迫したものになっていた。[8] このような事態に直面した当時の郵政長官であったバールソン（Albert Burleson）は，同年 6 月に「電話会社の従業員は，個人もしくは自ら選出した代表者からなる委員会を通して集団として交渉する権利をもつ」という指令を出した。そこで

AT&Tではこのような状況に迅速に対応する形で，同年にERPを導入することとなった(9)。

またAT&TがERPを導入した1919年前後の時期から，SCCに参加していた諸企業やSCC周辺諸企業もERPを導入することとなった(10)。先にみたように，WEはSCCの周辺的企業として位置づけられており，本来ならばこの時期に同社もERPを導入することは自然の流れであったといえよう。ところが，WEでERPが導入されたのはSCCに参加していた企業がERPを導入してから10数年後の1933年であった。それには3つの理由があったと考えられる。

第1にベル・システムの製造部門の系列会社であるWEは，政府の統制を受けていなかったことが挙げられる。というのもWEは電話通信事業に従事していなかった結果，郵政長官であるバールソンの指令がWEには適用されなかったからである(11)。

第2に取締機関である郵政省が電話機器に関する価格設定の構造を調査することを除いて，WEは通信会社として州ないしは連邦政府の規制を受ける対象ではなかった。したがってWEの労使関係は，AT&Tやベル・システム関連会社の労使関係のように政府の監視下におかれる対象ではなかったことが指摘されよう(12)。

第3にWEでは，労使対立を回避するための有効な手段をめぐってインタビュー・プログラムとERPを比較する議論が行われていたことが挙げられる。WEでは，ホーソン工場で実施されていたホーソン実験の一環として，1928年から30年にかけてインタビュー・プログラムを実施していたのであるが，その目的は非指示面接法（non-directive technique）という技法を用いて従業員に面接を行うことによって，彼らの情況を把握することにあった(13)。

その際，従業員の苦情を処理する手段としてインタビュー・プログラムとERPを比較する議論がホーソン工場の管理者と本社の経営陣との間で行われていたことは注目すべきである。先にみたように，WEはベル・システムの中で20年代にERPを導入していない部門（part）であったが，ERPを導入しないという同社の判断はベル・システム人事管理部門からの非難の対象になっていたのである。そこで同社人事部長のウィラード（F. W. Willard）は，このよ

第**10**章　ウェスタン・エレクトリックにおける従業員代表制の展開

うなベル・システムからの非難への対抗手段としてインタビュー・プログラムを活用しようとしたのである。というのも WE 人事部門は，インタビュー・プログラムが労働組合の設立を想起させるような従業員間の集団的な結束を助長することなしに，従業員の苦情を処理するための方法を提供することを常に意図していたからであった(14)。

またインタビュー・プログラムの有効性についての検討は，WE の関係者によってのみ行われたのではなく，研究者の論証によっても裏づけられていた。HBS でメイヨーの同僚でもあったメリアム (R.S. Meriam) は，WE の関係者と議論を行った内容を，*Personnel Journal* (1931) に発表した。その中でメリアムは，「（ERP において—注，佐藤）従業員が抱える苦情は，個人的に処理されるのではなく集団的に処理されるので，グループ・ロイヤルティが生じる可能性がある。…その結果として（ERP は—注，佐藤），経営側と対立した組織的な集団になる可能性がある(15)」と指摘した上で，「インタビュー・プログラムは，政治的なしくみではない点が主な強みであり従業員が個人的にインタビューを受けるしくみなので，従業員が悩んでいることを発見する手段としては疑いなく優れた手段である(16)」と結論づけている。こうしてメリアムは，従業員に対して個別に対応する性格をもつインタビュー・プログラムが，従業員と経営者の対立を回避するための有効な手段になりうることを明らかにしたのである。

WE では，このような過程を通じて ERP を導入するか否かの検討が行われていたため，結果として ERP が導入されない状態が続いていた。このような状況の中で 1933 年に WE で ERP が導入された直接の契機は，同年に NIRA が制定されたことによるものであるが，その詳細については後述する。

（２）人事管理の展開

これまでみてきたように WE は，1932 年まで ERP を導入していなかったのであるが，すでに AT&T を含むベル・システムの各部門に導入されていた ERP は，間接的に WE の人事管理にも影響を与えることになった。というのもベル・システムの各部門に導入されていた ERP は経営者と従業員の役割についての基本的な考えの確立に大きな影響を及ぼしており，それがベル・シス

テムのすべての部門に浸透し，それらの部門における精緻な人事諸施策の発展を促進していたからであった。したがって WE も，直接 ERP を導入していなかったとはいえ，ベル・システムの方向性と軌を一にした人事管理を展開することとなった。1922 年には副社長の直轄組織として統括人事委員会（General Personnel Committee）が本社に設置され，人事に関する諸問題を随時社長に報告する体制が整備された。[17]

また 1924 年には管理職や監督者に助言や支援を行うために人事部が創設され，同年に人事部は管理職に向けた人事政策の基本方針を明らかにした。この方針の目的は，WE の従業員関係政策についての理解を全社的に深めることにあった。というのも WE は従業員との良好な関係を，同社の発展にとって重要な要素の1つとして捉えていたからであった。このような性格をもつ人事方針の具体的な内容は以下の 10 項目にまとめられている。[18]

(1) すべての従業員が行っている業務に対して適切な賃金を支払うこと
(2) 適切な労働時間と安全な労働条件を維持すること
(3) 経営状況と矛盾しない継続的雇用を提供すること
(4) それぞれの従業員の能力に最も適した業務に従業員を配置すること
(5) 個々の従業員が，当社のサービス向上を促進させること
(6) 要求に応じて従業員を支援すること
(7) 貯蓄を奨励すること
(8) 社会活動，体育活動，そしてその他のレクリエーション活動に協力すること
(9) 従業員の福利厚生に対する関心ないしは会社に対する関心にかかわるあらゆる事柄について，経営者と自由に話し合う権利をそれぞれの従業員に与えること
(10) 友好の精神で日常業務を推進すること

WE は，このような人事方針を全社的に浸透させていった一方で，1906 年に退職年金制度を導入したのを皮切りに早くから金銭的福利厚生制度と非金銭的福利厚生制度を軸とする多様な福利厚生制度を展開していた。金銭的福利厚生制度としては，事故・疾病・死亡給付や年金（雇用・疾病）といった従業員

給付制度が実施されたのと同時に，WE の従業員が AT&T の普通株を市場価格よりも安い価格で購入できる従業員持株制度，従業員貯蓄制度，そして生命保険といった多様な制度が展開されていた。また非金銭的福利厚生制度も，食堂，病院の設置や健康相談を含む医療サービス，競技施設（体育館，野球場，テニスコート，陸上競技場等），そして社内報の発行など多岐にわたっていた[19]。

このように WE は会社として多様な福利厚生制度を展開していた一方で，同社のホーソン工場ではホーソンクラブ（Hawthorne Club）と呼ばれる従業員組織が設立されていた。ホーソンクラブは，工場における従業員間の友好的精神を涵養するために 1911 年に創設された組織であり，従業員自身によって福利厚生を軸とする多様な運営が行われていたことは注目すべきであろう[20]。

ホーソンクラブの活動としては，住宅建築貸付組合，運動競技，イブニング・スクールによる教育訓練[21]，ダンスやコンサートそして演劇といった多彩な芸術活動，懇親会，協同組合小売店の運営，ボーイズ・クラブの運営，法律相談，劇場チケット事務局の運営，社会活動，そしてビューティ・コンテストといったものが挙げられるが[22]，そこで実施されていた福利厚生は住宅建築貸付組合を除けば，非金銭的な福利厚生で構成されていることが特徴的である。これらの活動は，大半が WE の福利厚生制度では網羅されていない活動であったため，ホーソンクラブの活動が WE の福利厚生制度を補完する上で重要な役割を果たしていたといえよう。

このように WE では，1932 年まで ERP が導入されていなかったものの，同社はインタビュー・プログラムと多様な福利厚生制度を含む人事管理諸施策を併用することによって労使の対立を回避しようとしていたのである。その点でいえば，AT&T およびベル・システム，ひいては非組合型の労使関係を基軸とした SCC 参加企業の根底に流れる思想と WE の思想は，基本的に同一の性格のものであることが確認されるのではないだろうか。

第 3 節　従業員代表制の展開

これまでみてきたように，WE はいくつかの理由に基づいて 1932 年に至る

までERPを導入してこなかったのであるが，1933年に入るとWEを取り巻く状況に大きな変化が生じた。1933年6月に連邦議会で可決されたNIRA第7条a項において，被用者は団結する権利および自ら選出した代表者を通じて団体交渉を行う権利を有し，代表者の選任，団結，その他の団体行動に関して使用者の干渉，制限，威圧を受けないことが定められたため，同年にWEでは販売部門，敷設部門，そして4工場でERPが導入されることになった。これはAT&Tが子会社に対してNIRAの規定に従うようにするために，ERPを導入するよう指示したことによるものである。[23]

ところで，WEがERPを導入した目的は，従業員が自ら選出した代表を通じて集団で経営側と交渉を行う手段を従業員に与えることにあり，従業員側代表と経営者間で行われる会合を通じて主に賃金や労働条件に関する問題が検討された。[24]

例えば，カーニー工場（Kearny Works）に導入されたERPは，第1次合同委員会（first level joint committees），第2次合同委員会（second level joint committees），そして最高合同委員会（ranking joint committees）という3段階のレベルに分かれた合同委員会から構成されており，各合同委員会は選挙を通じて選出された従業員側代表と指名された経営側の代表（カーニー工場の管理職）で構成されていた（図10-1）。また最終的な検討事項の決定機関は最高合同委員会であったが，最高合同委員会で決定されなかった問題は経営側に付託されていた。というのも，事実上各合同委員会の運営は経営側に拘束されており，各合同委員会の機能は諮問的なものにとどまっていたからである。[25]

ところで，1934年には販売部門，敷設部門，そして4工場における合同委員会の運営が統合され，新たに部門横断的な工場最高合同委員会（Works Master Joint Committee）と労働委員会（Labor Board）という2つの合同委員会が設置されることになった。工場最高合同委員会は各工場の各段階の合同委員会から選出された従業員側代表と経営側の代表で構成され，労働委員会は工場最高合同委員会と販売および敷設部門の各委員会から選出された従業員側代表と経営側の代表で構成されていたが，このような運営体制は1937年の4月まで継続することとなった。この間WEはERPの運営費を負担し，すべての委員

第10章 ウェスタン・エレクトリックにおける従業員代表制の展開

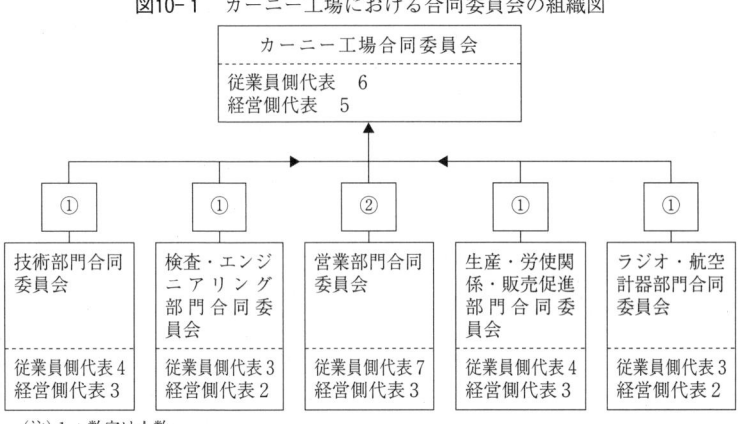

図10-1 カーニー工場における合同委員会の組織図

```
                    ┌─────────────────────┐
                    │ カーニー工場合同委員会 │
                    │  従業員側代表  6     │
                    │  経営側代表    5     │
                    └─────────────────────┘
                               ▲
   ┌──────────┬──────────┬─────┴─────┬──────────┬──────────┐
   ①          ①          ②           ①          ①
┌────────┐ ┌────────┐ ┌────────┐ ┌────────┐ ┌────────┐
│技術部門│ │検査・エン│ │営業部門│ │生産・労使│ │ラジオ・航空│
│合同    │ │ジニアリン│ │合同    │ │関係・販売│ │計器部門  │
│委員会  │ │グ部門合同│ │委員会  │ │促進部門合│ │合同委員会│
│        │ │委員会    │ │        │ │同委員会  │ │          │
├────────┤ ├────────┤ ├────────┤ ├────────┤ ├────────┤
│従業員側│ │従業員側│ │従業員側│ │従業員側│ │従業員側│
│代表4   │ │代表3   │ │代表7   │ │代表4   │ │代表3   │
│経営側  │ │経営側  │ │経営側  │ │経営側  │ │経営側  │
│代表3   │ │代表2   │ │代表3   │ │代表3   │ │代表2   │
└────────┘ └────────┘ └────────┘ └────────┘ └────────┘
```

(注) 1：数字は人数。
2：○の中の数字は,各部門から選出され,次レベルの合同委員会に参加する従業員側代表の数。
(出所) Western Electric Company Kearny Works, *Employee Representation Plan Organization for Hourly Rated Employees Kearny Works*, Western Electric Company, 1933より作成。

会の会合が会社の施設や会社によって拠出された費用で行われていたことは注目されるべき点であろう。[26]

第4節　従業員代表制廃止後の労使関係

（1）労働組合の設立過程

1937年4月にNLRAの合憲性が認められ,事実上会社によって支配されていたERPは非合法行為にあたるとされたのを機に,WEではERPが廃止され,労働組合が設立されるに至った。[27]

具体的には,1937年にホーソン工場をはじめとしたいくつかの工場でウェスタン・エレクトリック独立労働組合（Western Electric Independent Labor Association, WEILA）が設立されたのであるが,そのことはベル・システムの経営者が,NLRAの合憲判決に対応してERPを直ちに廃止し,職場に労働組合を設立するよう奨励したことを受けての動きであった。[28]

WEILAは,当初,1938年に結成された全国電話労働者連合（NFTW）に加

231

盟していたが，1942年になってホーソン工場独立労働組合がNFTWを脱退することになった。創設時のNFTWはいわゆる全国組合ではなく，あくまでも自治的な独立労働組合の連合体にとどまっていた。すなわち，NFTW結成後も各独立労働組合は強い独立性を保持したままであり，NFTWのローカル組合にはならなかったのである。ところが1942年にアメリカが第2次世界大戦に参戦し戦時労働体制が敷かれる中で，戦時経済下の物価高騰にもかかわらず，AT&Tの労働者の実質賃金水準が低く抑えられたため，これに憤慨したNFTW傘下組合は賃上げ要求のストライキを各地で続発させることとなった。そこで，NFTWが全国統一交渉を実現させる目的でNFTWに権限を集中させる動きに，ホーソン工場独立労働組合が反対することになったのである。[29]

一方でカーニー工場独立労働組合は，ホーソン工場独立労働組合がNFTWを脱退した後もその組織に留まっていたが，NFTWが1947年にアメリカ通信労働組合（CWA）に改組し，49年にCIOに加盟したことに伴ってCWAを離れ，CWAに比べて穏健的な組織であり，WEとすでに協調的関係にあった全国組合組織であるIBEWに参加するに至った。そして1954年には，ホーソン工場労働組合もIBEWに加盟し，同年までにホーソン工場およびカーニー工場以外の部門もIBEWに加盟することになった。[30] ただし，これらの独立労働組合がIBEWに加盟後も独立労働組合を維持していたか，IBEWのローカル組合になったかは定かではない。

（2）労働組合の特徴

WEにおいて，1946年にカーニー工場で行われた65日間のストライキは著しい例外として，組合員による闘争的な活動はほとんどなかった。というのも，組合の指導者は全国組織を通じて全国統一交渉に参加することよりも，組合の自治権を保護することにより強い関心をもっていたからであった。このように，自動車，鉄鋼あるいは電機産業の労働者と比較すると，WEの労働者は経営側に比較的協力的な姿勢を示しており，ニューディール期以降もWEとの協調路線を継続していくことになったのである。[31]

ところで，WEにおける組合活動が比較的穏健的であった要因の1つとして，

WEが組合活動に事実上関与していた事実が挙げられるのでその点について確認したい。先にみたようにWEは，1937年までERPに対する支援を行っていたのであるが，同年にERPが廃止されたのを機に支援を形式上取りやめることになった。ところが，例えばカーニー工場でERPを継承した独立労働組合は，月額50ドルで工場内に部屋を借り，無料で会社の電話を使用し，勤務時間中に労働組合への寄付金を労働者に要請することが認められていた。その後，NLRBの公聴会において，カーニー工場の独立労働組合が会社に支配された組合にあたるとして，CIO系の統一電機・ラジオ・機械労働組合（UE）がWEに提訴をした結果，1947年に行われたNLRBの裁定によってWEによるWEILAへの不当労働行為が禁じられることとなった。

このように，ニューディール期におけるWEの労使関係は，NIRAからNLRAの合憲判決への移行に沿って，ERPの導入・廃止，そして独立労働組合の設立という経緯を辿ったのであるが，WEはERPおよび独立労働組合における諸活動を事実上コントロールすることによって，協調的労使関係を構築していったことが明らかになるであろう。

第5節　従業員代表制廃止後の人事管理
――従業員カウンセリングと監督者の役割――

（1）従業員カウンセリング

WEは，ニューディール期の1936年に従業員カウンセリング（personnel counseling）をホーソン工場に導入（1956年に終了）したが，この種のプログラムとしてはアメリカ産業界で初めて導入されたものであり，基本的にはすでに1928年から30年にかけてホーソン工場で実施されていたインタビュー・プログラムの内容を再編したプログラムであった。当初，WEは従業員カウンセリングがERPと並行して機能することを期待していたのであるが，1937年にNLRAの合憲性が認められERPが違憲とみなされたのを機に，従業員カウンセリングが本格的に展開されていったことは注目されるべきであろう。

ところで，WEが従業員カウンセリングをニューディール期以降の人事管理の中核に据えようとした姿勢は，ホーソン工場以外の工場やベル・システムの

いくつかの部門に導入されていったことによって裏づけられるものである。具体的にいえば，従業員カウンセリングは1941年にカーニー工場とポイント・ブリーズ工場（Point Breeze Works）に，その後数年の間にインディアナ・ベル（Indiana Bell），チェサピーク・ポトマック・ベル（Chesapeake & Potomac Bell），オハイオ・ベル（Ohio Bell），カナダ・ベル（Bell Telephone Company of Canada）といったベル各社に，そして1948年にはAT&T本社にも導入されることとなった(35)。

次に従業員カウンセリングの中核的存在ともいうべきカウンセラーの資格と役割について確認したい。カウンセラーはホーソン工場の各部門から選出されたのであるが，カウンセラーは自分が所属している部門の従業員に対してカウンセリングを行っていた。その際，カウンセラーの選考基準がカウンセラーが所属している部門の従業員から支持を得ている者であることに力点が置かれていたことは注目すべきである。このように，カウンセラーは事実上「従業員から支持を得ている者」という条件以外の項目を要求されていなかったため，彼らはカウンセリングについての具体的なスキルを有していなかった。そこで，人事調査・教育訓練部門（1941年に従業員カウンセリング・調査部門に改組）が彼らに具体的な教育訓練を施すことによって，彼らのカウンセリングのスキルが高められることになった。一方で，教育訓練を受けたカウンセラーは会社から将来の監督者候補として位置づけられていたこともあり，人事管理上の期待が彼らに寄せられていたといえよう。このような文脈の中でカウンセラーに期待されていた役割は，従業員が抱える様々な問題に耳を傾けることによって，従業員の個人情況と人間関係の把握と理解に務めることにあったのと同時に，従業員と監督者間の円滑なコミュニケーションを促進し，従業員に対して行動指針を示すこともカウンセラーの重要な責務として位置づけられていた(36)。

ところで，WEが従業員カウンセリングに最も期待していたことは，従業員の苦情を組合による苦情処理手続きへ進む前に処理する手段を従業員に提供することによって，彼らの苦情を組織的な問題ではなく個人的な問題として対応することを彼らに納得させることにあった。すなわち，従業員の不満が組織的な苦情になってしまうのを防ぎ，従業員と監督者との間の緊張を緩和すること

によって従業員間の団結を防ぐことが,従業員カウンセリングに最も期待されていたことであった。[37]

すでに確認したように,1936年にホーソン工場で導入された従業員カウンセリングは1956年に廃止されることになったのであるが,その理由としては次の3点が挙げられよう。第1に,コストの問題が考えられる。例えば,1949年に従業員カウンセリングのために要したコストは,35万6,000ドル(従業員1名あたりにかかるコストは13ドル以上)であったことにもみられるように,効果に比してコストがかかるという問題が生じたと考えられる。第2に,従業員カウンセリングの機能が監督者に移ったことが挙げられよう。WEの経営陣は,従業員カウンセリングが従業員の労働組合に対する支持を弱める役割を果たしていることを認識していたが,とりわけ50年代に入ってからのWEにおける労使関係は極めて安定していた状況にあったため,今後は監督者に従業員カウンセリングの技術と考え方に関する教育訓練を行うことによって,監督者が従業員カウンセリングの代替的な役割を果たすものになると判断したのである。そして第3の理由としては,労働組合からの批判が挙げられよう。すでにみたように従業員カウンセリングはベル・システムのいくつかの部門でも導入されていたが,例えば,アイオワ・ベル(Iowa Bell)が従業員カウンセリングを廃止せざるを得なくなったのは,労働組合が従業員カウンセリングは従業員の私生活に立ちいって詮索するための経営者の道具であると強く主張したことによるものであった。[38]

このように従業員カウンセリングは,アメリカ産業界における労使関係の転換期ともいうべきニューディール期に導入され,それが部分的にERPの代替的機能を果たした結果,WEにおける安定的な労使関係の構築に大きく貢献した制度として位置づけられることになったといえよう。

(2) 監督者の役割

上記の従業員カウンセリングとならんで,WEで注目されることになったのが監督者訓練であった。

すでにみたように,1927年から32年にかけてWEのホーソン工場で行われ

たホーソン実験は,主に継電器組立実験,インタビュー・プログラム,そしてバンク配線作業観察実験といった一連の実験から構成されていたのであるが,職場における監督者の役割の重要性を認識する契機となったのが継電器組立実験であった。

継電器組立実験の当初の目的は,休憩時間の導入や作業時間の短縮など,主に労働時間にかかわる変化を実験室に導入し,それが従業員の作業能率にどのような影響を与えるのかという点を明らかにすることにあった。ところで,継電器組立実験に導入された監督方式は継電器組立実験の観察者が事実上監督者を兼務するという形態をとっており,その役割は継電器組立実験に参加している従業員の苦情や要望に関わる問題を解決することにあった。こうして実験に参加している従業員は監督者をボスとしてというよりは友人として捉えるようになった結果,作業条件を厳しいものにした際にも生産性が上がっていることが明らかにされた。このように継電器組立実験を通じて,従業員のモラールと監督方式の間に密接な関係があることが明らかにされたのである。[39]

このような実験成果をもとに,監督者の役割についての理論化が行われたのと同時に,WE の各部門で監督技法に関する教育訓練が行われ,それらの技法を職場に活用することが奨励された。

理論的側面からみれば,メイヨーの後継者であるレスリスバーガー(F. J. Roethlisberger)は,「監督者は経営管理者,原価計算係,エンジニア,法律家,教師,指導者,検査員,カウンセラー,友人,そして何よりも従業員の"模範的人物"にならなければならない」[40]とした上で,「……職場の行動規範,方針,ルール,そして制約を意識しながら……従業員の自発的な協力を得なければならない」[41]として監督者の役割を一定の範囲で規定したのであるが,このような監督者の役割についての理論化は,いわゆる人間関係論の理論的基盤を構成する重要な要素の1つになった。

一方で実務的側面からみれば,WE は,各部門ないしは各工場の教育訓練部門が中心となって監督者に対する教育訓練を積極的に展開していった。ホーソン工場では,監督者に対して日常業務を体系的に処理する能力を高めるために,「業務組織の原則(Principles of Work Organization)」という監督者訓練コース

を開設し，3週間半で7回の会合を開催していた。その際教育訓練部門は監督者に対して詳細な行動規準を定め，それらの規準に照らして監督者が日常的に自己評価を行うしくみを構築した。具体的な規準としては，監督者は業務の割当，評価，そして苦情の解決といった問題に関して公正かつ公平であること，監督者は従業員との個人的な接触を常に励行することによって従業員の尊敬を集めながら職場の規律を保つこと，そして監督者は従業員を会社に忠誠を示し会社に協力的になるように育成することといった規準が定められた。また，カーニー工場の教育訓練部門では，同部門が開設した監督者育成プログラムの中で，従業員が所属している組織が経営側と対立するか経営側に協力するかは，監督者のリーダーシップの下で推進されるコミュニケーションの成否にかかっているとした上で，監督者に職場の良好なコミュニケーションを維持する担い手になることを奨励した。[42]

このようにWEで実施されていた監督者に対する教育訓練は，第2次世界大戦の戦中および戦後に戦時生産体制を強化する政府主導のプログラムを通じて発展していった。1940年7月に，全国国防勧告委員会（National Defense Advisory Commission）は，産業の流動化への取組を支援するために産業内監督者訓練（Training Within Industry, TWI）プログラムを開設した。TWIの責任者は，ソコニー・ヴァキューム・オイル社（Socony-Vacuum Oil Company）の労使関係担当管理者であるドゥーリ（C. R. Dooley）であったが，彼はWEで従業員関係担当管理者であったディーツ（J. Walter Dietz）のアシストを受けることになった。彼らはとりわけ監督者訓練に力点を置いたのであるが，それは監督者の多くが軍隊に入隊していることに伴って経験豊富な監督者が不足しているという事情によるものであった。[43]

ところで戦時には，新人労働者を指導する監督者を訓練する「職務教育（Job Instruction）」，生産を監督する技術を提供する「職務方式（Job Methods）」，そして監督者に対して人間関係論に基づいた教育訓練を行う「職務関係（Job Relations）」という3つのTWIプログラムが設置された。その中で職務関係プログラムは，ホーソン実験の直接的な所産であった。というのも，ディーツはホーソン実験について有している知識やWEでの経験に基づいて，

そのプログラムを検討していたからであった。また，そのプログラムを検討する際に，ホーソン工場のライト（Hal Wright），レスリスバーガー，そしてメイヨーの弟子であるフォックス（John Fox）から監督技術にかかわるアドバイスを受けていたことは興味深い。[44]

職務関係プログラムは，企業の人事管理者でもあるTWIの教官が監督者と議論を行う形式で実施された。監督者は，議論のために準備された具体的な事例を用いて会話を行う訓練や人間関係論の原則が記載されているテキストを参考にしながら自身の経験について話す訓練を受けた。とはいえ，そのプログラムで最も力点が置かれていたのは，従業員との面接を通じて従業員の話を聞くスキルを高める重要性と，その成否によって従業員が労働組合に参加するか否かが決まるということを監督者に教育することであった。[45]

1945年には管理改善協会（旧テイラー協会，Society for the Advancement of Management）が，TWIの功績をたたえてドゥーリとディーツに対して人間関係論の分野としては初めての賞が与えられたことは，この分野における監督者訓練の必要性が産業界の管理者の間で広く受け入れられていることの象徴であったといっても過言ではない。その後，監督者訓練は戦後の労使闘争によって一層関心がもたれるようになった。こうした動向の中で，個別企業でも監督者訓練プログラムが普及するようになり，経営参加といった，人間関係論を一層洗練した行動科学的技法を用いて監督者に対する教育訓練が積極的に実施されることとなった。[46]

このように，WEにおいてERPが廃止された後にとりわけダイナミックな展開をみせた従業員カウンセリングと監督者訓練の根底に流れる思想は，労働者が抱えている不満や苦情を個別に処理することによって，労働組合による苦情処理手続や従業員の組合への参加を防ごうとしたという点に集約されるであろう。

（1）Albert B. Iardella ed., *Western Electric and the Bell System : A Survey of Service*, Western Electric Company, 1964, pp. 27-28 ; http://www.alcatel-lucent.com（2008年2月1日取得）。

第**10**章　ウェスタン・エレクトリックにおける従業員代表制の展開

（ 2 ）　Richard Gillespie, *Manufacturing Knowledge : A history of the Hawthorne experiments*, Cambridge University Press, 1991, pp. 9-10 ; http://www.alcatel-lucent.com（2008年2月1日取得）；宮崎信二「ホーソン実験と人間関係論の成立——ウェスタン・エレクトリック社の事例」小林康助編著『労務管理の生成と展開』ミネルヴァ書房，1991年，84〜85ページ；『日経ビジネス』2001年2月5日号，57ページ；『日本経済新聞　夕刊』1983年12月15日。
（ 3 ）　http://www.alcatel-lucent.com（2008年2月1日取得）。
（ 4 ）　例えば，WEの関係者がSCCの年次会合に出席していたことは，次の文献によって明らかにされている。伊藤健市「1930年代特別協議委員会加盟企業における従業員代表制の動向——ラフォレット委員会の証拠文書を中心に」『大阪産業大学論集（社会科学編）』106号，1997年6月，110〜111ページ。
（ 5 ）　R. Gillespie, *op. cit.*, pp. 119-121.
（ 6 ）　Bruce E. Kaufman, "Industrial Relations Counselors, Inc." in Bruce E. Kaufman et al. eds., *Industrial Relations to Human Resources and Beyond : The Evolving Process of Employee Relations Management*, M. E. Sharpe, 2003, p. 32 ; R. C. S. Trahair, *The Humanist Temper : The Life and Work of Elton Mayo*, Transaction Books, 1984, pp. 198-199 ; Gillespie, *op. cit.*, p. 116 and 119. なお，IRCに関しては次の文献においても分析されている。Clarence J. Hicks, *My Life in Industrial Relations : Fifty Years in the Growth of a Profession*, Harper & Brothers, 1941. 伊藤健市訳『経営コンサルタントのパイオニア：クラレンス・J・ヒックス伝』関西大学出版部，2006年。とりわけ，上記邦訳書「訳者あとがき（188〜202ページ）」が詳しい。
（ 7 ）　R. Gillespie, *op. cit.*, p. 70, 112 and 119. この講演会には，AT&Tの労使関係担当副社長であるホール（E. K. Hall）やWEの人事担当取締役であるスティーブンソン（T. K. Stevenson）らが出席し，その後スティーブンソンはメイヨーにホーソン工場ですでに行われていた継電器組立実験の報告書を送り，この実験に参加することを要請した（R. Gillespie, *op. cit.*, p. 70 and 119.）。
（ 8 ）　このストライキが起こった最大の要因として，労働者の生活費が上昇傾向にある中で，電話労働者の賃金が低額のままであったということが挙げられる。ちなみに1903年から26年にかけての電話労働者の年収は，平均で郵政事業に従事する労働者の年収の約半額，公益企業の労働者の4分の3，そして製造業の労働者の65％から90％であった（Philip S. Foner, *History of the Labor Movement in the United States Volume VIII ; Postwar Struggles, 1918-1920*, International Publishers, 1988, p. 88 ; John N. Schacht, "Toward Industrial Unionism : Bell Telephone Workers and Company Unions ; 1919-1937," *Labor History*, Winter 1975, Vol. 16. No. 1, p. 14.）。
（ 9 ）　宮崎信二「『規制下の独占』とAT&T社のウェルフェア・キャピタリズム」井上昭一・黒川　博・堀　龍二編著『アメリカ企業経営史——労務・労使関係的視点を基軸として』税務経理協会，2000年，102ページ；宮崎信二「AT&Tの労務政策とベル・システムにおける労使関係」平尾武久・伊藤健市・関口定一・森川　章編著『アメリカ大企業と労働者——1920年代労務管理史研究』北海道大学図書刊行会，1998年，400ページ。
（10）　例えば，NJスタンダード，ベスレヘム・スティール，そしてGEでは1918年に，ハーヴェスター，デュポン，AT&T，そしてグッドイヤーでは1919年に，ボルチモア・オハイオ鉄道（Boltimore & Ohio Railroad Company）では1923年にそれぞれERPが導入された（平尾武久他編著，前掲書）。

239

(11)(12)　R. Gillespie, *op. cit.*, p. 24.
(13)　インタビュー・プログラムは，1928年から30年にかけてホーソン工場の2万1,126名の従業員を対象にして行われた。インタビューの当初の構想は，会社の管理，方針，上司からどのように扱われているか，そして作業条件などについてあらかじめ用意された質問を従業員に回答してもらうというものであった。しかし，面接官は従業員が質問以外の事柄について話したがっていることを発見した。すなわち，従業員が重要だと考えていたことは，会社側が重要であると考えたこととは違っていたのである。そこで，面接官は従業員に自分の考えをうちあけさせるために非指示面接法に変更した。その結果，従業員は作業条件が改善され（実際にはそれらは変わっていなかったが），賃金問題が改善された（実際には賃金等級は同じであった）という意見を表明するようになったのである（F. J. Roethlisberger and William J. Dickson, *Management and the Worker*, Harvard University Press, 1939, p. 189 and 204 ; Daniel A. Wren, *The Evolution of Management Thought*, Second Edition, John Wiley and Sons, 1979, pp. 305-306. 車戸　實監訳『現代経営管理思想――その進化の系譜（下）』マグロウヒル好学社，1982年，369～370ページ；D. A. Wren, *The Evolution of Management Thought*, Forth Edition, John Wiley and Sons, 1994, pp. 240-242. 佐々木恒男監訳『マネジメント思想の進化』文眞堂，2003年，267～269ページ）。
(14)　R. Gillespie, *op. cit.*, pp. 212-213.
(15)(16)　R. S. Meriam, "Employee Interviewing and Employee Representation," *Personnel Journal*, 10, 1931, pp. 98-99.
(17)　R. Gillespie, *op. cit.*, pp. 24-25.
(18)　Western Electric Company, *Relations with Employees*, Western Electric Company, 1924, pp. 1-2. なお，この資料は駒澤大学教授百田義治氏ならびに中央大学教授関口定一氏のご厚意によるものである。
(19)　Western Electric, *Annual Report*（この資料は関西大学教授伊藤健市氏のご厚意によるものである）；Western Electric Company, *A Good Place to Work*, Western Electric Company, n.d., pp. 3-11（この資料は百田義治氏ならびに関口定一氏のご厚意によるものである）。なお，この点については，佐藤健司「1930年代ウェスタン・エレクトリック社における福利厚生」（『京都経済短期大学論集』第14巻第2号，2007年）を参照のこと。
(20)　F. J. Roethlisberger and W. J. Dickson, *op. cit.*, p. 540 ; Western Electric Company, *A Good Place to Work*, p. 5.
(21)　イブニング・スクールは，ホーソンクラブの教育訓練活動を監督する教育訓練委員会（Educational Committee）によって管理運営が行われており，そこでは簿記・会計，応用数学，ビジネス英語，高速計算，機械製図，冶金学，電気工学・磁気学，製造実務，産業心理学，販売・流通，裁縫・服飾，電話通信，そしてタイプ・速記といった多様なコースが設置されていた（Hawthorne Club Evening School, *Silver Jubilee Souvenir* 1913-1938, n. d., p. 3 and 7.）。
(22)　Western Electric Company, *A Good Place to Work*, pp. 5-11 ; R. Gillespie, *op. cit.*, p. 19.
(23)　NLRB, *Decisions and Orders of the National Labor Relations Board*, Vol. 72, United States Government Printing Office, 1947, p. 753；R. Gillespie, *op. cit.*, p. 214；中窪裕也『アメリカ労働法』弘文堂，1995年，16ページ。
(24)　NLRB, *op. cit.*, p. 752.
(25)　*Ibid.*, pp. 752-753. ただし，この組織図における各部門の合同委員会とカーニー工場合同委員

第**10**章　ウェスタン・エレクトリックにおける従業員代表制の展開

会が，3段階のレベルのうちそれぞれどのレベルにある合同委員会かは定かではない。なお，各部門の合同委員会によって従業員側の代表数が異なるのは，それぞれの部門における選挙区の数に比例しているという理由によるものである。ちなみに，各選挙区から選出される従業員側代表はすべて1名ずつである。なおこの資料は，名城大学教授宮崎信二氏のご厚意によるものである。

(26)　NLRB, *op. cit.*, p. 753.
(27)(28)　R. Gillespie, *op. cit.*, pp. 220-221.
(29)　松田裕之『AT&Tを創った人びと——企業労務のイノベーション』日本経済評論社，1996年，103-104ページ；R. Gillespie, *op. cit.*, p. 221. この時期に，アメリカ全土に拠点をもつWEの販売部門および敷設部門の従業員は，すでに独立労働組合の形態で運営を行っていた。(J. N. Schacht, *The Making of Telephone Unionism 1920-1947*, Rutgers University Press, 1985, p. 54.)
(30)(31)　R. Gillespie, *op. cit.*, pp. 221-222.
(32)　J. N. Schacht, *op. cit.*, p. 50.
(33)　NLRB, *op. cit.*, pp. 738-741；J. N. Schacht, *op. cit.*, p. 54.
(34)　W. J. Dickson and F. J. Roethlisberger, *Counseling in an Organization*, Harvard University, 1966, p. 3；S. B. Adams and O. R. Butler, *Manufacturing the Future : A History of Western Electric*, Cambridge University Press, 1999, p. 129；R. Gillespie, *op. cit.*, p. 216 and 220. なお，この点については，佐藤健司「ニューディール期におけるウェスタン・エレクトリック社の労使関係と人事相談制度」(『京都経済短期大学論集』第15巻第1号，2007年) を参照のこと。
(35)　R. Gillespie, *op. cit.*, p. 226. なお，AT&Tが従業員カウンセリングを導入した1948年の翌年に，AT&T人事部が，従業員カウンセリングならびに監督者訓練を軸とする人間関係論に基づいた管理技法をマネジメントとしてどのように捉えていくのかということについての見解を示している。その中で，監督者が従業員の協力を確保し，従業員を仕事に順応させることができる場合，従業員が取り組む仕事の質は改善され，そのことによって従業員は大きな満足感を得ることができると指摘されている (AT&T Personnel Relations Department, *Human Relations in Management*, AT&T, 1949, p. 4.)。なおこの資料は，Cornell University ILR Keel Centerに所蔵されているAOF Ⅰシリーズから入手したものである。
(36)　L. Baritz, *The Servants of Power : A History of the Use of Social Science in American Industry*, Wesleyan University Press, 1960, pp. 104-105. 三戸　公・米田清貴訳『権力につかえる人びと』未来社，1969年，135ページ；R. Gillespie, *op. cit.*, p. 217.
(37)　R. Gillespie, *op. cit.*, pp. 222-223 and 225.
(38)　*Ibid.*, pp. 226-227；L. Baritz, *op. cit.*, p. 114. 前掲邦訳書，147ページ。
(39)　F. J. Roethlisberger and W. J. Dickson, *Management and the Worker*, p. 72 and 88-89；進藤勝美「ホーソン・リサーチと監督者問題」『彦根論叢』188号，1977年11月，3～5ページ；D. A. Wren, *op. cit.*, Forth Edition, pp. 236-240. 前掲邦訳書，264～267ページ。なお，継電器組立実験を含むホーソン実験の再検討については，大橋昭一・竹林浩志『ホーソン実験の研究——人間尊重的経営の源流を探る』(同文舘，2008年) が詳しい。
(40)　F. J. Roethlisberger, *Man-in-Organization*, Harvard University Press, 1968, p. 39. なお，この文献は，F. J. Roethlisberger, "The Foreman : Master and Victim of Double Talk", *Harvard Business Review*, 23, 1945, pp. 283-298を完全収録したものである。

(41) F. J. Roethlisberger, *op. cit.*, p. 44.
(42) Western Electric Company Hawthorne Works Industrial Relations Branch, *Supervisory Training : Course Outline and Supplementary Material*, Western Electric Company, n.d., pp. 1-2 ; Western Electric Company Hawthorne Works Personnel Service Branch Training Department, *A Supervisor's Self-Rating Scale : Supervisory Conference Material*, Western Electric Company, n.d., p. 2 ; Western Electric Company Kearny Works Training Organization, *Supervisory Development Program*, Western Electric Company, 1948, p. 17. なお上記3資料は, Cornell University ILR Keel Center に所蔵されている AOF Ⅰシリーズから入手したものである。
(43) F. J. Roethlisberger, *The Elusive Phenomena : An Autobiographical Account of My Work in the Field of Organizational Behavior at the Harvard Business School*, Harvard University Press, 1977, p. 88 ; Delbert C. Miller and William H. Form, *Industrial Sociology : An Introduction to the Sociology of Work Relations*, Harper & Brothers Publishers, 1951, pp. 11-12 ; R. Gillespie, *op. cit.*, p. 234 ; 河村哲二『第二次大戦期アメリカ戦時経済の研究——「戦時経済システム」の形成と「大不況」からの脱却過程』御茶の水書房, 1998年, 310ページ。
(44) (45) R. Gillespie, *op. cit.*, p. 235.
(46) *Ibid.*, pp. 235-238 ; Sanford M. Jacoby, *Modern Manors : Welfare Capitalism since the New Deal*, Princeton University Press, 1997, pp. 220-228. 内田一秀・中本和秀・鈴木良始・平尾武久・森杲訳『会社荘園制——アメリカ型ウェルフェア・キャピタリズムの軌跡』北海道大学図書刊行会, 1999年, 365～377ページ。なお, この時期には大学経営教育においても監督者について学ぶ講座が新たに開設された。例えばHBSでは, 1943年に「監督者と組合加入労働者 (The Supervisor and Union Labor)」と題する講座が開設された (John H. McArthur, *A Delicate Experiment : The Harvard Business School 1908-1945*, Harvard Business School Press, 1987, p. 262.)。

(佐藤健司)

終　章

閉ざされた道
――従業員代表制とアメリカ産業民主主義の可能性――

第1節　企業内労使関係の時代とアメリカの従業員代表制

　NIRA の成立後急速にその数を増加させ，1935 年には全国で 3,100 社以上に組織され，260 万人以上の労働者をカバーするまでに普及した従業員代表制（ERP）は，その後 NLRA の成立，NLRB の介入，そして CIO の攻勢の中で，1940 年頃にはほぼアメリカ労使関係の世界から一掃されてしまった。第 1 次世界大戦時からほぼ 20 年にわたるアメリカ企業における ERP の経験を，われわれはどのように評価すればよいのであろうか。

　20 世紀初頭から 1930 年代にかけて，資本主義企業における労働は，多重な意味合いにおいて過渡期にあった。企業にとって，外部の市場で調達すべき資源であった労働力の内部化が進行し，大規模製造業の職場の基幹労働力はクラフト的な熟練労働者から半熟練労働者へと移り，労使関係は個別的なものから集団的労使関係へと推移して，職能別組合に代わって産業別組合が労使関係の主役となった。こうした変化の中で，本書の対象とするアメリカに限らず，ヨーロッパ諸国や日本でも，企業内における労使の関係が重要性を増し，労使関係を企業の内部において調整するための様々な取り組みが行われるようになった。労使ともに，企業外に展開する労使関係を補完もしくは代替する企業内的な仕組みを必要とする時代が到来したのである。今回取り上げた ERP もこうした資本主義企業における労働のマクロ的な変化の中における普遍性をもった現象の一部であったと理解することができる[1]。

　マクロ的な状況の変化に対応した企業内労使関係機構の形成というこの普遍的な現象は，しかし，その具体的な態様という点では，大きな多様性を含んで

いた。曲折を経るとはいえ，ヨーロッパ諸国では，企業内労使関係に関する制度や組織は，おおむね企業横断的な労働組合を一方の当事者として形成される労使関係を補完するものとして定着した。これに対して，後にみるようにアメリカでは，企業経営者たちによってERPが，企業の内部から組合を排除する手段として，あるいは組合によらない代替的な労使関係制度として構想され，広範に導入されたのである。こうした特異性は，政府や労働組合という企業の外側からの介入を排し，経営権を最大限に確保しつつ，同時に労働者個人の自由な選択を保障しようとする，当時のアメリカ企業経営者の性格とも深くかかわっていたと考えられる。

　本書で明らかにしたように，アメリカにおいては，ERPは労働組合を代替する制度としても，それを補完する制度としても定着することなく歴史の舞台から去って行った。このことの意味は大きい。結果として，ニューディール以後のアメリカ労使関係は，労働組合機能を補完する企業内労使協議機構を欠くという形で展開されることとなったのであり，アメリカの産業別労働組合は，企業内における労使間の諸問題の解決を，団体交渉と公式化された苦情処理手続きという形式でのみ行わなければならなくなったのである。それゆえに，アメリカの産業別組合においては，その企業・工場レベルの組織（ローカル・ユニオンやローカル・ユニオンの企業別協議体）が発達し，組合運動においても，労使交渉においても極めて大きな役割を果たすことになった。そして，さらに，アメリカ労使関係においては狭義の労働条件以外の，労働と生活に大きな影響を及ぼす企業経営の広大な領域（人事，生産，設備・施設，財務，経営計画など）の問題が，経営側のみがそれらに関する情報を占有し，労働組合側との一切の協議を経ずに，専決的に判断を下す事項となったのである。これは，1920年代，30年代に，経営者のイニシアティブで導入されたERPが大企業を中心に広く普及しつつ，後期ニューディールの過程で，一挙に否定されていったことの，最も重要な帰結の1つであった。

　1940年頃までに一掃されたERPは，それでは，ヨーロッパの企業内労使協議機関のような，産業別労使関係を補完する制度たりえたのであろうか。それとも，当時の批判者たちが繰り返し論難したように，単なる組合排除と従業員

支配のための企業経営者の道具にすぎなかったのであろうか。あるいは，一部の経営者たちが構想したような産業民主主義の第三の形態たりえたのであろうか。この点を本書の内容に即して，検討しておこう。

第2節　従業員代表制の再編と終焉

　本書で取り上げた7つのケースすべてにおいて，ERPは，1933年のNIRAの成立後に大幅に改組され（USスティールの場合は初めて導入された），1935年のNLRAの成立の後，ほぼ1936年後半から1938年の間にその終末を迎えた。その後の数年の間に，第1次世界大戦期に始まり，戦後に第1次ブーム，NIRA成立後に第2次のブームを迎えたアメリカ企業のERPはその歴史を閉じることとなった。

　1933年6月にNIRAが成立すると，それ以前からERPを組織していた企業では，新しい法的条件と政治的環境に合わせて，そろってERPの再編に着手した。また，ERPを組織していなかったり，かつて組織していたが放棄してしまっていたりした多数の企業も急ぎERPを再導入した。NIRA第7条a項により，労働者に「団結権」と「団体交渉権」が与えられたからであり，しかし，同時にその団結と交渉の主体が労働組合に限定されることがなかったからである。

　NIRAの下でのERPの再編は，本書の各章にみられるように，具体的な措置は企業ごとに異なるが，押しなべてERPの諸機能のうち特に基本的な労働条件に関する従業員側代表の発言力を強化し，また，職場における苦情の処理機能を公式化し，従業員組織としての独立性を高める方向で行われたという意味で，形式的な面での共通性を有していた。

　これに対して，ERPの終末は多様であった。本書で検討したSCC参加企業の場合に限っても，ERPの終末は一様ではなかった。グッドイヤー，ハーヴェスターでは，経営側は最後の最後まで全国組合による組織化に抵抗し，ERPを独立組合（ILU）的な組織に再編してその延命を図るが成功せず，最後にやむなく全国組合を承認し，協約を結ぶことになる。本書では取り上げなかった

がSCC参加企業としては，ベスレヘム・スティールのERPが同様の運命をたどった。本書でスケネクタディ事業所のケースを取り上げたGEの場合は，ERPは自律性も高く従業員からの相当の支持を得ていたが，NLRBの交渉代表選挙で全国組合に敗れると，経営陣は直ちにERPを解散して組合を承認し，全国協約締結に向けた交渉に入り，産業別組合との安定した関係を構築する道を選んだ。SCC参加企業では，USラバーがほぼ同様の対応を行っている。また，NIRA以後に急遽ERPを組織したUSスティールでは，全国組合側がERP選挙に参加して内部から侵食する戦術をとり，その結果ERPとその事業所間の連携組織が産業別組合のローカル組織へと転化していく，という形になった。SCC参加企業では，GMやウェスティングハウスで同様の事態が進行した。最後に，WEを含むAT&Tとデュポンでは，経営者の誘導によりERPはILUへと改組され，全国組合による外部からの組織化の働きかけも微弱であったため，その後もILUとして存続し，会社との間で団体交渉を行い，労働協約を締結するという企業内の集団的労使関係を形成するということになった（AT&Tの場合は，同社が電話事業の全国的独占企業体であったため，同社の従業員によって組織されたILUは同時に事実上の産業別全国組合でもあった）。

　ERPのこうした一様ではない終末には，いくつかの要因がかかわっているが，最も重要なものは，SCC参加企業の間でさえ顕著にみられるERPそれ自体の組織的および機能的な多様性（ERPの創設以来の歴史的な経緯も含む多様性），およびそれぞれの企業の組織化を目指すそれぞれの産業における全国組合の組織化活動の相違であったと考えられる。ここでは，ERP自体の多様性について少し詳しくみておきたい。

第3節　従業員代表制の多様性

　本書の各章でみたように，SCC参加企業のERPは概して，極めてよく準備され，組織されたものとなっていたが，個々の企業ごとに組織的にも機能的にも大きな多様性をもっていた。この多様性は，1つには，SCCの緩やかなネットワーク組織という組織特性がもたらしたものであった。SCC自体は，

終章　閉ざされた道

ERP に関する原則を確立し，それに沿った制度の導入を目指したが，しかし，参加各企業の最終的な意思決定に干渉したり，それを制約したりすることはなかった。SCC が参加各社の自主的な意思決定を担保した緩やかな組織であったため，実際の ERP の導入に当たっては，各企業経営者の労使関係観，ERP 導入までの各社の労使関係の履歴などが強く反映され，それぞれ独特の制度の在りようと運営の仕方を結果することになったのである。したがって，各企業の ERP の在り方は，各社の経営側がそれをどのような機能を果たすべきものとして構想したか，その構想がどのように従業員に受容され，結果として実際にどのように機能してきたのか，という経営の構想と従業員の受容の態様に大きく依存していた。そしてさらに，そうした経営側の構想と従業員による受容の態様が，労働立法などの外部環境の変化と，全国組合の組織化攻勢の中でどのように変化してきたのか，ということの結果でもあった。

こうして，ERP は，SCC 参加企業にだけ限定しても，形式的（選挙などで選出された事業所や工場全体の労使の代表が一堂に会して協議を行うもの，労働条件，安全衛生など課題別に労使の合同委員会を設けて問題の解決に共同であたるもの，連邦政府の組織を模したもの，従業員のみの組織をつくりその代表が経営側の代表と協議するものなど）にも，また機能的（労働条件の共同決定にウェイトを置くもの，職場の苦情処理に特長のあるもの，労使のコンタクトそれ自体と情報の交換を重視したものなど）にも大きな多様性をもった制度であった。こうした ERP の多様性は，それを人々がいかなる制度として理解するかという点での困難と混乱をもたらしたのである。

そもそも ERP は何のために導入された制度なのかということに関しては，その出発点から，まったく異なる立場から極端に分裂した像が描かれてきた。それは，一方における，ERP を単純なオープン・ショップ運動などの「洗練されない」手段（イエロー・ドッグ・コントラクトやブラックリスティングなど）に取って代わる，「洗練された」，より性質の悪い反組合の手段と認識し，その存在を否定せんとする立場から描かれた ERP 像と，他方における，それを個人別交渉（「個別的労使関係」）および従業員の自由を制約する労働組合との団体交渉（「集団的労使関係」）に代わる，より民主的な，企業や事業所を単位と

247

した集合的労使の関係を形成する新しい制度として積極的に理解し，その普及を推進する立場から描かれた ERP 像であった。言い換えれば，ここにみられるのは，同じ ERP を，「反組合」の新しい手段とみるのか，それとも「非組合」的労使関係制度の新機軸とみるのかという，相違であり，この相違は，一方の労働組合とそれに連なる人々の立場と，他方の企業経営者とそれに連なる人々の立場を反映するものと考えられていた。

本書に結実した研究成果は，これまで単に労使関係上の立場の相違に求められていた ERP 観の分裂が ERP を評価する人の立場によるだけではなくて，実は，現実の ERP の多様性に基づくものでもあったことを示している。ERP を推進した経営者とそれに連なる人々の中にも，「反組合」を意図して ERP を導入した場合も，あるいは，より積極的に「非組合的」産業民主主義の新しい制度を創設する意図で ERP を組織することを意図した場合もあったのであり，あるいは，その双方を意図して導入された ERP も存在したのである（この ERP 導入の意図におけるグラデーションは SCC 参加企業の中にも存在した）。そして，さらに，このそれぞれの意図が実現する際に，一般従業員からのリアクションや，現場監督者の対応，そして，企業外部に存在する全国組合からの働きかけなどによって，ERP のもつ多面的な機能のウェイトが変化し，その実態が，より「反組合的」なものになるか，あるいは，より「非組合的」なものに近づくかという違いが生じたと考えられる。

それでは，実際の ERP が，主として外部組合排除のために機能する「反組合的」なものとなるか，それとも主として「非組合的」な集合的労使関係制度として機能するようになるのか，制度を導入した経営者の主観的な意図は一応置いて，ERP の機能論的な観点から検討してみよう。

第4節　従業員代表制の機能と安定性

ERP の多様性は，ERP のもっていた機能の多面性とも深く関連している。本書で取り上げた企業における ERP の観察から，とりあえず確認できたものを整理すると ERP は以下の4つの機能を併せ持っていたことがわかる。そし

て個々の ERP は，様々な理由によって，このうち何れかの機能を特に強く発揮するようになり，それが，制度間の差異となって現象していたと考えることができる。

　その4つとは，①基本的労働条件の集団的決定機能，②職場での苦情処理機能，③従業員の参加・コミットメント促進機能，④労使コミュニケーション改善機能，である。[3] ①の基本的労働条件の集団的決定機能は，全社もしくは全事業所・工場レベルの労使協議を通じて，従業員代表が基本的労働条件の決定に関与する機能であり，典型的には工場・事業所協議会などでの賃金水準の引き上げや労働時間短縮の決定が行われる場合である。②の職場での苦情処理機能は，ERP の導入によってそれまでまったく存在しなかったり，あるいは存在してもインフォーマルなものであったりした職場での苦情処理手続きが明文化され，ケースによっては各職場から選出された個々の従業員代表が，苦情を申し立てた従業員と監督者との間で行われる苦情の処理プロセスに加わって，その解決を促進する役割を果たすことである。③の従業員の参加・コミットメント機能は，一般には労使の合同協議などの場で，職場の安全や作業環境の改善などについて協議することなどによって，従業員を職場の運営に関与させる仕組みをつくることであるが，第4章で取り上げたハーヴェスターでは，労働争議時の工場閉鎖の決定やストライキ参加者の職場復帰の可否の決定などを担うという形で，ERP が副次的な管理組織としての役割を果たすという，極端な事例もみられた。④最後の，労使コミュニケーション機能については，多言を要しないであろう。それまでは，間接的に印刷物などを通してか，あるいは直接ではあるが偶然の機会に，例えば親しい現場監督者などからしか伝達されなかった様々な経営情報が合同協議会や合同委員会の場などを通して，従業員代表には直接に伝達されるようになった。また，従業員のもつ情報や声も代表者を通して経営側に伝達されるようになった。この情報伝達ラインは，特に上りのラインは，フォアマンを媒介しないという点で，新しいコミュニケーション経路の設定という意味をもっていた。

　本書で検討したケースからみる限り，これら4つの機能のうち，労働組合への対抗，あるいは労働組合の浸透防止を強く意識せざるを得なかった ERP で

表終-1 「交渉」と「参加・コミュニケーション」の対比

	交　渉	参加・コミュニケーション
利害関係	対立（win-loss）	共通（win-win）
発言タイプ	反応的（reactive）	先行的（proactive）
争点・領域	労働条件	人事・生産・組織・経営
情報	限定・秘匿・独占	拡大・公開・共有
当事者集団	独立・閉鎖・凝集	同化・開放・拡散

は，①や②，特に①の労働条件の集団的な決定という機能が強く意識され，外部組合の脅威が小さいか，そもそも労働組合への対抗意識の弱かったERPでは，③や④の「非組合的」機能に重きが置かれていた，といってよいであろう。

　こうしたERP設計における機能的な傾きは，以下にみるような諸機能の相互作用により，さらにその度合いを強めることになる。今回観察したケースの限りで，上述したERPの4つの機能全般にわたって詳細な議論を行うことは難しいが，少なくとも①の労働条件決定機能と③，④の機能との間に，条件によってはある種のトレード・オフの関係が生じたことが推定される。

　表終-1に示したように，労働条件決定のための「交渉」と従業員の「参加・コミットメント」や「コミュニケーション」強化との間には，例えば，＜交渉上優位に立つための情報提供の制限や秘匿＞と，＜従業員の関与を拡大し，企業経営への共感を増すための情報の提供範囲の拡大や公開度の向上＞という対立的な要請があるし，また，「交渉」においては，両当事者それぞれが自らの陣営の独立性や凝集力を高めようとするのに対して「参加・コミットメント」や「コミュニケーション」を促そうとすれば，集団間の境界を弱め，集団の開放化と，異なる集団間（労使間）の融合のための動きが求められるからである。[(4)]

　労働組合の浸入を阻止するために，組合との団体交渉の代替を狙って，労働条件の決定機能を重視したERPを導入した企業では，この機能の在り方がERPの成否を左右する重要性をもったであろうことは，容易に理解できる。だが，果たしてこのERPの労働条件決定機能は，労働組合による団体交渉を代替するに足るだけの機能上の有効性をもちうるのであろうか。またもちうる

終　章　閉ざされた道

とすればそれはいかにして，あるいはどのような条件の下で可能となるのだろうか。

　まず指摘すべきは，ERPの労働条件決定に際しての交渉力が独立した労働組合に比して決定的に弱いという点である。この指摘は，すでに最初にERPが広がりをみせた頃から，その批判者によって繰り返し指摘されているので，あえてここでその議論を繰り返さないが，本書で観察したケースにおいてもこの点が確認された。こうした交渉力の弱さは，もちろん，ERPそのものが従業員代表の「交渉相手」たる企業によって導入されたというそもそもの事情によるが，しかし，こうした場合でもその従業員代表が，その後の何らかの事情の変化によって交渉力を獲得して行く場合もありうる。この点でERPにとって最も決定的だったのは，その多くが，合同協議会あるいは合同委員会という形式をとり，従業員独自の組織をもっていなかったことである。最初から経営の代表と一体の組織に組み込まれた従業員代表が独自の交渉力を発揮する余地はほとんどなかったといってよいであろう。これに加えて，やはりすでに多くの論者によって指摘されているように，ERPが労働条件決定において何らかの交渉力をもったとしても，せいぜい広くて企業単位，通常事業所や工場を単位として組織されているがゆえ，伝統的な労働組合の重要な経済的機能である労働市場の統制を通じた労働条件の平準化によって，労働条件を企業間競争の埒外に置くということはほとんど不可能であったこと，また多くの場合同一企業内においてさえも他の事業所のERPとの連携も制度化されていなかったため，労働条件交渉における情報交換や共同行動などの点でも大幅に制約されていたことも再確認しておきたい。

　今回取り上げた企業の中で，1920年代からERPが賃金水準や労働時間などの基本的な労働条件の決定に特に強く関与したのは，グッドイヤーとハーヴェスターであるが，これらはいずれも，外部労働組合の浸入あるいは従業員の労働組合への組織化の可能性の高さという外部の力が，経営側と選出された従業員代表の行動と意思決定に対する一種の「圧力」として作用し，ERPの場に「交渉」が形成されるということになった。外部組合の後退などによりこうした「圧力」が低下した場合，あるいは，企業業績の悪化などにより企業の労働

条件低下への志向が強まった場合，この「交渉」における従業員代表の「交渉力」は急激に低下して，その非力さを露呈することになる。ERP は，経営者が，ERP の場における「交渉」が必要だとみなす限りにおいて，労働条件の決定に参与できるのであり，経営者のサポートなしに恒常的に労働組合との団体交渉を代替することはできない。ERP の存在そのもの，ERP において「交渉」が成立するという状況そのものが，経営側の支持によって成り立っていたからである。

　個別企業のケースを取り上げた各章でみたように，1933 年に NIRA が成立し，その第 7 条 a 項で，労働者が自らの選んだ組織を通じて集団的な交渉を行う権利が認められると，それを契機に経営者は企業が合同協議会型あるいは合同委員会型 ERP の改組に取り組んだ。改組は企業ごとに多様であったが，今回観察したケースにもみられるように，多くの企業に共通していたのは，ERP の独立性と交渉力を高める措置であった。従業員のみの会合の新設や，従業員代表集団の執行部的組織の形成，基本的労働条件への関与を明文化する措置などがその内容であった。ERP の「交渉機関化」である。また，1935 年の NLRA の成立後は，グッドイヤー，ハーヴェスター，デュポンなどのケースでみてきたように，合同協議会型の組織を「独立」した従業員組合へと再編する動きも活発になった。ERP の「組合化」といえよう。こうした，「交渉機関化」や「組合化」によって，多くの ERP の労働条件決定機能が多少なりとも強化されたことは確かであろう。特に，外部の労働組合との競合が激しかった企業では，ERP は労働条件の決定により深く関与するようになった。しかし，真に企業からの独立性を保った相当に強力な労働組合でさえ防衛的な交渉をせざるを得ないほど深刻で長期の不況の中で，ERP が従業員の利益の擁護に成果を上げ，組合に勝る従業員の支持を獲得できた例は少なかった。逆に，例えば GE のスケネクタディ事業所のケースのように，1920 年代には基本的労働条件についての正面から交渉的な側面を強調せず，分権化した職場の苦情処理や従業員への豊富な経営情報の提供などによって支持を獲得してきた「事業所評議会」が，経営からの独立性を高めた「労働者評議会」に改組され，労使協議の場でも賃金の一律引き上げなどの基本的労働条件の変更を主要な議題とす

るようになって，その分従業員の支持と期待とを高めたが，それゆえ，かえって決定的な時点でその交渉力の不十分さ，経営に対する独立性の中途半端さを露呈してしまう，というような結果を生むという場合もあったのである。

NIRA以前のERPはそもそも制度的にその従業員代表者たちに交渉力の基礎となるものをほとんど付与していなかった。NIRA後の改革で，もしたとえ何か多少の交渉力の強化があったとしても，それは依然として組合とは比べ物にならないくらい脆弱なものであった。この交渉力の脆弱な制度に，交渉力がある組合の代役を演じさせることは極めて困難であった。組合に取って代わろうとして，全般的な賃金水準の問題など労働組合的な課題を中心にすればするほど，組合との差が明瞭になってしまうというジレンマが生ずる。それを回避するためには，経営側が従業員代表の求めに応じる形で，労働条件について大幅な譲歩を行うことが必要になるが（労働条件を引き下げつつ，ERPを強化し，組合の進入を防ぐことは，よほど強権的な手段でも用いなければできない），どんなときでもそれが可能であるわけではない。したがって，ERPを導入した経営者が「労働組合無用」と「ERPの優位」を強調すればするほど，その存立の基盤は危うくなるという状況に陥らざるを得ないという困難が，まま生ずるのである。
(5)

こうしてみると，労働組合代替手段としてのERPという仕組みが機能しうる領域（「労働組合代替的ERPの生息領域」）はかなり限定されていることになる。仮に，NLRAが合憲判決を受けていなかったとしても，企業の外部に展開する強いライバル・ユニオンが存在する産業で，ERPが組合代替的手段として安定的に機能することは極めて困難だったと考えられる。ただし，ERPと交渉力を競うライバル組合が存在しないか，その勢力があまり強くなく，企業がERPを経済的に支え続ける条件がある場合，独立組合的な性格を強めたERPが安定的に存続する可能があったことは，AT&Tやデュポンの例が示している。しかし，それは，かなり例外的な状況であったといえよう。

1920年代から1930年代初頭までの，いわゆる「ノンユニオンの時代」と呼ばれたときでさえ，常に企業の外部に横断的に組織された労働組合が，たとえ一時期のような勢力は失っていたとしても，依然としてアメリカの産業社会に

おける労働者にとっての問題解決の現実的なモデルとして存続したアメリカ社会にあっては，ERPは，それがどれほどよく設計され，いかに上手く機能していようとも，つねにライバルとしての労働組合との厳しい比較の目にさらされることになるということを考えれば，これまでみてきたような理由から，その安定性は極めて脆いものとならざるを得ないのである。これは，革新的な経営者が，たとえERPを，労働組合に依らない企業内的な集団的労使関係形成の代替案としてどれほど真剣に追求しようとも，連邦政府などがERPを労働組合とならぶ労使関係の代替的システムとして法的に承認するようにでもならない限り，逃れようのない運命なのであった。その意味で，アメリカにおける産業民主主義の第三の道は，くぐり抜けることの困難な隘路だったのである。そして，この狭く限られた道の追求と，それに対する政府・労働組合などの対抗策の追求とが，結果として，企業内における労使の労働条件以外の広範な領域におけるコミュニケーションと合意形成のチャネルを欠如させるというアメリカ労使関係の特質を生むことになったのは，まことに皮肉な結果と言わざるを得ない。

第5節　アメリカ企業経営者と従業員代表制

　最後に，それにしても，アメリカの大企業経営者たちはなぜこれほどまでにERPの導入に熱心だったのであろうか。まず，2度にわたり展開された全国的な「オープン・ショップ運動」に象徴されるアメリカ経営者の根強い反組合主義があることは間違いない。[6] 実際に，第1次世界大戦後の第2次オープン・ショップ運動はERPの最初のブームと時期的に重なっている。オープン・ショップ運動の手段としてERPを用いた企業も少なからず存在した。第1次世界大戦期に各段に強まった労働者の民主主義の意識と大衆的労働組合運動の経験を前提とすれば，単純な反組合キャンペーンよりも，民主主義的な洗練された装いが効果的であると考えられたからである。

　しかし，本書で取り上げた企業のERPは，全国製造業者協会（NAM）や全国金属産業協会（NMTA）などの組織をつうじてオープン・ショップ運動を推

終　章　閉ざされた道

進する中核となった経営者たちが展開した反労働組合政策とは，あるべき労使関係の理念において大きな違いがあった(7)。SCC 参加企業の経営者たちの中にも反労働組合という点での濃淡はあるが，全体としては，労働組合の排除というよりは，企業内に代替的な労使関係制度を構築することによって労働組合を「無用化」するという意図が勝っていたと言ってよいであろう。さらに，切迫した労働組合組織化のリスクがない企業において極めてよく組織された ERP が導入され，長期にわたって維持されたケースも少なからず存在することは，ERP により積極的な労使関係上の意味が与えられていたと考えられる。ERP に単なる組合に対する防波堤以上の積極的な意味を見出していた経営者たちの一群が存在したと考えられるのである。

　こうした経営者たちにとって，ERP はどんな意味をもっていたのであろうか。彼らにとっては，少なくとも彼らの経営するような大企業においては，個別的労使関係の限界は明らかであり，従業員との関係を何らかの形で集団的に処理することが必要だと認識されていたのである。ただし，同時にこの集団的な関係は可能な限り労働者個人の選択や自由を拘束しないものであり，なおかつ外部（政府や労働組合）の干渉や拘束から自由なものとして構成されることが必要であった(8)。ERP が目指したのはアメリカ合衆国の理想である個人（個々の労働者）の「自由と自助」の実現と，同時に経営者の「自由」である強力な経営権，すなわち外部の組織（政府や労働組合）からの「自由」の実現という，一見するとアンビヴァレントな目標を同時に達成する手段の形成だったのである。こうした意味合いにおいて，彼らにとっては，ERP は，個人別の雇用契約交渉を基礎とした個別的労使関係とも労働組合を通じた団体交渉に基づく集団的労使関係とも異なる，産業民主主義の第三の道を切り拓くという革新的な試みだったのである。しかし，この道が極めて険しいばかりでなく，ニューディール期の政治的・社会的プロセスの中で，遂にその先行きを失ってしまったことは，先に述べたとおりである。

　アメリカにおける産業民主主義の第三の道を切り拓く可能性がここに閉ざされたのであった。

（1） 各国における企業内労使関係の態様については，以下を参照。隅谷三喜男編著『労使関係の国際比較』東京大学出版会，1978年；花見忠『労使紛争処理の国際比較――オーストラリア，西ドイツ，イタリア，日本，米国の研究』日本労働協会，1985年；蓼沼謙一編『企業レベルの労使関係』勁草書房，1986年；桑原靖夫他編『先進諸国の労使関係――国際比較：成熟と変化の要因』日本労働協会，1988年；Joel Rogers and Wolfgang Streeck eds., *Works Councils : Consultation, Representation, and Cooperation in Industrial Relations*, Chicago University Press, 1995。
（2） 伊藤健市「SCCの労務理念と従業員代表制」平尾武久他編『アメリカ大企業と労働者――1920年代労務管理史研究』北海道大学図書刊行会，1998年。
（3） ERPの機能論については，関口定一「『参加・コミュニケーション型従業員代表制』の系譜と労使関係ネットワーク」『商学論纂』第40巻，第1・2号も参照。
（4） ERPにおける経営情報・職場情報の労使間共有とレント配分をめぐる対立との関係がもたらす労使関係上の難点，およびその克服の条件を示す「フリーマン＝ラジアー・モデル」については，都留康『労使関係のオンユニオン化――ミクロ的・制度的分析』東洋経済新報社，2002年，第1章および Richard B. Freeman and Edward P. Lazear, "An Economic Analysis of Works Councils," in Joel Rogers and Wolfgang Streeck eds., *op. cit.* を参照されたい。

本書で取り上げたERPにおいてはレント分配について，それを外部的に固定化したり，情報交換による効率化などから分離したりすることが制度的に極めて困難なため，その交渉的機能を強化することがストレートに情報共有にマイナスに作用する可能性がより大きいと，考えられる。

ただし，現代アメリカ労使関係研究における「参加的施策」と伝統的な「団体交渉」や「苦情処理」との関係については，両者間にトレード・オフが生ずる場合ばかりでなく，両者がお互いを強化し合う関係も存在することが指摘されており，今後の一層の観察の蓄積による分析の精緻化が求められるところである（Michelle Kaminski, "New Forms of Work Organization and Their Impact on the Grievance Procedure," in Adrienne E. Eaton and Jeffrey H. Keefe eds., *Employment Dispute Resolution and Worker Rights in the Changing Workplace*, IRRA, 1999.）。
（5） もしERPの「交渉」機能が極めて限られた条件でしか発揮されないとすれば，序章で触れたフェイリス（Fairris）が指摘するような労働条件改善効果が発揮される余地はどこにあるのだろうか。今回取り上げた企業で観察したケースからすると，それは，例えばGEのスケネクタディ事業所のように，個々の従業員代表が職場レベルの苦情処理において有効な役割を果たしていた場合や，職場から取り上げられた個別ケースをきっかけに，雇用慣行や労働条件の一般的なルールがERPの協議の場で確定していくような場合であったと思われる。ただし，ERPを過剰に交渉機関の存在にせず，こうした個別問題の解決の積み重ねとその一般化という手間暇のかかる機能を果たす制度にするためには，労使双方の相当に周到な用意と，企業経営がある程度長期にわたり安定化しているなどの条件が必要であり，ただちに一般化して論じることはできない（David Fairris, "From Exit to Voice in Shopfloor Governance : The Case of Company Unions", *Business History Review* 69, 1995）。
（6） Sanford M. Jacoby, "American Exceptionalism Revisited : The Importance of Management," Sanford M. Jacoby ed., *Masters to Managers : Historical and Comparative Perspectives on American Employers*, Columbia University Press, 1991.

終　章　閉ざされた道

（7）　SCC の中心となった企業の経営者や労使関係のスペシャリストたちの労使関係理念や労働者観は，NAM などで「アメリカン・プラン」と呼ばれるオープン・ショップ運動を展開した企業家たちのものとは大きな隔たりがあった。GE のスウォープやヤング（Owen D. Young），US ラバーのチング（Cyrus S. Ching），長く SCC の事務局を務めたカウドリック，ハーヴェスターやスタンダードで労使関係を担当したヒックス（Clarence J. Hicks）らの考え方については以下を参照されたい。David Loth, *Swope of G. E. : The Story of Gerard Swope and General Electric in American Business,* Simon and Schuster, 1958 ; Ida M. Tarbell, *Owen D. Young : A New Type of Industrial Leader,* Macmillan Company, 1932 ; Josephine Young Case and Everett Needham Case, *Owen D. Young and American Enterprise : A Biography,* David R. Goldine, 1982 ; Cyrus S. Ching, *Review and Reflection : A Half-Century of Labor Relations,* B. C. Forbes and Sons Publishing Co. Inc., 1953. 稲本国雄訳『労働争議——ある調停者の記録』時事新書，1956 年 ; Edward S. Cowdrick, *Manpower in Industry,* Henry Holt and Company, 1924 ; Clarence J. Hicks, *My Life in Industrial Relations : Fifty Years in the Growth of a Profession,* Harper & Brothers, 1941. 伊藤健市訳『経営コンサルタントのパイオニア——クラレンス・J・ヒックス伝』関西大学出版部，2006 年。

　　チングが，1920 年に開かれた金属産業の経営者の会合で，ハーヴェスターの労使関係担当者だったヤング（Arthur H. Young）とともに講演を行い，労使の意思疎通の機関としての ERP の重要性を説いたが，他の経営者から「ボルシェビズム」と揶揄され，相手にされなかったことを紹介しているのは，こうした企業経営者の間での意識の相違の大きさを示す格好のエピソードといえよう（Ching, *op. cit.*, p. 29, 前掲邦訳書，47 ページ）。

（8）　S. M. Jacoby, op.cit..

　　　　　　　　　　　　　　　　　　　　　　　　　　　　　　　　（関口定一）

参考文献

Adams, S. B. and O. R. Butler, *Manufacturing the Future : A History of Western Electric*, Cambridge University Press, 1999.

Allen, Hugh, *The House of Goodyear : Fifty Years of Men and Industry*, The Corday & Gross, 1949.

アメリカ経済研究会編『ニューディールの経済政策』慶應通信社, 1965年。

Anthony, Donald, "Rubber Products," in Millis, Harry A. ed., *How Collective Bargaining Works : A Survey of Experience in Leading American Industries*, Twentieth Century Fund, 1942.

Antonelli, Henri and Helen Quirini, *The Story of Local 301 : Reflections*, Helen Quirini, 1987.

AT&T Personnel Relations Department, *Human Relations in Management*, AT&T, 1949.

Barbash, Jack, *Unions and Telephone : The Story of the Communications Workers of America*, Harper & Brothers Publishers, 1952.

Baritz, L., *The Servants of Power : A History of the Use of Social Science in American Industry*, Wesleyan University Press, 1960. 三戸公・米田清貴訳『権力につかえる人びと』未来社, 1969年。

Bernstein, Irving, *New Deal Collective Bargaining Policy*, University of California Press, 1950.

―――, *The Lean Years : A History of the American Worker 1920-1933*, Houghton Mifflin Company, 1960.

Blackford, Mansel G. and K. Austin Kerr, *B F Goodrich : Tradition and Transformation 1870-1995*, Ohio State University Press, 1996.

Brandt, Floyd S., *Independent and National Unionism in the Oil Refining Industry*, Ph.

D. dissertation, Harvard University, 1960.

Brody, David, *Workers in Industrial America: Essays on the Twentieth Century Struggle*, Oxford University Press, 1980.

――, "Labor Elections: Good for Workers?" *Dissent*, 44-3, 1997.

Brooks, John, *Telephone: The First Hundred Years*, Harper & Row Publishers, 1975. 北原安定監訳『テレホン―アメリカ電話会社, その100年』企画センター, 1977年。

Brooks, Robert R., *As Steel Goes...: Unioism in a Basic Industry*, Yale Unversity Press, 1940.

Brooks, Thomas R., *Communications Workers of America: The Story of a Union*, Mason/Charter, 1977.

Bureau of Labor Statistics, *Unaffiliated Intrastate and Single Employer Unions, 1967*, Bulletin No. 1640, 1969.

Cappelli, Peter, *The New Deal at Work: Managing the Market-Driven Workforce*, Harvard Business School Press, 1999. 若山由美訳『雇用の未来』日本経済新聞社, 2001年。

Carpenter, Jr., Walter H., *Case Studies in Collective Bargaining*, Prentice-Hall, 1953.

Case, Josephine Young and Everett Needham Case, *Owen D. Young and American Enterprise: A Biography*, David R. Goldine, 1982.

Chamberlain, Neil W., *The Union Challenge to Management Control*, Harper & Row, 1948. 濱野末太郎訳『経営に対する組合の挑戦（上巻）』日本経営者団体連盟, 1950年。

Ching, Cyrus S., *Review and Reflection: A Half-Century of Labor Relations*, B. C. Forbes and Sons Publishing, 1953. 稲本国雄訳『労働争議―ある調停者の記録』時事新書, 1956年。

Cohen, Lizabeth, *Making a New Deal: Industrial Workers in Chicago, 1919-1939*, Cambridge University Press, 1990.

Conant, Eaton H., "Defenses of Nonunion Employers: A Study from Company Sources," *Labor Law Journal*, 10 (February 1959).

Coppus Engineering v. NLRB. 1957, 240 F. 2d 561 (1 CCA).

Cowdrick Edward S., *Manpower in Industry*, Henry Holt and Company, 1924.

Daugherty, Carroll R., Melvin D. Chazeau and Samuel S. Stratton, *The Economics of the Iron and Steel Industry*, McGraw-Hill, 1937.

Derber, Milton, "Electrical Products: Local Survey of Four Leading Companies," in Harry A. Millis, ed., *How Collective Bargaining Works*, Twentieth Century Fund, 1942 (reprinted Arno, 1971).

Devinatz, Victor G., "An Alternative Strategy: Lessons from the UAW Local 6 and the FE, 1946-52," Cyrus Bina et. al. eds, *Beyond Survival: Wage Labor in the Late Twentieth Century*, M. E. Shape, 1996.

Dickson, William J. and F. J. Roethlisberger, *Counseling in an Organization*, Harvard University, 1966.

Fairris, David, "From Exit to Voice in Shopfloor Governance: The Case of Company Unions," *Business History Review*, 69, 1995.

Foner, Philip S., *History of the Labor Movement in the United States Volume VIII; Postwar Struggles, 1918-1920*, International Publishers, 1988.

Freeman, Richard B. and Edward P. Lazear, "An Economic Analysis of Works Councils," in Joel Rogers and Wolfgang Streeck eds., *Works Councils: Consultation, Representation, and Cooperation in Industrial Relations*, Chicago University Press, 1995.

Galambos, Louis and Joseph Pratt, *The Rise of Corporate Commonwealth: United States Business and Public Policy in the 20th Century*, Basic Books, 1988. 小林啓志訳『企業国家アメリカの興亡』新森書房，1990年。

Galenson, Walter, *The CIO Challenge to the AFL*, Harvard University Press, 1960.

Gillespie, Richard, *Manufacturing Knowledge: A history of the Hawthorne experiments*, Cambridge University Press, 1991.

Gilpin, Toni, *Left by Themselves: A History of the United Farm Equipment and Metal Workers Union, 1938-1955*, Ph. D. dissertation, Yale University, 1992.

――, "New Feet under the Table: International Harvester's Industrial Council

Plan," *Labor's Heritage*, Vol. 4, No. 1, Spring 1992.

Goldbroom, Marice et al., *Strikes under the New Deal*, League for Industrial Democracy, 1935.

Goodyear Tire & Rubber Company, "Resume of Sitdowns, Intimidations and Violence at the Akron Plants of the Goodyear Tire & Rubber Company from the Date of Strike Settlement, March 21, 1936 through December 31, 1936," January 4, 1937.

Gould, William, "Remarks on Workplace Cooperation," 208 DLR (October 28, 1996).

Green, James R., *The World of the Worker*, Hill and Wang, 1980.

Gross, James A., *The Reshaping of the National Labor Relations Board : National Labor Policy in Transition, 1937-47*, SUNY Press, 1981.

Gullett, Ray and Edumund R. Gray, "The Impact of Employee Representation Plan Upon the Development of Management-Worker Relationships in the United States," *Marqutte Business Review*, 20, 1976.

萩原　進「アメリカ資本主義と労資関係」戸塚秀夫・徳永重良編著『現代労働問題』有斐閣，1977年。

花見　忠『労使紛争処理の国際比較―オーストラリア，西ドイツ，イタリア，日本，米国の研究―』日本労働協会，1985年。

Harold, Porter B., "Technique of Holding Council or Committee Meetings : Male Manual Workers Predominating," *Personnel*, Vol. 4, No. 4, 1928.

Hawthorne Club Evening School, *Silver Jubilee Souvenir 1913-1938*, n.d..

Hicks, Clarence J., *My Life in Industrial Relations : Fifty Years in the Growth of a Profession*, Harper & Brothers, 1941　伊藤健市訳『経営コンサルタントのパイオニア―クラレンス・J・ヒックス伝』関西大学出版部，2006年。

平尾武久・伊藤健市・関口定一・森川　章編著『アメリカ大企業と労働者―1920年代労務管理史研究』北海道大学図書刊行会，1998年。

Hirschman, Robert O., *Exit, Voice and Loyalty : Responses to Decline in Firms, Organizations, and States*, Harvard University Press, 1970.

Hogler, Raymond L. and Guillermo J. Grenier, *Employee Participation and Labor Law in the American Workplace*, Quorum Books, 1992.

参考文献

Hook, Charles R., "Labor Relations in the Steel Industry," *Year Book of the American Iron and Steel Institute*, 1936.

堀　龍二「アメリカゴム産業における従業員代表制の展開(1)――D. ネルソン氏の所論に依拠して：グッドイヤー社の場合」『岡山商大論叢』第30巻第3号，1994年。

―――「厚生資本主義の崩壊と歴史的含意――グッドイヤー社アクロン工場を事例として」『経営論集』（明治大学経営学部）第44巻第1・2合併号，1996年。

―――「USラバーの従業員代表制と労務管理」平尾他編著『アメリカ大企業と労働者――1920年代労務管理史研究』北海道大学図書刊行会，1998年。

―――「グッドイヤー社の労務政策と労使関係の展開」井上他編著『アメリカ企業経営史――労務・労使関係的視点を基軸として』税務経理協会，2000年。

―――「大恐慌下のタイヤ産業とグッドイヤー社労務政策の動揺」『岡山商大論叢』第35巻第3号，2000年。

―――「資料：『事実調査委員会』に提出されたグッドイヤー社の報告書（1935年11月）」『経済学論集』（駒澤大学）第32巻第2・3・4合併号，2001年。

―――「両大戦間期ウェルフェア・キャピタリズムの展開と労務管理」日本経営学会編『経営学の新世紀』千倉書房，2001年。

―――「ウェルフェア・キャピタリズムの台頭・崩壊・影響――グッドイヤー社を事例として」井上昭一編著『現代アメリカ企業経営史』ミネルヴァ書房，2004年。

百田義治・堀　龍二「ウェルフェア・キャピタリズムと戦後アメリカ労使関係の特質」『経済学論集』（駒澤大学）第36巻第1号，2004年。

Iardella, Albert B. ed., *Western Electric and the Bell System : A Survey of Service*, Western Electric Company, 1964.

"Independents Begin to Huddle," *Fortune*, 53 (March 1956).

井上昭一編著『現代アメリカ企業経営史』ミネルヴァ書房，2004年3月。

―――・黒川　博・堀　龍二編著『アメリカ企業経営史――労務・労使関係的視点を機軸として』税務経理協会，2000年。

石田　眞「『批判法学』からみた労使関係と法(I)(II)」『季刊労働法』第152・154号，1989年夏，1990年冬。

伊藤健市「＜学術資料＞特別協議委員会の『原則要項(1)(2)(3)』」『大阪産業大学論集（社会科学編）』第87・88・89号，1992年。

─── 「特別協議委員会と従業員代表制」『大阪産業大学論集（社会科学編）』第101号，1996年。

─── 「ラフォレット委員会と特別協議委員会の活動」『大阪産業大学論集（社会科学編）』第102号，1996年。

─── 「＜学術資料＞ラフォレット委員会と特別協議委員会」『大阪産業大学論集（社会科学編）』第102号，1996年。

─── 「＜学術資料＞1930年代特別協議委員会加盟企業における従業員代表制の動向─ラフォレット委員会の証拠文書を中心に」『大阪産業大学論集（社会科学編）』106号，1997年。

─── 「＜翻訳＞特別協議委員会に関する覚え書き」『大阪産業大学論集（社会科学編）』106号，1997年。

─── 「全国産業復興法と従業員代表制─特別協議委員会加盟企業の対応を中心に」『大阪産業大学論集（社会科学編）』第107号，1997年。

─── 「＜学術資料＞全国労働関係法と特別協議委員会」『大阪産業大学論集（社会科学編）』第107号，1997年。

─── 「労働争議法案と従業員代表制─特別協議委員会加盟企業の対応を中心に」『関西大学商学論集』第42巻第5号，1997年。

─── 「SCCの労務理念と従業員代表制」平尾他編著『アメリカ大企業と労働者─1920年代労務管理史研究』北海道大学図書刊行会，1998年。

─── 「ハーヴェスターにおける従業員代表制の展開」，同上書。

─── 「全国労働関係法と特別協議委員会─同法への『抵抗・不服従』の一事例」『関西大学商学論集』第43巻第6号，1999年。

─── 「ハーヴェスター社における従業員代表制と労働組合運動」井上他編著『アメリカ企業経営史─労務・労使関係的視点を基軸として』税務経理協会，2000年。

─── 「大恐慌期の特別協議委員会─その雇用政策とくにワークシェアリングの対応を中心に」『関西大学商学論集』第45巻第3号，2000年。

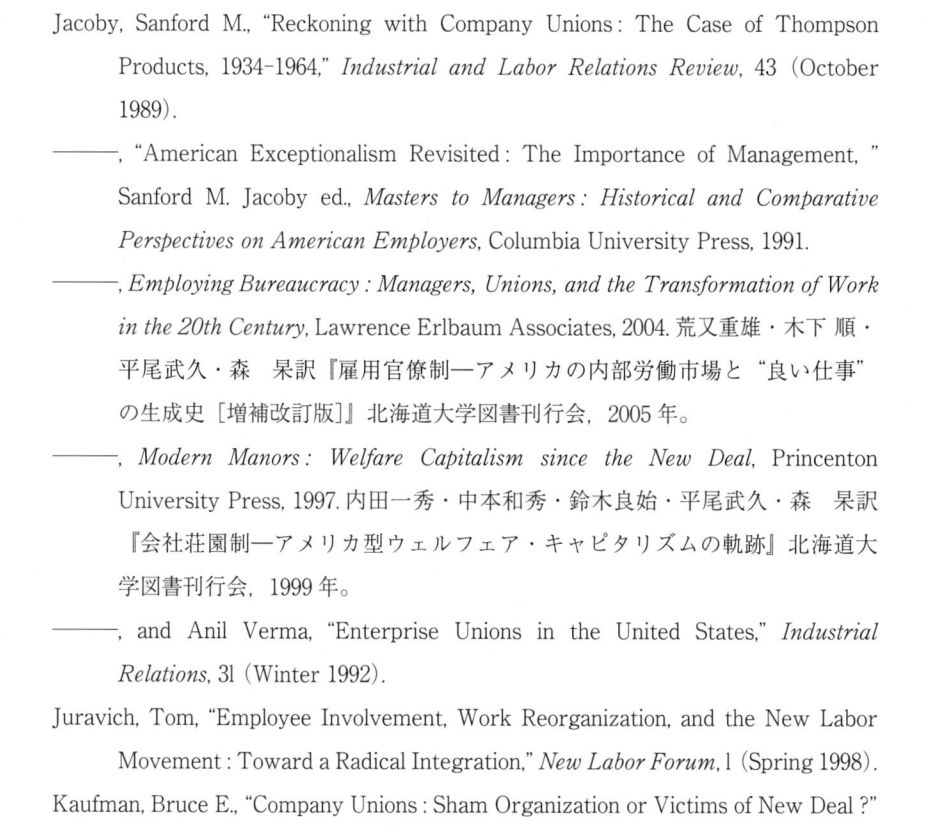

―――「1929・30年度の特別協議会委員会年次報告書」『関西大学商学論集』第45巻第1号,2000年。

―――「1931～33年度の特別協議会委員会年次報告書」『関西大学商学論集』第45巻第5号,2001年。

―――「1934～36年度の特別協議会委員会年次報告書」『関西大学商学論集』第45巻第6号,2001年。

―――「アメリカ製造大企業と労使関係ネットワーク」井上昭一編著『現代アメリカ企業経営史』ミネルヴァ書房,2004年。

―――『インターナショナル・ハーヴェスター社従業員代表制の研究』関西大学出版部,2008年。

Jacoby, Sanford M., "Reckoning with Company Unions: The Case of Thompson Products, 1934-1964," *Industrial and Labor Relations Review*, 43 (October 1989).

―――, "American Exceptionalism Revisited: The Importance of Management," Sanford M. Jacoby ed., *Masters to Managers: Historical and Comparative Perspectives on American Employers*, Columbia University Press, 1991.

―――, *Employing Bureaucracy: Managers, Unions, and the Transformation of Work in the 20th Century*, Lawrence Erlbaum Associates, 2004. 荒又重雄・木下 順・平尾武久・森 杲訳『雇用官僚制―アメリカの内部労働市場と"良い仕事"の生成史〔増補改訂版〕』北海道大学図書刊行会,2005年。

―――, *Modern Manors: Welfare Capitalism since the New Deal*, Princeton University Press, 1997. 内田一秀・中本和秀・鈴木良始・平尾武久・森 杲訳『会社荘園制―アメリカ型ウェルフェア・キャピタリズムの軌跡』北海道大学図書刊行会,1999年。

―――, and Anil Verma, "Enterprise Unions in the United States," *Industrial Relations*, 31 (Winter 1992).

Juravich, Tom, "Employee Involvement, Work Reorganization, and the New Labor Movement: Toward a Radical Integration," *New Labor Forum*, 1 (Spring 1998).

Kaufman, Bruce E., "Company Unions: Sham Organization or Victims of New Deal?"

Industrial Relations Research Association, *Proceedings of the 49th Annual Meeting*, 1997.

―――, "Accomplishments and Shortcomings of Nonunion Employee Representation in the Pre-Wagner Act Years," in Kaufman and Daphne Gottlieb Taras ed., *Nonunion Employee Representation : History, Contemporary Practice, and Policy*, M. E. Sharpe, 2000.

―――, "Industrial Relations Counselors, Inc." in Bruce E. Kaufman et al., eds., *Industrial Relations to Human Resources and Beyond : The Evolving Process of Employee Relations Management*, M. E. Sharpe, 2003.

Kaminski, Michelle, "New Forms of Work Organization and Their Impact on the Grievance Procedure," in Adrienne E. Eaton and Jeffrey H. Keefe eds., *Employment Dispute Resolution and Worker Rights in the Changing Workplace*, IRRA, 1999.

河村哲二『第二次大戦期アメリカ戦時経済の研究―「戦時経済システム」の形成と「大不況」からの脱却過程』御茶の水書房，1998年。

紀平英作『ニューディール政治秩序の形成過程の研究』京都大学学術出版会，1993年。

Klare, K. E., "Judicial Deradicalization of the Wagner Act and the Origins of Modern Legal Consciousness, 1937-1941," *Minnesota Law Review*, 62, 1978.

Kochan, Thomas A., Harry C. Katz, and Robert B. McKersie, *The Transformation of American Industrial Relations*, Basic Books, 1986.

小池和男『職場の労働組合と参加―労資関係の日米比較』東洋経済新報社，1997年。

Krislov, Joseph, "Organizational Rivalry Among American Unions," *Industrial and Labor Relations Review*, 13 (January 1960).

熊沢　誠『寡占体制と労働組合―アメリカ自動車工業の資本と労働』新評論，1970年。

黒川　博『U.S. スティール経営史―成長と停滞の軌跡』ミネルヴァ書房，1993年。

―――「1929年恐慌とマイロンC.テイラー」『岐阜経済大学論集』第33巻第2号，1999年。

―――「USスティール社の労務政策・労使関係」井上他編著『アメリカ企業経営史―労務・労使関係的視点を基軸として』税務経理協会, 2000年。

―――「U.S.スティール社の従業員代表制とマイロンC.テイラー」『岐阜経済大学論集』第35巻第4号, 2002年。

―――「1959年の鉄鋼争議とロジャー・M・ブラウの戦略」井上昭一編著『現代アメリカ企業経営史』ミネルヴァ書房, 2004年。

桑原靖夫他編『先進諸国の労使関係―国際比較:成熟と変化の要因』日本労働協会, 1988年。

Lief, Alfred, *The Firestone Story : A History of the Firestone Tire & Rubber Company*, McGraw-Hill, 1951.

Litchfield, Paul W., *The Industrial Republic : Reflections of an Industrial Lieutenant*, Corday & Gross, 1946.

Loth, David, *Swope of G. E. : The Story of Gerard Swope and General Electric in American Business*, Simon and Schuster, 1958.

Malm, Finn Theodore, *Local 201, UE-CIO : A Case Study of a Local Union*, Ph. D. dissertation, Massachusetts Institute of Technology, 1946.

Marsh, Barbara, *A Corporate Tragedy : The Agony of International Harvester Company*, Doubleday, 1985.

Marshall, F. Ray, "Independent Unions in the Gulf Coast Oil Petroleum Refining Industry," *Labor Law Journal*, 12 (September 1961).

Matles, James J. and James Higgins, *Them and Us : Struggles of a Rank-And-File Union*, Beacon Press, 1974.

松田裕之『AT&T労務管理史論』ミネルヴァ書房, 1991年。

―――『AT&Tを創った人びと―企業労務のイノベーション』日本経済評論社, 1996年。

McArthur, John H., *A Delicate Experiment : The Harvard Business School 1908-1945*, Harvard Business School Press, 1987.

Meriam, R. S., "Employee Interviewing and Employee Representation," *Personnel Journal*, 10, 1931.

Meyer, Bruce M., *The Once and Future Union : The Rise and Fall of the United Rubber Workers, 1935-1995*, University of Akron Press, 2002.

Miller, Delbert C. and William H. Form, *Industrial Sociology : An Introduction to the Sociology of Work Relations*, Harper & Brothers Publishers, 1951.

Millis, Harry and Emily Clark Brown, *From the Wagner Act to Taft Hartley*, University of Chicago Press, 1950.

宮崎信二「ホーソン実験と人間関係論の成立―ウェスタン・エレクトリック社の事例」小林康助編『労務管理の生成と展開』ミネルヴァ書房，1991年。

―――「AT&Tの労務政策とベル・システムにおける労使関係」平尾他編著『アメリカ大企業と労働者―1920年代労務管理史研究』北海道大学図書刊行会，1998年。

―――「『規制下の独占』とAT&T社のウェルフェア・キャピタリズム」井上他編著『アメリカ企業経営史―労務・労使関係的視点を基軸として』税務経理協会，2000年。

―――「米国通信の規制緩和とAT&Tの経営戦略の展開」井上昭一編著『現代アメリカ企業経営史』ミネルヴァ書房，2004年。

―――「大恐慌・ニューディール期におけるAT&Tと労使関係(1)」『名城論叢』第4巻4号，2004年。

―――「初期ニューディール期におけるAT&Tと労使関係（1933年～1935年）―大恐慌・ニューディール期におけるAT&Tと労使関係(2)」『名城論叢』第8巻第4号，2008年。

森川　章「ニューディール期化学産業の労使関係分析の今日的意義と課題」『名城商学』第45巻第3号，1995年12月。

―――「SCC発足前後のデュポン社の労務管理と労使関係」平尾他編著『アメリカ大企業と労働者―1920年代労務管理史研究』北海道大学図書刊行会，1998年。

―――「デュポン社における労務管理・労使関係の展開」井上他編著『アメリカ企業経営史―労務・労使関係的視点を基軸として』税務経理協会，2000年。

―――「ラモー・デュポンの経営思想：大恐慌・ニューディール期のデュポン社の経営」『名城論叢』第2巻第1号，2001年。

──「ニューディール期デュポン社の労使関係施策」井上昭一編著『現代アメリカ企業経営史』ミネルヴァ書房，2004年。

──「デュポン社における初期ニューディール労働政策への対応：従業員代表制の全社的導入」『名城論叢』第8巻第3号，2007年。

──「ワグナー法合憲判決のデュポン社労務管理・労使関係政策への影響：従業員代表制の独立組合への転換と労務管理基本方針の確立」『名城論叢』第8巻第4号，2008年。

中窪裕也『アメリカ労働法』弘文堂，1995年。

Nelson, Daniel, "The Company Union Movement, 1900-1937: Reexamination," *Business History Review*, 56-3, 1982.

──, *American Rubber Workers & Organized Labor, 1900-1941*, Princeton University Press, 1988.

──, "Employee Representation in Historical Perspective," in Bruce E. Kaufman and Morris M. Kleiner eds., *Employee Representation: Alternatives and Future Directions*, Industrial Relations Research Association, 1993.

Newell, Barbara W., *Chicago and the Labor Movement: Metropolitan Unionism in the 1930's*, University of Illinois Press, 1961.

NICB, *Individual and Collective Bargaining under the N. I. R. A.*, 1933.

仁田道夫「アメリカ的労使関係の確立」東京大学社会科学研究所編『20世紀システム2 経済成長I基軸』東京大学出版会，1998年。

O'Connor, Harvey, *History of the Oil Workers International Union (CIO)*, OWIU, 1950.

大橋昭一・竹林浩志『ホーソン実験の研究──人間尊重的経営の源流を探る』同文舘，2008年。

Osterman, Paul, *Employment Futures: Reorganization, Dislocation, and Public Policy*, Oxford University Press, 1988.

Ozanne, Robert, *A Century of Labor-Management Relations at McCormick and International Harvester*, Unversity of Wisconsin Press, 1967. 伊藤健市訳『アメリカ労使関係の一系譜──マコーミック社とインターナショナル・ハーヴェスター社』関西大学出版部，2002年。

Perlman, Selig, "Labor and the New Deal in Historical Perspective," in Milton Derber and Edwin Young eds., *Labor and the New Deal*, University of Wisconsin Press, 1957 (Preprinted, Da Capo Press, New York, 1972). 永田正臣・寺中良二・古庄正訳『現代アメリカ労働運動史——ニューディールからタフト・ハートレイ法まで』日刊労働通信社, 1964年。

Purcell, Theodore V., *Blue Collar Man : Patterns of Dual Allegiance in Industry*, Harvard University Press, 1960.

Rezler, Julius, "Labor Organization at DuPont : A Study in Independent Unionism," *Labor History*, 4 (Spring 1963).

Roberts, Harold S., *The Rubber Workers : Labor Organization and Collective Bargaining in the Rubber Industry*, Harper & Brothers, 1944.

Robinson, James W., "Structural Characteristics of the Independent Union in America," *Labor Law Journal*, 19 (July 1968).

Roethlisberger, F. J., *Man-in-Organization*, Harvard University Press, 1968.

———, *The Elusive Phenomena : An Autobiographical Account of My Work in the Field of Organizational Behavior at the Harvard Business School*, Harvard University Press, 1977.

———and William J. Dickson, *Management and the Worker*, Harvard University Press, 1939.

Rogers, Joel and Wolfgang Streeck eds., *Works Councils : Consultation, Representation, and Cooperation in Industrial Relations*, Chicago University Press, 1995.

佐藤健司「1930年代ウェスタン・エレクトリック社における福利厚生」『京都経済短期大学論集』第14巻第2号, 2007年。

———「メイヨー」中野祐治・貞松茂・勝部伸夫・嵯峨一郎編『初めて学ぶ経営学——人物との対話』ミネルヴァ書房, 2007年。

———「レスリスバーガー＝ディクソン」同上書。

———「ニューディール期におけるウェスタン・エレクトリック社の労使関係と人事相談制度」『京都経済短期大学論集』第15巻1号, 2007年。

———「人間関係論の理論的枠組」『京都経済短期大学論集』第15巻第2号, 2008年。

Sayles, Leonard and G. Strauss, *The Local Union: Its Place in Industrial Plants*, Harper & Brothers, 1953.

Schacht, John N., "Toward Industrial Unionism: Bell Telephone Workers and Company Unions: 1919-1937," *Labor History*, 16-1 (Winter 1975).

―――, *The Making of Telephone Unionism 1920-1947*, Rutgers University Press, 1985.

Schatz, Ronald, *The Electrical Workers: A History of Labor at General Electric and Westinghouse, 1923-60*, University of Illinois Press, 1983.

"Section 8(a)(2): Employer Assistance to Plant Unions and Committees," *Stanford Law Review*, 9 (March 1957).

関口定一「『参加・コミュニケーション型従業員代表制』の系譜と労使関係ネットワーク」『商学論纂(中央大学)』第40巻第1・2号，1998年。

―――「GEスケネクタディにおける事業所評議会の形成―参加・コミュニケーション型従業員代表制の成立過程」平尾他編著『アメリカ大企業と労働者―1920年代労務管理史研究』北海道大学図書刊行会，1998年。

―――「20世紀アメリカの労働と福祉―American Standard of LivingとWelfare Capitalismを中心に」『土地制度史學 別冊：20世紀資本主義―歴史と方法の再検討』，1999年。

―――「GE社におけるウェルフェア・キャピタリズムの展開」井上他編著『現代アメリカ企業経営史―労務・労使関係的視点を基軸として』税務経理協会，2000年。

―――「ジェネラル・エレクトリック社における先任権の形成―労働組合的慣行の経営的起源」『企業研究(中央大学企業研究所)』5，2004年。

進藤勝美「ホーソン・リサーチと監督者問題」『彦根論叢』188号，1977年。

Shostak, Arthur B., *America's Forgotten Labor Organization*, Industrial Relations Section, Princeton University, 1962.

Strauss, George, "Human Relations: 1968 Style," *Industrial Relations*, 7 (May 1968).

―――, "Job Satisfaction Motivation, and Job Redesign," in G. Strauss et al. eds., *Organizational Behavior Research and Issues*, IRRA, 1974.

―――, "Union Democracy," in G. Strauss, Daniel Gallagher, and Jack Fiorito eds., *The State of the Unions*, IRRA, 1991.

Sugrue, Thomas, *The Origins of the Urban Crisis: Race and Inequality in Postwar Detroit*, Princeton University Press, 1996.

隅谷三喜男編著『労使関係の国際比較』東京大学出版会, 1978年。

鈴木直次「労使関係」馬場宏二編『シリーズ世界経済・2 アメリカ』御茶の水書房, 1987年。

蓼沼謙一編『企業レベルの労使関係―欧米四カ国の比較法的研究』勁草書房, 1986年。

玉野井芳郎編著『大恐慌の研究』東京大学出版会, 1964年（復刊1979年）。

Tarbell, Ida M., *Owen D. Young: A new type of industrial leader*, Macmillan Company, 1932.

Taylor, Mylon C., *Ten Years of Steel*, Hoboken, 1938.

"The Case for the Local Independent Union," *Personnel*, 32 (November 1955).

Tomlins, Christopher L., *The State and the Unions: Labor Relations, Law, and the Organized Labor Movement in America, 1880-1960*, Cambridge University Press, 1985.

Trahair, R. C. S., *The Humanist Temper: The Life and Work of Elton Mayo*, Transaction Books, 1984.

Troy, Leo, *The Course of Company and Local Independent Unions*, Ph. D. dissertation, Columbia University, 1958.

―――, "Local Independent and National Unions: Competitive Labor Organizations," *Journal of Political Economy*, 68 (October 1960).

津田真澂『アメリカ労働運動史』総合労働研究所, 1972年。

都留 康『労使関係のノンユニオン化―ミクロ的・制度的分析』東洋経済新報社, 2002年。

U.S. Congress, Senata, Committee on Education and Labor, *To Create a National Labor Board, Hearing before the Committee on Education and Labor*, Government Printing Office, 1934.

―――, *Violations of Free Speech and Rights of Labor, Hearing before a Subcommittee of the Committee on Education and Labor*, Government Printing Office, 1939.

U.S. Department of Labor, *Characterictics of Company Union*, 1937.

―――, *Collective Bargaining in the Basic Steel Industry*, 1961.

Verma, A. and Thomas A. Kochan, "The Growth and Nature of the Nonunion Sector within a Firm," in T. A. Kochan ed., *Challenges and Choices Facing American Labor*, MIT Press, 1985.

Wagner, R.F., "Company Union: A Vast Industrial Issue," *New York Times*, March 11, 1934.

Walton, Richard E., *The Impact of the Professional Engineering Union*, Graduate School of Business Administration, Harvard University, 1961.

Waters, Elinor, "Unionization of Office Employees," *Journal of Business*, 27 (October 1954).

Western Electric Company, *Relations with Employees*, Western Electric Company, 1924.

―――, *A Good Place to Work*, Western Electric Company, n.d..

Western Electric Company Hawthorne Works Industrial Relations Branch, *Supervisory Training: Course Outline and Supplementary Material*, Western Electric Company, n.d..

Western Electric Company Hawthorne Works Personnel Service Branch Training Department, *A Supervisor's Self-Rating Scale: Supervisory Conference Material*, Western Electric Company, n.d..

Western Electric Company Kearny Works Works Training Organization, *Supervisory Development Program*, Western Electric Company, 1948.

"Where Diversity Is the Tie that Binds," *Business Week*, September 24, 1966.

Williams, James E., *Labor Relations in Telephone Industry: A Comparison of the Private and the Public Segments*, University of Wisconsin Press, 1961.

Wren, Daniel A., *The Evolution of Management Thougft*, Second Edition, John Wiley and Sons, 1979. 車戸實監訳『現代経営管理思想―その進化の系譜』マグロウヒ

ル好学社,1982年。

―――, *The Evolution of Management Thougft*, Forth Edition, John Wiley and Sons, 1994. 佐々木恒夫監訳『マネジメント思想の進化』文眞堂,2003年。

山口一臣『アメリカ電気通信産業発展史』同文舘,1994年。

〔定期刊行物など〕

General Electric Co., *Schenectady Works News*.

―――, Workers Council Meeting Minutes.

Moody's Manual of Investment.

New York Times.

NLRB, *Decisions and Orders of the National Labor Relations Board*.

Proceedings of the American Iron and Steel Institute.

Union Labor News Review.

Western Electric Company, *Annual Report*.

〔裁定・判決など〕

Cabot Carbon et al. v. NLRB. 1959, 360 U.S. 20

Thompson Ramo Wooldridge (TRW) and Teamsters Union, 1961. 132 NLRB 995.

Thompson Ramo Wooldridge (TRW) v NLRB, 1962. 50 LRRM 2759.

TRW v. NLRB. 1962. 50 LRRM 2759.

Walton Mfg v. NLRB. 1951. 289 F. 2d 177 (5 CCA), p.182.

人名索引

ウェーバー, J. 83, 92, 93
ウォルシュ, D. I. 20, 28, 40, 43, 45, 46
エメリー, J. A. 19, 20
エリオット, W. S. 83
オークス, G. W. 84, 96
オスターマン, P. 76
カウドリック, E. S. 21-23, 38-40, 43, 46, 47, 53, 56, 190, 191
カウフマン, B. E. 10
ガレット, R. 10
紀平英作 34
熊沢 誠 63, 65
クラーク, C. 20
グリーン, W. 18, 29, 30, 33, 45, 128
クレア, K. E. 37
グレイ, E. R. 10
クロフォード, F. 201
ケルデー, G. 51, 52
コーカン, T. A. 3
ゴンパーズ, S. 128
サトラー, O. 89-91
ジャコービィ, S. M. 14
シャッツ, R. 107, 127, 132, 133
ショー, C. E. 40
ショスタク, A. B. 205, 206
ジョンソン, H. S. 21, 22, 24, 35, 45
スウォープ, G. 108, 128, 131, 133, 256
関口定一 62
セムバック, H. 89-91
ダーバー, M. 131, 133
ターンブル, W. 107, 133

チング, C. S. 39, 256
テイラー, M. C. 149-151
トラヴィス, R. 93, 94
トロイ, L. 209
ネルソン, D. 9, 10, 15
ノリス, G. W. 20
パーキンス, F. 94, 95
ハーシュマン, A. O. 10
パーセル, T. V. 211
ハリス, H. J. 13, 18
バロウズ, W. R. 108, 114
ヒックス, C. J. 47, 256
フィールド, G. 84, 89, 93, 96
フェイリス, D. 10, 12, 15
フォスター, W. B. 52
フォルサム, M. B. 70
フック, C. R. 20
ブロディ, D. 14
マカリスター, S. G. 85, 88
ミリス, H. 202
メイヨー, G. E. 224, 239
メリアム, R. S. 227
ヤング, A. H. 33, 34, 137, 149, 225, 257
ヤング, O. D. 128, 256
ラーキン, J. M. 32, 33, 39, 46
ラモー, R. P. 20
リッチフィールド, P. W. 63
ルイス, J. L. 30, 45, 86, 147, 150
ルンド, R. L. 19
レーミッシュ, M. A. 208
レスリスバーガー, F. J. 236

ローズヴェルト，F. D. 3, 4, 17, 44-46, 127, 128, 135, 157, 166

ロックフェラー Jr., ジョン・D. 225

ワグナー，R. F. 17, 18, 20, 24, 26-30, 34, 39, 40, 41, 45, 83

事項索引

あ 行

IBEW 159, 160, 168, 172, 173, 176, 225, 232

「新しい労働史」 2

アメリカ技師・科学者連合 207

アメリカ経営者協会 (AMA) 39, 40, 47

アメリカ社会保障制度 70

アメリカ通信労働組合→CWA

アメリカ鉄鋼協会→AISI

アメリカ連合組合 207

アメリカ労使関係 244, 254

アメリカ労働全国同盟 208

アメリカ労働総同盟→AFL

ERP→従業員代表制

委員会システム（トムソン・プロダクツ社の） 214, 215

インタビュー・プログラム 226, 229, 233, 240

ウェスタン・エレクトリック独立労働組合 231, 233

ウェルフェア・キャピタリズム 2, 3, 5-7, 60, 155-157, 175

AISI 20, 44, 136, 137, 150

AAIST 52, 146, 152

AFL 52, 93, 158-160, 168, 170, 174, 176, 209, 210, 212

SCC 6, 11, 13, 22, 32, 38, 39, 46, 54, 131, 137, 158, 224, 247

――参加企業 245, 246

SWOC 83, 146-148, 150

NIRA 6, 13, 24, 25, 27, 29, 35, 84, 108, 109, 118, 121, 129, 131, 159-161, 165, 166, 230, 233, 243, 245, 252, 253

――第 7 条 a 項 6, 17, 20, 21, 26, 27, 29, 107, 108, 116, 158

NICB 24, 182

NAM 19, 20, 31, 201, 254

NFTW 168, 171-176, 207, 231, 232

NLRA 3, 4, 6, 26, 37, 39, 48, 55, 88, 90, 121, 125, 127, 166, 167, 168, 201, 211, 218, 231, 245, 252

――への抵抗・不服従 37, 38, 45, 46, 52, 54

NLRB 4, 40-43, 89, 114, 125-128, 161, 168, 170, 171, 174, 201-204, 214, 215, 217, 233, 243

――の代表選挙 61

FCC 166, 175

オープン・ショップ 22

――運動 247, 254

か 行

「会社組合」 9, 29

「会社御用の組合」 9

カウンセラー 234

缶詰労働組合 206

監督者 236, 237

企業内労使関係 243, 244

「規制下の独占」 153, 158

規則委員会（カーネギー・スティール社の）
　　30, 139-141, 143, 144
休暇制度（デュポンの）　187
苦情処理制度　1, 7, 8
組合員の引き抜き　206, 211, 213, 214
組合民主主義　209
クローズド・ショップ　18, 19, 22, 41
経営委員会（デュポンの）　181, 184, 185
「経営者による支配介入」　6
継続的勤続期間　63, 66, 67
継電器組立実験　236
工場安全委員会活動（デュポンの）　180, 194, 198
工場協議会（ハーヴェスターの）　81
交渉単位　4
　適正——　6
　プラント別——　6
工場評議会（デュポンの）　179, 182, 184, 186, 192, 196
　——大会　188
公正競争規約　26, 41
高賃金政策　180, 194, 198
合同委員会（WE の）　230, 240
行動科学　216, 218
合同鉄鋼錫労働組合→ AAIST
国際電気工友愛組合→ IBEW
コミュニティ賃金政策　126
雇用維持（AT&T の）　155, 156

　　　　　さ　行

サウンディング・ボード（GE の）　215
作業現場ユニオニズム　84
参加型パターナリズム　128
産業内監督者訓練（TWI）　237, 238
産業別組合　1-4, 6, 7, 101, 129, 205, 246

産業別労使関係　244
産業別労働組合委員会→ CIO
産業別労働組合会議→ CIO
産業民主主義　9, 245, 254, 255
　「非組合的」——　248
CIO　2, 61, 147, 166, 168, 170, 173, 174, 176, 212, 232
CWA　175, 207, 209, 232
ジェンダー　211
事業所評議会（GE の）　101, 102, 108-111, 114-119, 121, 122, 129, 132
事業部別評議会（デュポンの）　188
社会保障法　70
従業員委員会　214-216, 218
従業員カウンセリング　233-235, 241
従業員株式購入制（AT&T の）　156, 157
従業員給付制（AT&T の）　156, 157
従業員参加　212, 218
従業員代表制　156, 159-168, 173-175, 225, 226, 230, 243
　——の機能　129
集団的処遇　9
集団的労使関係　2
熟練職種　189
使用者支配組合　20, 27, 28, 30, 34
　——の特徴　27
職業別組合　1
食肉加工組合　210
職務意識　8
職務関係プログラム　237, 238
職務規制主義　60, 62, 63, 74
女性電話労働者連合　211
人事管理　14
Schenectady Works News　108
座り込みスト　52, 61, 67, 72, 93, 125

277

生計費調整　106, 126
石油・化学・原子力労働組合　207, 209
全国缶詰工場労働者友愛組合　206, 207
全国給与制労働者組合連合　207
全国金属産業協会　254
全国国防調停委員会（NDMB）　95
全国産業協議会→NICB
全国産業復興法→NIRA
全国製造者協会→NAM
全国戦時労働局（NWLB）　69
全国専門技術者協会　215
全国電話労働者連合→NFTW
全国独立組合協議会　207
全国独立組合連合　207
全国復興局（NRA）　17, 24, 25, 27
全国労働委員会（NLB）　17, 24, 25, 27
全国労働関係局→NLRB
全国労働関係法
「センシング」セッション（TRWの）　216
先任権　63, 64, 82, 124
　　　グッドイヤーでの──　65
全米ゴム労組→URW

た 行

第1次世界大戦　135, 243
　　　──と従業員代表制　2, 6, 9
「退出＝発言モデル」　10
第2次世界大戦　63, 205
タフト・ハートレー法　202, 203, 214
団体交渉　1, 4, 21, 23
　　　──機関　192, 197
　　　──体制　1
　　　──中心主義　59, 62, 74
TEAM（チーム）法　7, 215, 218
チャンバース工場（デュポンの）　179, 180

中部諸州石油組合
直属組合（AFLの）　61, 71, 72, 81, 94
貯蓄制　156, 157
鉄鋼規約　136
鉄鋼労働者組織委員会→SWOC
電話調査　166
統一電機・ラジオ・機械労働組合→UE
特別協議委員会→SCC
独立組合（ILU）　13, 81, 88, 179, 193, 197, 245
　　　──の特徴　204
独立組合会議　207
独立石油組合連合　207
独立電話組合同盟　207

な 行

ニューイングランド電話交換手連合　207
ニューディール型労使関係　56, 62, 63, 75, 157, 158, 166, 175
「ニューディール型労使関係」　2-4, 9, 175
人間関係論　224, 236, 238, 241
農機具労働組合（FEWA）　83, 92
農機具労働者組織委員会（FEWOC）　81, 83, 89, 92, 95
ノリス＝ラガーディア法　18
「ノンユニオンの時代」　253

は 行

排他的交渉権　91
排他的交渉代表　4, 61
ハグレー博物館・図書館　180
パターンバーゲニング　4
半熟練職種　189
福利厚生制度
　　　グッドイヤーでの──　69-71
　　　WEでの──　228-229

デュポンでの―― 180
不熟練職種 189
婦人服労働組合 205
不当労働行為 41, 42, 215
プラント別ローカル 7
ベル・システム 153, 154, 156, 159-161,
　　165-168, 173, 174, 209, 210, 223, 233, 235
ホーソンクラブ 229, 240
ホーソン実験 224, 226, 236, 237
マコーミック従業員共済組合 90
URW 61, 72-74
　　――ローカル2 61, 64, 67, 68, 71-74
UE 13, 107, 125, 128, 233
　　――ローカル301 121, 125-129, 131, 133

　　　　　　ら 行

ラフォレット市民的自由擁護委員会 38
利潤分配制度(GEの) 124

レイオフ 13, 104, 124
連邦通信委員会 158, 166, 175
労使協議会 218
労使協議会制度(ハーヴェスターの) 81
労働協約
労働組合統一連盟(TUUL) 83, 107
労働者評議会(GEの) 104, 109, 114-121, 123,
　　124-132
労働争議法案(LDB) 17, 24, 26-29, 31, 32, 43,
　　45, 83, 84, 184
労務管理基本方針(デュポンの) 194

　　　　　　わ 行

ワークシェアリング
　　AT&Tでの―― 155, 156, 160
　　グッドイヤーでの―― 60, 66, 72
ワークルール 1, 8, 60, 63, 71

企業索引

アームコ・スティール社 20, 208
アルカテル・ルーセント社 224
インディアナ・スタンダード・オイル社 207
ウィアトン・スティール社 43, 44
ウェスタン・エレクトリック(WE) 153, 164,
　　165, 223
ウェスティングハウス 51, 246
ウォルトン製造会社 216
AT&T 13, 31, 127, 153-161, 166-168, 172-175,
　　223, 246, 253
NJスタンダード 39, 127
エレクトロメーション社 215
カーネギー・スティール社 30, 51, 52, 109, 143,

　　145, 151, 152
グッドイヤー 13, 31, 44, 245, 251, 252
グッドリッチ社 52, 61, 65, 69
GE 13, 215, 246
　　――スケネクタディ事業所 246, 252
GM 51, 246
スウィフト社 206, 207, 209, 210, 213
デニソン製造会社 216
デュポン 13, 31, 52, 127, 213, 214, 246, 252, 253
トムソン・プロダクツ社(現TRW) 201, 206,
　　208-210, 213-215, 217
ハーヴェスター 13, 31, 51-54, 245, 249, 251,
　　252, 257

ハーツカ・アンド・ノールズ社　216	USスティール　13, 31, 51, 52, 246
ファイアストン社　61, 65	USラバー　52, 73, 246
ベスレヘム・スティール　30, 51, 52, 246	ルーセント・テクノロジーズ社　223
モダン・プラスチック社　216	労使関係カウンセラーズ社　47, 225

執筆者紹介（所属，執筆担当章，執筆順，＊は編者）

＊関口定一（中央大学商学部教授，序章，5章，終章）
＊伊藤健市（関西大学商学部教授，1章，2章，4章，9章訳）
　堀　龍二（駒澤大学経済学部教授，3章）
　黒川　博（岐阜経済大学経営学部教授，6章）
　宮崎信二（名城大学経営学部教授，7章）
　森川　章（名城大学経営学部教授，8章）
　ジャコービィ，S. M.（UCLA教授，9章）
　佐藤健司（京都経済短期大学教授，10章）

MINERVA 人文・社会科学叢書⑯
ニューディール労働政策と従業員代表制
――現代アメリカ労使関係の歴史的前提――

2009年2月10日　初版第1刷発行　　　　　　　検印廃止
　　　　　　　　　　　　　　　　　　　定価はカバーに
　　　　　　　　　　　　　　　　　　　表示しています

　　　　　　編著者　　　伊　藤　健　市
　　　　　　　　　　　　関　口　定　一
　　　　　　発行者　　　杉　田　啓　三
　　　　　　印刷者　　　林　　初　彦

　　　　発行所　株式会社　ミネルヴァ書房
　　　　　　607-8494　京都市山科区日ノ岡堤谷町1
　　　　　　　　　　電話代表　(075)581-5191番
　　　　　　　　　　振替口座　01020-0-8076番

　　Ⓒ伊藤・関口ほか，2009　　　　　　太洋社・新生製本
　　　　　　ISBN978-4-623-05258-5
　　　　　　　Printed in Japan

‖アメリカ経営史
――M.G.ブラックフォード／K.A.カー 著 川辺信雄監訳　Ａ５判　435頁　本体3700円

制度としての企業変化と，企業と政府との関係から体系的に叙述し，ビジネスと企業家精神を浮き彫りにする。

‖転換期のアメリカ労使関係
――篠原健一著　Ａ５判　226頁　本体3500円

第20回組織学会高宮賞，冲永賞受賞

●**自動車産業における作業組織改革**　現地における詳細な調査を通じて，正確な作業組織の実情，全体像を解明。

‖アメリカ技能養成と労資関係
――木下　順著　Ａ５判　448頁　本体5238円

●**メカニックからマンパワーへ**　経営イデオロギーである「マンパワー」が20世紀の人間像であることを示す。

‖アメリカ・新たなる繁栄へのシナリオ
――P.オスターマン著　伊藤健市／佐藤健司／田中和雄／橋場俊展訳　Ａ５判　288頁　本体3500円

アメリカにおけるニュー・エコノミーと新しい働き方を提示し，日本の十年後の労働市場を学び取る。

‖人事労務管理用語辞典
――責任編集中條　毅　四六判　336頁　本体2600円

最新動向を示すキーワードを含む約1200項目を収録。労働法関係の項目も網羅した学生，実務家に役立つ１冊。

――― ミネルヴァ書房 ―――
http://www.minervashobo.co.jp